FETTNÄPFCHENFÜHRER

CONBOOK.

Elena Beis ist in Köln geboren und hat an der Ludwig-Maximilians-Universität München Theaterwissenschaften, Germanistik und Psychologie studiert. Nach ein paar kürzeren Auslandsaufenthalten in den USA, Mexiko und Südostasien hat sie vor acht Jahren die Zelte in Südafrika aufgeschlagen. Wann immer sie kann, geht sie in Afrika auf Entdeckungsreise.

Elena Beis hat zunächst an Theatern in Deutschland und Österreich als Regieassistentin gearbeitet und ist 2005 in den journalistisch-redaktionellen Bereich gewechselt. Seitdem schreibt sie freiberuflich für deutsche und südafrikanische Print- und Onlinemedien.

SÜDAFRIKA

FETTNÄPFCHENFÜHRER

MY NAME IS NOT SISI

ELENA BEIS

MIX
Papier aus verantwortungsvollen Quellen
FSC® C014496
FSC www.fsc.org

11., komplett überarbeitete und aktualisierte Auflage

www.conbook-verlag.de

Einbandgestaltung: Weiß-Freiburg GmbH – Graphik & Buchgestaltung unter Verwendung eines Motivs von © istockphoto.com/ZambeziShark
Satz: Röser MEDIA, Karlsruhe
Druck und Verarbeitung: GGP Media GmbH, Pößneck

Printed in Germany

ISBN 978-3-95889-189-0

INHALT

1 AB INS ABENTEUER

LOS GEHT'S

5:45 München (Weltstadt)

»DES bloabt DO.«

Silvie schaut dem grobmotorischen Sicherheitsbeamten empört dabei zu, wie er in ihrer Handtasche kramt, Puder und Parfum aus dem perfekt sortierten Make-up-Mäppchen packt, kurz inspiziert, dann lose in die Tasche wirft, weiterwühlt und schließlich eine kleine Dose herausfischt, die er triumphierend hochhält.

Mist!

Das K.-o.-Spray

Wie dumm von ihr, DAS ins Handgepäck zu stecken. Wie dumm und wie ärgerlich! Dabei war das K.-o.-Spray noch nie so überlebenswichtig wie jetzt.

7:20 Italien

»Ich bin total nervös, Schatz. Ich habe das Gefühl, ich habe etwas Wichtiges vergessen, und ich komme nicht darauf, was es ist.«

Silvie platziert Brigitte, Amica, Jolie, diwe Freundin und sprichwörtlich jeden Südafrika-Reiseführer, der sich im Münchener Buchhandel auftreiben ließ, auf den freien Sitz neben sich. Absolut unmöglich, dass ihrem 34-kg-Giga-Koffer etwas entkommen ist. In seine spartanische Sporttasche hat es dagegen nicht einmal ein Buch geschafft, und so muss er wohl oder übel mit dem Unterhaltungsprogramm an Bord vorlieb nehmen.

Simon erspäht über zwei plärrenden Kindern, einem blonden Rastapärchen und einem sichtbehindernden schwarzen Glatzkopf einen Bildschirm, der nicht größer als 30×30 Zentimeter sein kann, sieben (!) Reihen weiter vorne von der Decke hängt und den Fluggästen mit folgenden Informationshinweisen die Zeit vertreiben soll:

Zeit am Abflugort:	7:20 h
Zeit am Ankunftsort:	8:20 h
Verbleibende Flugzeit:	11:05
Geschwindigkeit:	667 km/h

Ahoi! Das Bild springt zu einer Weltkarte mit einem kleinen weißen Flieger über, der gerade Italien verlässt und auf das große Unbekannte zusteuert.

In die technische Ausstattung der Charter-Airline ist schon lange nicht mehr investiert worden, und in das männerunfreundliche Langstrecken-Entertainment auch nicht. Laut Fliegermagazin stehen ein Walt-Disney-Film, eine romantische Komödie mit dem Titel ›27 Kleider‹ und zwölf Stunden Flug auf dem Programm.

9:10 Libyen

»Katastrophe!«

Simon schreckt aus seinem unglaublich ungemütlichen Sitz hoch – geistig sozusagen, denn physisch steckt er mit seinen 1,85 Metern darin fest.

›Was ist passiert? Ein technisches Problem oder eine Notlandung gar?‹ Simon schießen mehrere verwirrte Gedanken durch den Kopf.

»Die Bauchtasche!! Ich habe die Bauchtasche vergessen! Erst das K.-o.-Spray und jetzt auch noch das.«

Totalalarm wegen einer Tasche – einer von schätzungsweise fünf, die sie eh schon im Gepäck hat. Simon kann die Aufregung nicht nachvollziehen. »Was für ’ne Tasche?«

»Diesen hautfarbenen Beutel, den man sich um die Hüfte schnallt.«

Klingt weder sexy noch nach Katastrophe, findet Simon.

Silvie sieht das anders. »Ist dir bewusst, dass wir gerade ins kriminellste Land der Welt fliegen und unsere Wertsachen WEDER verstecken NOCH verteidigen können?! Die brauchen nur an meiner Handtasche zu ziehen, und alles ist weg!«

»Schatz, warum lässt du dann deine Handtasche nicht einfach im Schrank und steckst das Geld in die Hosentasche?!«

Silvie findet den Vorschlag – ihrem Gesicht nach zu urteilen – völlig absurd und bescheuert. Also gut, dann macht er halt keine Anregungen mehr. Wenn bei Silvie nicht alles nach Plan läuft, wird sie nervös, und im Moment reagiert sie geradezu überspannt. Liegt wohl daran, dass sie noch nie außerhalb Europas gereist ist. Er selbst nimmt das Ganze recht locker und lehnt sich entspannt in seinen Sitz zurück. Yo – er freut sich auf zwei Wochen Sommer! Und ganz besonders freut er sich auf sein Surfboard.

11:45 Tschad

Mmmh. Es riecht nach aufgewärmtem Flugzeugessen. Simon öffnet instinktiv in dem Moment die Augen, als ihm die Stewardess sein Tablett servieren will. Noch bevor er sich zwischen ›beef‹ und ›chicken‹ entscheiden kann, nimmt ihn Silvie mit ihren Sorgen in Beschlag: »Schatz, was machen wir denn jetzt? Ich will da unten nicht mit dem ganzen Bargeld in der Hosentasche herumrennen. Wir werden mit unseren Puma-Pullis eh schon alle Aufmerksamkeit auf uns ziehen.«

Er kann jetzt nicht allzu lange weggedöst sein – Silvie ist immer noch mit dem Taschen-Thema beschäftigt. »Wir fahren erst mal mit dem Taxi ins Hotel. Und im Taxi raubt uns sicher niemand aus.«

In der Kabine rüttelt es auf einmal stark. Die Anschnallzeichen leuchten auf. Simon schwappt aus Versehen die Cola auf sein Essen. Oh mannnn! Im Gegensatz zu Kapstadts Taschendieben beunruhigt ihn der plötzliche Wind schon.

Auf dem flimmernden Bildschirm steuert der Flieger auf das Herz von Afrika zu – die Zentralafrikanische Republik. Simon hat noch nie etwas von diesem Land gehört. Er hat keinerlei Vorstellung, was zehn Kilometer unter ihm liegt. Irgendwie wird ihm etwas mulmig. Nur wenige Stunden von Europa entfernt liegt eine völlig fremde Welt. Das wilde Afrika. Faszinierend. Faszinierend und irgendwie beängstigend zugleich.

12:05 Zentralafrikanische Republik

Silvie ist in ihren Reiseführer vertieft und kriegt das Rütteln gar nicht mit. Sie hat die schlimmsten Dinge über Südafrika gehört, gelesen und gesehen. Ursprünglich wollte sie durch Asien reisen, aber Simon hat sie dann doch noch überredet, nach Südafrika mitzukommen. Er ließ sich von seinem Urlaubsziel einfach nicht abbringen – wegen der tollen Eindrücke von der WM damals und den ›Super-Wellen‹. Zwei für Silvie völlig irrelevante Kriterien. Na ja, dafür hat sie zumindest die Urlaubsorganisation in die Hand genommen und sichergestellt, dass die beiden nicht wie letztes Jahr in Spanien die kommenden drei Wochen am selben Strand verbringen und dort auf den Wind warten. Aha – da steht es! Im Reiseführer weisen sie tatsächlich darauf hin, dass man bei der Wahl der Taxis vorsichtig sein und nur mit anerkannten Unternehmen fahren soll. Aber wie werden sie erkennen, welches Taxi zu einer ›anerkannten‹ Gesellschaft gehört und welches nicht? Na! Das können sie keinesfalls riskieren.

»Simon? Du, wir können da unten nicht einfach ins Taxi steigen. Ist zu gefährlich.«

»Warum?«

»Weil ich nicht mit dem Taxi ins Township verfrachtet werden will.«

»Wie bitte?!« Simon fragt sich, wo Silvie diese ganzen Horrorgeschichten aufgeschnappt hat.

»Claudia hat in Kapstadt ein Pärchen getroffen, das ihr von einem Engländer erzählt hat, der eine Backpackerin getroffen hat, die eine Bekannte hatte, deren Freundin mit dem Taxi entführt worden ist –

und ganz ehrlich: Ich habe keine Lust, mich gleich am ersten Tag in Lebensgefahr zu begeben.«

Ah – daher weht der Wind.

Townships sind zu Zeiten des Apartheidsregimes gegründete Wohnsiedlungen für die schwarze und farbige Bevölkerung. Viele Südafrikaner wurden aus den Innenstädten und wohlhabenden Vororten, die für Weiße reserviert waren, in diese Stadtteile zwangsumgesiedelt. Townships liegen oftmals außerhalb der südafrikanischen Städte und sind ebenso groß. Aufgrund der zumeist fehlenden Infrastruktur, Überbesiedelung und sehr hohen Arbeitslosigkeit unter den Bewohnern, gibt es hier extreme soziale Probleme wie Drogensucht, Kriminalität, Bandenunwesen (*gangsterism*). Einige Townships haben sich allerdings seit dem Ende der Apartheit positiv entwickelt – heutzutage findet man dort nicht nur Wellblechhütten und Pappbauten, sondern auch Sozialwohnungen, Einfamilienhäuser und vereinzelt sogar Einkaufszentren und Villen.

Claudia, die Südafrika-Expertin, hat Silvie ihre wertvollen Tipps mit auf den Weg gegeben. »Ich bin mir sicher, dass es da unten nicht SO gefährlich ist, dass man an einem der meistfrequentierten Flughäfen Afrikas nicht ins Taxi steigen kann! Da kommen täglich Tausende Touristen an. Die werden doch nicht alle ins Township verschleppt.«

Er kriegt sich sicherlich noch mit Silvie und ihren Sicherheitsvorkehrungen in die Haare. Die Diskussionen gingen schon vor dem Urlaub los, und zwar damit, dass Silvie Südafrika boykottieren wollte, weil Claudia – die wohlgemerkt ganze zehn Tage im Land verbracht hatte – behauptet hat, die Schwarzen würden dort immer noch von den Weißen ausgenutzt.

»Lass dich doch nicht so verrückt machen, Schatz. Das ist alles reine Panikmache! Südafrika ist nicht gefährlicher als das Hasenbergl, aber da sich niemand für das Hasenbergl interessiert, haben sich eben alle auf Südafrika gestürzt. Die Medien bauschen alles nur auf, um Schlagzeilen zu machen. Und, sorry, aber deine Freundin Claudia leidet an einem Sensations-Fetisch. Ganz klar. Sollte sich bei RTL bewerben. Egal wo sie war, sie erzählt immer die absurdesten Horrorgeschichten.«

Simon bemerkt, wie mit jedem Satz zunehmend mehr schlechte Laune in Silvies Gesicht hochsteigt. Er hat absolut keine Lust auf schlechte Laune. Und auf ermüdende Diskussionen am Flughafen auch nicht.

»Frag doch mal den Mann neben dir, wie gefährlich das mit den Taxis ist. Der sieht so aus, als ob er sich auskennt.«

»Jetzt sei nicht so rassistisch.«

Silvie findet das nicht richtig, wenn von der Hautfarbe eines Menschen auf seinen Hintergrund geschlossen wird. Nur weil seine Haut dunkel ist, muss das noch lange nicht heißen, dass seine Familie im Busch lebt.

»Warum bin ich ein Rassist, wenn ich sage, dass der Typ neben dir wie ein Afrikaner aussieht! Ich verstehe überhaupt nicht, was daran rassistisch ist.«

»Du urteilst über ihn aufgrund seiner Hautfarbe. Der könnte auch ein Engländer oder ein Ami sein.«

Silvie ist immer so extrem übervorsichtig, wenn es um Schwarze geht. Mal schauen, wie sich ihre *Political Correctness* mit Südafrika verträgt.

»Wir sitzen gerade in einer Maschine nach Kapstadt, da kann man doch wirklich davon ausgehen, dass er ein Südafrikaner ist. Jetzt frag ihn halt einmal.«

13:55 Demokratische Republik Kongo

Der Flieger hat bereits das Riesenviereck Kongo und somit die Südhalbkugel erreicht.

Silvie dreht sich zu dem dunkelhäutigen Herrn neben sich. Der hat die letzten zwei Stunden wie gebannt den Walt-Disney-Film verfolgt, dabei gelacht und in einer unverständlichen Sprache vor sich hin kommentiert. War ziemlich lustig anzuschauen, und Silvie wollte ihn nicht dabei stören. Sie hofft, dass er sich mit der Taxisituation in Kapstadt auskennt.

»Sorry, you are from Südafrika?«

»That's right, darling.«

»Do you know: can we take a taxi from the airport to Cape Town or is it too dangerous?«

Der Südafrikaner lacht: »No, darling, don't worry, you can definitely take a taxi to town. Don't worry.«

Silvie ist sich nicht sicher, ob sie dem Südafrikaner trauen kann. Die Reiseführerautoren werden schon ihre Gründe dafür haben, dass sie vor unregistrierten Taxis warnen ... Nee, nee. Der kennt sich wahrscheinlich einfach nicht aus. Sie hält sich lieber an die Richtlinien im Buch.

»Is it your first time in South Africa?«

»Yes.«

»Where are you from, darling?«

Oh neee! Sie hätte den Mann nicht ansprechen sollen – jetzt wird er sie in ein Dreistundengespräch verwickeln.

Simon schmunzelt. Silvie ist jetzt erstmal mit ihrem Sitznachbarn beschäftigt. Der wird sie sicherlich etwas beruhigen – und er kann in der Zwischenzeit ein bisschen e-n-t-s-p-a-n-n-e-n!

15:05 Angola

Silvie will in Ruhe in ihren Reiseführern schmökern. Der Flieger überquert schon Angola.

Hilfe suchend dreht sie sich zu Simon.

»Ich habe keine Lust mehr auf Quatschen.«

»Der Mann ist doch total nett.«

»Na ja, nett ist er schon, aber ein bisschen aufdringlich. Der sagt die ganze Zeit ›Schatz‹ zu mir.«

Von Simon ist nicht viel Unterstützung zu erwarten.

»Which part of Germany are you guys from?«

Verdammt! Ihr Sitznachbar lässt echt nicht locker. Nicht einmal wegdrehen hilft!

16:40 Namibia

Dem Südafrikaner ist der Gesprächsstoff ausgegangen – und Silvie das Interesse an Sicherheitshinweisen und Sehenswürdigkeiten. Simons Hintern wiederum fühlt sich an, als wäre das Sitzfleisch darunter weggeschmolzen.

Die Augen aller drei sind auf den kleinen weißen Flieger über Namibia geheftet. Sie können es kaum erwarten, aus der kleinen Tür da vorne links endlich auszusteigen.

18:15 Südafrika

Was für ein Gefühl über ganz Afrika zu fliegen! Auch Simon ist jetzt ganz aufgeregt. Da ist er, der Tafelberg. Phänomenal. Sogar im Dunkeln kann man ihn sehen.

Der Anflug auf Kapstadt ist absolut atemberaubend, und sogar Silvie sieht total bezaubert aus. Sie hat ihre Bücher weggelegt und schaut mit großen Augen aus dem Fenster. Simon ist heilfroh, dass er den Südafrikaurlaub durchgeboxt hat.

Na dann. Mama Africa, here we come!

2 BITTE UMSTELLEN

ZEITZONE AFRICAN TIME

Es dauert circa zwanzig Sekunden, bis Simon die aufrechte Position erreicht hat. Seine Knie fühlen sich taub an. Nächstes Mal wird er die 150 Euro Preisdifferenz für mehr Beinfreiheit und besseres Entertainment in den Flug investieren, so viel steht schon einmal fest. Noch bevor sich die Flugzeugtüren öffnen, schaltet Simon sein Handy ein. Während die Gute-Urlaubs-Nachrichten aus Deutschland eingehen und das Handy ein paar Mal hintereinander piept, brennt Silvies Blick von der Seite auf ihn ein.

»Du darfst doch dein Handy hier noch gar nicht einschalten!«

Die Vorderreihe dreht sich kollektiv um und guckt erst Simon und dann Silvie an. Simon ist genervt. Dass aber auch alles immer kommentiert werden muss! Trotzdem super Sache, dass sein Handy problemlos auch in Südafrika funktioniert.

»Wie ist die Zeitumstellung, Schatz?« Simon versucht, von seiner schrecklichen Untat abzulenken.

»Keine Zeitumstellung«, sagt Silvie und stellt damit klar, wer von den beiden in den kommenden zwei Wochen die Südafrika-Expertenrolle bekleiden wird.

Sehr schön, dass sie sich so gut auskennt, denkt Simon. Dann hat sie ja in den ganzen Büchern doch auch ein paar brauchbare Informationen aufgeschnappt. Keine Zeitumstellung zu haben, ist auch klasse, Simon fühlt sich tatsächlich überhaupt nicht gejetlagged. Der Urlaub kann also ohne Verzögerungen losgehen, juhuu.

DIE ZEIT IN SÜDAFRIKA

Südafrika liegt genau genommen in zwei Zeitzonen, der Kontinentalzone **African Time** und der landesspezifischen Zone **South African Time.** Hier einige Informationen zur zeitlichen Orientierung:

South African Time

Auf die kann man sich ganz einfach einstellen: Südafrika gehört trotz seiner großen Ost-West-Ausdehnung einer einzigen Zeitzone an, sodass im ganzen Land dieselbe Zeit gilt, nämlich GMT (Greenwich Mean Time) +2 Stunden. Der Zeitunterschied zu Deutschland beträgt somit im (europäischen) Winter +1 Stunde. Da es in Südafrika keine Sommerzeit gibt, liegen die zwei Länder während der europäischen Sommerzeit in derselben Zeitzone.

African Time

Der Spruch »Die Europäer haben die Uhr, die Afrikaner die Zeit« kommt nicht von ungefähr.

African Time ist ein weitaus unpräziseres Zeitkonzept als *South African Time* und kommt in den verschiedenen Lebensbereichen (privat/geschäftlich) und Regionen (Land/Stadt) Südafrikas unterschiedlich stark zum Tragen. *African Time* beschreibt eine kulturbedingte und zum Vergleich zu Europa entspanntere Beziehung zur Zeit, die sich insbesondere als Langsamkeit, Unpünktlichkeit und Unzuverlässigkeit bemerkbar macht. Europäer und Afrikaner haben schlicht und ergreifend eine andere Einstellung zur Zeit.

In der Überzeugung des Europäers existiert die Zeit unabhängig und außerhalb von ihm, als eine objektive Größe, die linear verläuft und messbar ist. Der Europäer passt SICH den Regeln der Zeit an. Die Zeit hat ihn in der Hand. Afrikaner dagegen empfinden die Zeit als eine elastische und subjektive Angelegenheit. Der Mensch (!) bestimmt die Zeit bzw. passt sich die Zeit den Menschen an.

Ein Beispiel: Wenn man in ein afrikanisches Dorf kommt, wo am Nachmittag ein Treffen stattfinden soll, am Versammlungsort aber weit und breit niemand zu sehen ist, würde man als Deutscher erstaunt und aller Wahrscheinlichkeit nach recht genervt fragen: »Wann wird das Treffen stattfinden?« Der Afrikaner würde etwas überrascht über die dumme Frage antworten: »Wenn sich die Menschen versammelt haben.«

In den traditionelleren ländlichen Gebieten kommt diese Grundeinstellung mehr zum Tragen als in den westlich geprägten Städten Südafrikas, wo eine wunderbar-entspannte Mischung aus europäischer und afrikanischer Zeitkultur herrscht.

Am besten stellt man sich von vornherein auf die allgemeine Langsamkeit im Land ein. Ob man jetzt, eine Fotokopie machen, das Touristenvisum verlängern, wissen, in welchem Regal der Wein steht, oder bei der Polizei eine Anzeige aufgeben will – das sind für einen deutschen Effizienz-Gewohnten scheinbar ewig andauernde Prozeduren in Südafrika. Wenn man nicht den gesamten Südafrikaurlaub frustriert zubringen will, ist es schlichtweg unvermeidbar, drei Gänge herunterzuschalten.

Umgekehrt heißt das: Wenn man zu einem *Dinner* oder *Braai* (also dem Barbeque der Südafrikaner – auch wenn Sie das Wort ›Barbeque‹ hier niemals hören werden, siehe Kapitel 22) eingeladen wird und tatsächlich um Punkt ausgemachte Zeit auf der Matte steht, ist die Wahrscheinlichkeit recht hoch, dass die Gastgeberin noch mit den Lockenwicklern im Haar die Türe öffnet, während sich ihr Mann beschämt an der Tür vorbeischleicht, um schnell noch die Lammkoteletts zu besorgen. Es empfiehlt sich, bei privaten Einladungen 10–15 Minuten später zu kommen. Dagegen empfiehlt sich nicht, verärgert zu reagieren, wenn ihr südafrikanisches Date 20 Minuten zu spät aufkreuzt, wenn Sie sie/ihn nicht gleich verschrecken wollen.

Anders verhält sich das mit Business-Meetings. Da sollte man tatsächlich pünktlich erscheinen. Das gehört zum guten Ton und wird von Deutschen ohnehin erwartet. Die deutsche Pünktlichkeit hat sich nämlich bis zur Südspitze Afrikas herumgesprochen.

Das Erste, was Simon auf südafrikanischem Boden sieht, ist eine Massenansammlung an Passagieren in einer nicht allzu großen Halle – und immer mehr und mehr werden mit Flughafenbussen angekarrt. Wahnsinn, kommen hier alle Maschinen gleichzeitig an?

(**Apropos:** Die meisten Maschinen aus Europa kommen tatsächlich während der Stoßzeiten 6–8 Uhr und 19–21 Uhr an. Man kann in der Regel zwischen Tag- und Nachtflug wählen. Vorteil Nachtflug: Man verpasst keinen Urlaubstag. Vorteil Tagflug: Man muss keine ungemütliche Nacht neben einem übergewichtigen Schnarcher im Flieger verbringen.)

Die Passagiere werden anhand von Abtrennungen zu einer gemeinsamen Schlangenlinie zusammengeführt und dann vorne auf den jeweils nächsten freien Passkontrollschalter verteilt. Zumindest muss man sich keine Gedanken machen, ob man an der richtigen (= schnellsten) Reihe steht. An sich gar nicht so schlecht, die Warteschlangen-Systematik in Südafrika.

Obwohl ...! 90 Prozent der Passagiere quetschen sich in den ›*Non-South-African-Resident*‹-Bereich hinein, während es für ›South African Passport Holders‹ einen separaten Schalter gibt. Die zehn Südafrikaner davor werden im Blitzverfahren durchgeschleust, und als der Beamte nach drei Minuten fertig ist, lehnt er sich entspannt zurück und macht keine Anstalten, einen der 760 wartenden ›*Non-South-African-Residents*‹ aus der Nebenschlange zu sich heranzuwinken.

Silvie kramt in der Hoffnung, das Prozedere um 15 Sekunden zu beschleunigen, Pass, Flugticket und das im Flugzeug verteilte Einreise-Formular schon einmal aus ihrer Handtasche. Ein geradezu verzweifelter Beschleunigungs-Versuch. Von den acht Schaltern sind nur drei besetzt, da hilft einfach alles nichts ...

»Your passport please!« – »What are you doing in South Africa?« – »Where will you be staying?« – »Flight ticket please!« Silvie ist irgendwie erleichtert, dass an der Passkontrolle alles gut geht – man weiß ja NIE.

Während Silvie total angespannt wirkt, lässt Simon ganz entspannt die ersten Eindrücke auf sich wirken. Lauter hektische Menschen wuseln mit ihren Gepäckwagen zwischen den Gepäckbändern herum, während ein paar wenige schwarze Flughafenangestellte versuchen, etwas Ordnung in das Gepäckwagenchaos zu bringen. Es ist das erste Mal, dass er in ein afrikanisches Land reist. Simon ist überrascht, so viele Weiße zu sehen.

Silvies Samsonite-Familienkoffer kommt ziemlich schnell auf dem Band heraus. Simon kann kein größeres Gepäckstück als das seiner Freundin entdecken. Seine schrumpelige Reisetasche ist dagegen erst bei der dritten Runde dabei. Die war nicht besonders vollgepackt, aber irgendwie kommt sie ihm jetzt extrem leer und leicht vor ...

Die Jeans sind noch alle drin, die Badehosen, die Flip-Flops auch – wo aber sind die Turnschuhe, die kleinen Lautsprecher und der Kulturbeutel? Oh nee. Hätte er da bloß ein kleines Schloss drangemacht.

(**Apropos:** Gepäck sollte man niemals unabgeschlossen einchecken; zumindest nicht, wenn einem etwas am Inhalt liegt. Idealerweise versichert man es. In Südafrika kommt schon öfter einmal etwas weg. Auf dem Rückflug kann man für umgerechnet zehn Euro seine Taschen in Plastik einschweißen lassen. Alle südafrikanischen Flughäfen bieten diesen Service an, ein paar Airlines sogar kostenlos.)

Silvie hat jeden ihrer vier Reißverschlüsse mit einem separaten Schloss verriegelt und hatte keines mehr für ihn übrig. Dumm gelaufen. Zugegebenermaßen hatte sie ihn bestimmt zehn Mal vorher daran erinnert, eines zu besorgen.

Silvie und Simon schauen sich etwas desorientiert um und entdecken dann schließlich in der Nähe des Ausganges das Schild ›*LOST ITEMS*‹. Von einer zuständigen Person ist weit und breit nichts zu sehen. Am Schalter direkt nebenan steht ein schwarzer schmächtiger Angestellter, dem das Jackett um die Schultern schlackert. Simon fragt, an wen er sich zwecks ›lost items‹ wenden kann. Der Angestellte scheint sich nicht sicher zu sein, was mit ›lost items‹ gemeint ist, und fragt seinen fülligen Kollegen, der gerade im Hintergrund in eine Blätterteigtasche beißt.

(**Apropos:** Dabei handels es sich wohl eine südafrikanische *pie*. DAS südafrikanische Fastfood und Grundnahrungsmittel für Angestellte, Verkaterte und Polizisten. Ist gut, billig, warm und überall zu haben, in jedem Supermarkt, Kiosk und an jeder Tankstelle. Dabei handelt es sich nicht um süße Apfeltaschen, sondern sättigende Teigtaschen mit den unterschiedlichsten Fleischfüllungen – Hühnchen, Pfeffersteak, Niere, Strauß und alles, was das Fleisch liebhabende Herz begehrt. Für Vegetarier ist eine *pie* allerdings nichts.)

Der Dicke kaut in aller Ruhe fertig, schaut sich, ohne sich dabei auch nur einen Meter von der Stelle zu bewegen, suchend um und sagt dann zu seinem Kollegen, der die Teigtasche wirklich besser vertragen könnte: »She is not here«, woraufhin dieser zu Simon herüberruft: »She will be back just now.«

Simon hofft, dass *»just now«* nicht »noch eine dreiviertel Stunde« heißt.

JETZT IST NICHT JETZT

›Jetzt‹ ist in Südafrika ein äußerst dehnbarer Begriff, für den Südafrikaner verschiedene Abstufungen besitzen. Hier ist eine kleine Interpretationshilfe, damit Sie sich nicht umsonst große Hoffnungen auf schnelle Reaktionen machen.

- **just now** – »Mal schauen« oder bestenfalls »bald«. Könnte in zehn Minuten, irgendwann im Laufe des Tages oder auch gar nie sein. Die eigentliche Bedeutung: Mach dich mal locker.
- **now** – Ziemlich bald. Heißt so viel wie: Sobald ich Zeit habe.

- **now now** – Jetzt dann, in Kürze. Hier muß man die obligatorischen zehn Minuten südafrikanische Extra-Time noch dazurechnen.
- **now now now** – Auf der Stelle. Kommt dem deutschen ›jetzt‹ am nächsten.

Simon hat tatsächlich Glück und die zuständige Dame taucht recht schnell auf. Sie ist äußerst freundlich und zugegebenermaßen äußerst hübsch mit ihrem asiatischen Einschlag, macht aber Simon keine großen Hoffnungen, dass die Gegenstände noch auftauchen. Sie kritzelt ihre Nummer auf ein Notizblatt und bittet ihn, am nächsten Morgen anzurufen: »Give me a call around ten-ish tomorrow morning!«

Okay, alles klar. Aber ›*Ten-**ish***‹?!

-ISH

Wird an konkrete Zahlen und Zeitangaben *(eight o'clock, early, late, soon, morning)* angehängt, um diese vager, freier und schwammiger zu gestalten. Das Kürzel heißt ›so um den Dreh‹ und der Dreh geht IMMER Richtung später. Wenn ›-ish‹ an eine konkrete Uhrzeit angehängt wird, sollte man zur erwähnten Uhrzeit fünf bis 30 Minuten dazurechnen.

Auf gut Deutsch heißt es also: ›Sei nicht böse, wenn ich nicht pünktlich bin, und ich nehme es dir auch nicht übel, wenn du nicht pünktlich bist.‹

Beispiele: *seven o'clock-ish, five- thirty-ish, early-ish* (früh, aber nicht ZU früh), *soon-ish* (bald, aber nicht ganz bald)

3 MONEY MONEY MONEY

GELDAFFÄREN

Puh, Simon will jetzt einfach nur ins Hotel, Beine ausstrecken, Schlaf tanken und frisch morgen losstarten. Während Silvie an einem Informationsstand in der Flughafenhalle Broschüren einsammelt, schlurft er schon einmal zu den zwei Geldautomaten am Ausgang. Na, hoffentlich funktioniert seine EC-Karte hier. Whoops! Der Automat gibt ihm sechs Optionen – Sprachen? – zur Auswahl: Venda, Sotho, Xhosa, Tswana, Zulu und Afrikaans. Das Letzte ist anscheinend so was wie Holländisch. Vom Rest hat Simon noch nie etwas gehört. Na ja, Deutsch ist jedenfalls nicht dabei, dafür aber, Gott sei Dank, Englisch. Jetzt muss er kurz umrechnen. – 1.500 Rand, meinte Silvie, seien um die 100 Euro. Mal schauen, was er maximal abheben kann.

(**Apropos:** Abheben kann man bis zu 400 Euro am Tag. Dieses Limit ist von der deutschen Hausbank festgelegt. Die Geldautomaten von *Standard Bank* und *Nedbank* erlauben eine Auszahlung von bis zu ZAR 4.000, *ABSA* und *First National Bank* (FNB) erlauben nur Abhebungen bis zu circa ZAR 2.000 pro Tag. Gebührentechnisch empfiehlt es sich, größere Beträge auf einmal abzuheben, da pro Abhebung unabhängig von der Höhe des Betrages um die fünf Euro Gebühren anfallen.)

AUTOMATIC TELLER MACHINE (ATM)

Fragen sie nach einem ›*E-I-TI-EM*‹, wenn sie wissen möchten, wo der nächste Geldautomat steht. Geldautomaten gibt es in Südafrika zwar erst seit 1977, in den Großstädten aber mittlerweile wie Sand am Meer. Das Banken- und ATM-System ist allerdings noch nicht überall ins Land durchgesickert. Das ist kein Wunder, denn bis 1994 waren die meisten Südafrikaner weder mit dem modernen Banksystem konfrontiert, noch darin integriert. Viele südafrikanische Arbeiter werden auch heutzutage noch alle zwei Wochen bar ausbezahlt, weil sie kein Konto besitzen. Schätzungsweise 15 von 50 Millionen Südafrikanern haben noch keine Bankanbindung. Ab und an hört man die eine oder andere charmante Anekdote von Bankneulingen, die das System überlisten wollen, indem sie ihren Lohn an mehreren Bankomaten und/oder Filialen hintereinander abzuheben versuchen – nur, um dann enttäuscht festzustellen, dass es da wohl eine heimliche Kommunikation zwischen den Maschinen und den Banken gibt. Bevor man in ländliche Gebiete reist, sollte man daher die Bargeldvorräte sicherheitshalber aufstocken. Generell empfiehlt es sich, eher in belebten Shopping Malls als an einsamen Straßenecken abzuheben. ATMs gibt es in jedem Einkaufszentrum, an fast jeder Tankstelle und in den meisten Supermärkten. Man kann mit der deutschen EC-Karte problemlos Geld abheben.

Die vier Filialen der großen südafrikanischen Banken – *ABSA, Standard Bank, First National Bank* und *Nedbank* – sind montags bis freitags von 9 bis 15:30 Uhr und samstags von 8:30 bis 11 Uhr geöffnet.

Mit der EC-Karte abzuheben scheint überhaupt kein Problem zu sein. Der Maximalbetrag auch nicht – coole Sache.

Der Bankomat hört sich an, als würde er gerade leer gefegt. Nach etwa zehn Sekunden spuckt er ein Riesenbündel an verschiedenfarbigen Scheinen aus – braune, pinke, blaue, rötliche. Sieht wie Spielzeuggeld aus. Hinter Simon steht ein dickes amerikanisches Touristenpärchen in Bermudas und Sportschuhen. Ganz klassisch wie ihr Vorurteil. Simon ist froh, dass Silvie nicht mit fleischfarbenem Bauchgürtel und Birkenstocks hier herumrennt – er hat keine Lust, dass die Amis von ihm genau dasselbe denken. Er lässt das Pärchen zum Automaten durch, lehnt sich an die Wand neben der Eingangstüre und zählt vorsichtshalber das dicke Bündel durch. Da sind 200, 100, 50 und 20er-Noten dabei und auf jeder ist auf der einen Seite ein glücklich lächelnder Nelson Mandela und auf der anderen ein Tier abgebildet. So sieht also das Geld der Safari-Nation aus ...

DER SÜDAFRIKANISCHE RAND

Die südafrikanische Währung heißt *Rand*, für einen Euro kriegt man in der Regel um die zehn *ZAR* bzw. *R*. Die Bezeichnung *Rand* kommt von ›Witwatersrand‹, dem 200 Kilometer langen Höhenzug im Nordosten des Landes, der die mit Abstand größten Goldfelder der Welt beherbergt.

Die ersten Goldfunde am Witwatersrand (1886) haben Südafrikas Entwicklung maßgeblich vorangetrieben und hatten zur Folge, dass unzählige Digger, Minenarbeiter, europäische Ingenieure und Spekulanten in die davor fast unbesiedelte Region strömten und die jetzige Millionenstadt Johannesburg gründeten. Johannesburg heißt auf Zulu *eGoli* (Ort des Goldes). Die Region um Johannesburg ist immer noch die Wirtschaftszentrale Südafrikas – 30 Prozent des Bruttoinlandsproduktes des ganzen Landes werden dort produziert. Johannesburg ist eine von weltweit nur einer Handvoll Großstädten, die weder am Meer noch an einem Fluss noch an einem anderen bedeutenden Gewässer liegen. (siehe Kapitel 25)

Die ›Big Five‹ (siehe Kapitel 27) schmücken die fünf Rand-Noten: den R10-Schein das Nashorn, den R20-Schein der Elefant, den R50-Schein der Löwe, den R100-Schein der Büffel und den R200-Schein der Leopard.

Der Rand wird übrigens auch in den Nachbarländern Swasiland, Lesotho, Namibia und Simbabwe als Zahlungsmittel akzeptiert.

Unglaublich, was hier alles angeboten wird! Silvie kämpft sich durch die hundert kleinen Prospektchen und Flyer, die in der großen, modernen Empfangshalle ausliegen. Weinfarmtouren! Safaritouren! Townshiptouren! Oh Gott, oh Gott, wie sollen sie das in zwei Wochen alles überhaupt schaffen? Jetzt gilt es nur noch, Kapstadts Traumstrände im größtmöglichen Radius zu umfahren, damit Simon bloß nicht an einem mit seinem Surfboard hängen bleibt.

Wo steckt er eigentlich? Ah, da vorne am Ausgang steht er ja. Aber was macht er denn da? Er sortiert doch wohl nicht da vorne VOR allen Taxis und Passanten seine Scheine?? Unglaublich. Er zählt tatsächlich sein ganzes Geld, während ihm halb Afrika dabei zuschauen kann ...!

(**Apropos:** Wer Geld in großen Mengen abhebt und gemächlich vor den Augen aller zählt, will es offensichtlich loswerden. Also – absolutes No-Go! Wenn einem während des Abhebens Hilfe angeboten wird, sollte man auf die heißen Tipps unbedingt und ausnahmslos verzichten. Was allerdings auch nicht anzuraten ist, ist total verängstigt und ständig hinter sich schauend am Geldautomaten zu stehen, und jedes Mal zusammenzuzucken, wenn sich jemand an die Schlange stellt. Größere – und selbstverständlich auch kleinere – Summen sollte man schnell und unauffällig abheben und am besten bei der nächsten Gelegenheit im Hotel-Safe verstauen.)

Silvie stürmt mit ihrem schweren Schiebekoffer und den 400 Infoblättern, Katalogen und Faltbroschüren, die ihr alle nacheinander aus der Hand gleiten, auf Simon zu. »Spinnst du? Das ist saugefährlich hier!«

Silvie grapscht Simon die Scheine aus der Hand, um sie ›unauffällig‹ in ihrer Handtasche zu verstauen, spürt aber, wie ihr währenddessen der Koffergriff aus der Hand entgleitet. Irgendwer versucht, von hinten ihren Koffer wegzuziehen! Sie schreit fast los, als sie realisiert, dass ein uniformierter Mann ihren Koffer mit Ach und Krach auf einen Gepäckwagen hievt und unter dem (im Vergleich zu ihm dreimal so schweren) Koffer fast zusammenklappt. Was soll das denn? Der kann ihr doch nicht mir nichts, dir nichts den Koffer aus der Hand reißen! Wie unverschämt. Silvie versucht ihn davon abzubringen: »No, no, no!« Aber es ist zu spät! Der Koffer ist nach kurzem Kampf auf dem Wagen des Mannes verstaut.

Der Gepäckträger lächelt Silvie freundlich an und fragt: »Taxi?« – und Silvie fühlt sich auf der Stelle schlecht, dass sie diesen armen Afrikaner, der sich auf ehrliche Weise sein Brot verdienen will, so angefahren hat.

(**Apropos:** Gepäckträgern sollte man unbedingt ein kleines Trinkgeld geben. Angebracht sind R10 pro Gepäckstück.)

SICHERHEITSHINWEISE FLUGHAFEN

Immer wieder hört man Horrorgeschichten von Ausländern, die am Johannesburger Flughafen ins Visier genommen, quer durch die Stadt bis zu ihrem Hotel verfolgt und dann gnadenlos ausgeraubt werden. Solche Einzelfälle sind in Johannesburg zwar schon einmal vorgekommen, es handelt sich dabei aber tatsächlich nur um Einzelfälle, die kein Grund sind, sich in der Flughafenhalle zu verschanzen.

Angriffsziele sind in der Regel schüchterne, ängstliche und desorientierte Touristen, die sichtbar mit Geldtaschen, teuren Kameras und protzigem Schmuck ausgestattet sind. Man tut sich also selbst den größten Gefallen, wenn man sich nicht völlig verängstigt verhält. Hilfreich ist, wenn man sich von vornherein darüber erkundigt, wo die Taxistände, Mietwagen und Ähnliches zu finden sind, um nicht dann vor Ort stundenlang planlos die Flughafeneingänge auf- und abzugehen. Geldgeschäfte und Umpackaktionen von Wertgegenständen erledigt man am besten bereits vor der Zollkontrolle, der innere Bereich des Flughafens ist der sicherste.

Schauen Sie sich die Menschen um sich herum an. Bewegen Sie sich souverän und zielgerichtet. Steigen Sie nur in Taxis, die bei einem Taxiunternehmen registriert und mit einem Taxameter ausgestattet sind.

Generell gilt: Egal ob man mit dem Mietauto oder Taxi fährt, man sollte in Südafrika immer wachsam sein. Wenn man auch nur den leisesten Eindruck hat, dass jemand hinter einem herfährt, ist es ratsam, lieber noch eine Autorunde zu drehen und erst an einer belebten Stelle aus dem Auto auszusteigen.

4 DAS HEISSE EISEN

BLACK OR WHITE

So, jetzt sitzen sie also in diesem halb-auseinanderfallenden Opel der 80er-Jahre hinter dem suspekten Taxifahrer mit dem runden Käppi (ist das eigentlich ein Moslem? oder ein Rabbi?), der weder schwarz noch weiß und demnach wohl ganz offensichtlich ein Einwanderer ist.

(**Apropos:** Wenn die Käppi bis zu den Ohren reicht, handelt es sich um eine *Taqiyah,* »Takke« ausgesprochen, eine Gebetskappe, die Muslime tragen. Wenn die Kappe dagegen eine halbrunde Form hat und nur den oberen Bereich des Kopfes verdeckt, ist der Taxifahrer aller Wahrscheinlichkeit nach ein orthodoxer Jude mit einer *Kippah.* Multi-Kulti-Südafrika ist eines der wenigen Länder der Welt, in dem Juden und Moslems auf engstem Raum friedlich zusammenleben.)

Na, hoffentlich haben die Kumpel des Fahrers Simon nicht in der Eingangshalle stehen und das ganze Geld zählen sehen! Das könnte nämlich alles ein abgekartetes Spiel sein, auf das sie, ahnungslose deutsche Touristen, schön dumm hereingefallen sind.

Als das Taxi das hell beleuchtete und halbwegs sicherheitseinflößende Flughafengelände verlässt, betet Silvie auf dem Rücksitz inständig zu Gott, dass sie, Simon, der dicke Geldbündel und die neue Digitalkamera unversehrt ihr Ziel erreichen mögen, jetzt wo sie diesem arabisch-jüdischen Taxifahrer auf Gedeih und Verderb ausgeliefert sind.

Während Simon ein bisschen mit ihm smalltalkt, versucht Silvie herauszufinden, ob seine Freundlichkeit echt oder nur gespielt ist. Von dem Gespräch versteht sie eh kein Wort, denn der Taxifahrer lässt gefühlte vierhundert Wörter pro Sekunde auf die beiden einprasseln.

Der Taxifahrer kapiert gleich, wo sie hinmüssen, obwohl Simon den Ort beim besten Willen nicht aussprechen kann. Zu englischen Wörtern kann sich Simon meistens etwas zusammenreimen, aber zu *Oranjezicht* und *Tamboerskloof* fallen ihm überhaupt keine englisch klingenden Assoziationen ein. Das Gästehaus liegt wohl irgendwo zwischen diesen beiden Zungenbrechern.

(**Apropos:** Nicht alle Schilder, Ortschaften und Straßennamen werden englisch ausgesprochen. Auf den Straßenschildern findet man neben den englischen Bezeichnungen viele Afrikaans, wie zum Beispiel *Lughawe*, *Voortreker Straat*, *Kloof*, und schwarzafrikanische Bezeichnungen wie *Mthatha*, *Mpumalanga*, *Tshwane*. Um die Straßennamen wird heiß debattiert. Die jetzige ANC-Regierung tauft seit 1994 Straßen, Plätze und Städte, die bis dato die Namen von Unterstützern der Apartheid trugen, in die Namen schwarzafrikanischer Persönlichkeiten und Befreiungskämpfer um.)

Silvie will vom Taxifahrer wissen, wo er herkommt, denn er scheint sich ja hier echt gut auszukennen!

»Waschechter Kapstädter! Original. Ein Original aus Bua-Kapp. Schaut euch Bua-Kapp ja an, ihr werdet es lieben. Bua-Kaap *is a lekker place*! Bua-Kapp ist die schönste Ecke der Stadt. In Bua-Kapp... blablablablabla... Bua-Kapp... blablablablablabla... Bua-Kapp blablabla.«

Lekker? Klingt wie lecker! Sehr charmant. Hätte sie nie und nimmer gedacht, dass das ein Südafrikaner ist. Vielleicht ein Araber, aber kein Südafrikaner.

(**Apropos:** Südafrika ist im wahrsten Sinne des Wortes eine Regenbogennation. Menschen der unterschiedlichsten Schattierung, Kultur, Religion und Herkunft sind gebürtige Südafrikaner. Bei dem Taxifahrer aus Bo-Kaap handelt es sich sehr wahrscheinlich um einen *Cape Coloured* malaiischer Abstammung. Die meisten Kapmalaien gehören dem muslimischen Glauben an und sprechen tatsächlich als Muttersprache Afrikaans, siehe *Das südafrikanische Multikulti.)*

»Oh, dann sprechen Sie ja Xhosa!« Silvie hat gelesen, dass die ganzen dunkelhäutigen Südafrikaner von Kapstadt Xhosa und die von Johannesburg Zulu sprechen.

»XHOSA? Nein, ich spreche kein Xhosa«, sagt der Taxifahrer ganz entsetzt und macht eine Pause. »Ich spreche Afrikaans.«

Na, der ist ja komisch. Ist ein farbiger Südafrikaner und behauptet, Afrikaans zu sprechen, die Sprache der Weißen ... »Aber schwarze Südafrikaner sprechen doch Xhosa?«

(**Apropos:** Farbige Südafrikaner mögen nicht, wenn man sie schwarz nennt. Sie sehen sich nicht als Schwarze, sie haben eine völlig andere Kultur, Sprache und Tradition – und außerdem kabbeln sich Farbige und Schwarze mehr als jede andere Bevölkerungsgruppe in Südafrika. Viele Frustrationen sind historisch und politisch bedingt. Farbige haben das Gefühl, von ihren schwarzen Brüdern vernachlässigt zu werden. Der typische farbige Vorwurf lautet: »Früher waren wir nicht weiß genug, und jetzt sind wir nicht schwarz genug.«)

Der noch bis vor zehn Sekunden übergeschwätzige Taxifahrer sagt gar nichts mehr. Er denkt sich ganz offensichtlich seinen Teil. Warum ist der jetzt so beleidigt? Steckt der in einem Verleugnungszustand, was seine Hautfarbe angeht? Herrje. Das ist offensichtlich ein heikles Terrain hier. Silvie beschließt, ab sofort nichts Hautfarbenbezogenes mehr zu sagen, denn die haben hier offensichtlich so etwas wie ein Problem damit. Sie schaut aus dem Fenster und hofft, bald Stadtlichter zu sehen. Die Autobahn ist ihr nicht ganz geheuer ...

Und siehe da: Auf dem nächsten Schild steht KAAPSTAD! Fast wie deutsch, nur ein bisschen anders geschrieben.

(**Apropos:** Kapstadt heißt auf Afrikaans *Kaapstad*, auf Englisch *Cape Town* und auf Xhosa *iKapa*.)

Das Taxi fährt ein paar schwungvolle Kurven den Berghang hinunter und befindet sich auf einmal mitten in der Stadt. Silvie fallen die europäisch-aussehenden Wohnhäuser, die vielen Bettler an den Straßenkreuzungen und die doppelt angebrachten Ampeln auf. An jeder Kreuzung, die man überquert, steht auf der gegenüberliegenden Seite eine zweite Ampel, sodass man immer zwei rote Lichter vor sich hat ... Ganz schön verwirrend, die vielen Lichter.

Simon sucht nach der Hausnummer des Gasthauses im Reiseführer. Mist, die steht ja gar nicht dabei! Der Taxifahrer schaut sich die Adresse selbst im Reiseführer an und sagt: »Lasst uns nach Kenwyn-Hof schauen!«

Simon fällt sofort auf, dass jedes Haus einen Namen hat – ›Dunvegan Gardens‹, ›Harbour House Terrace‹, ›Infinity‹ – und der Taxifahrer versucht wohl, das Gästehaus anhand des Hausnamens zu lokalisieren. Ein bisschen unpraktisch, das Straßensystem hier, oder? Um ein Gebäude zu finden, kann man sich an keiner logischen, sprich numerischen, Anordnung orientieren, sondern muss mehrere Hundert Meter lang Häusernamen erspähen, die oftmals versteckt oder auch gar nicht angebracht sind. Und wenn man Pech hat, ist das Gebäude, das man sucht, genau das, an dem man vor zehn Minuten beim Abbiegen in die Straße vorbeigefahren ist. Man hat ja nicht den geringsten Anhaltspunkt.

(**Apropos:** Bei längeren Straßen gibt es manchmal auch Hausnummern zur Orientierung, aber die sind leider Gottes genauso so sporadisch angebracht wie die Straßen- und Hausnamen.)

Na ja, jedenfalls lokalisiert der Taxifahrer recht schnell das richtige Gebäude und lässt die beiden vor einem gelben zweistöckigen Altbau mit einem schönen großen gusseisernen Balkon heraus.

Silvie atmet tief durch. Die erste Hürde ist gemeistert: Sie haben heil und lebend ihr Ziel erreicht.

Ein junger schwarzer Südafrikaner mit einem breiten Lächeln heißt Silvie und Simon am Eingang willkommen und führt die beiden zur Rezeption. Silvie fragt dreisterweise direkt, ob die beiden das Zimmer mit dem Balkon haben können, und der überrumpelte Rezeptionist sagt sogar »Yebo«.

(**Apropos:** ›Yebo‹ bedeutet ›Ja‹ auf Zulu und gehört zum südafrikanischen Alltags-Slang.)

Wunderbar! Das Zimmer mit dem schönen Balkon ist frei! Bestimmt ein gutes Omen für den restlichen Urlaub.

Allerdings scheint der junge Afrikaner ein bisschen verwirrt angesichts der missorganisierten Schlüsselsituation auf seinem Schreibtisch und verschwindet in den Hinterraum, wohl um das richtige Schlüsselset zu suchen ...

»Silvie? Hello there!« Oh, da kommt eine gepflegte alte Dame die Treppe zum Empfangsbereich herunter. Das könnte die Hausherrin sein.

Silvie muss sich noch daran gewöhnen, dass sie von wildfremden Menschen mit Vornamen angesprochen wird– und auch daran, dass es hier so viele Weiße gibt. Laut Reiseführer sind nur neun Prozent der Bevölkerung weiß, aber dem ersten Eindruck nach zu urteilen liegt die Quote eher bei 70 Prozent.

(**Apropos:** In Südafrika spricht man sich immer mit Vornamen an und stellt sich immer mit Vornamen vor, auch wenn man sich nicht kennt, auch über das Telefon, auch wenn man mit jemand Älteres spricht, und auch im Business. Und laut der letzten statistischen Erfassung von 2011 sind 8,9 Prozent aller Südafrikaner weiß. Die meisten der circa 4,6 Millionen weißen Südafrikaner leben allerdings in den wenigen Großstädten. Kapstadt hat um die 20 Prozent Weiße, die Afrikaner-Hochburg Pretoria um die 24 Prozent, Johannesburg um die 16 Prozent und Durban um die 9 Prozent. Bei diesen statistischen Erhebungen sind sämtliche Vororte und schwarze Townships, die um die Städte liegen und genau genommen nicht zu den Städten gehören, mit eingerechnet – das heißt, das tatsächliche Verhältnis zwischen weiß und schwarz in den Städten liegt also noch höher als 25 Prozent.)

Die alte Dame nimmt einen Schlüssel aus einem Fach und will die beiden hochführen.

Oh nein, denkt Silvie – die will uns jetzt bestimmt mit einem schlechteren Zimmer abspeisen! So ein Mist. Dass sie auch gerade jetzt hier aufkreuzen muss ...

»Keine Sorge! Ein Gentleman kümmert sich bereits um uns.«

»Ein Gentleman? Meint ihr Siyabonga?«

»Ein junger Mann. Der bringt uns auf unser Zimmer.«

»Ah, ich verstehe! Matt. Ma-a-a-t!«

Die Dame macht auf der Treppe kehrt und sucht das Haus nach Matt ab. Nach zwei Minuten kommt dieser genau aus der Tür heraus, in die der dunkelhäutige Typ verschwunden ist. Matt ist kreidebleich, rothaarig, so jung wie die alte Hausdame und somit nicht der richtige Mann.

»Das Paar hier wartet auf dich!«

Matt schaut die beiden überrascht an.

»Nein, nein! Es war ein anderer Gentleman.«

Silvie überlegt, wie sie den Mann von vorher beschreiben kann. Sie will jetzt nicht ›der Schwarze‹ sagen, das klingt hier in Südafrika irgendwie unangebracht.

»Er hatte ein blaues T-Shirt an. Er stand eben genau hier, am Eingang.«

»Oh, war es dann vielleicht doch Siyabonga, unser Gärtner?«

Der Gärtner? Nee, bestimmt nicht.

»Ein junger, freundlicher Mann. Ein ... ein dunklerer Typ«, Silvie tastet sich ganz vorsichtig in das heikle Rassenterrain vor ...

»Ah! Darling, du meinst den schwarzen Mann?«

Die ist ja krass! Dass die sich traut, das so zu sagen ...

»Ja, genau, den farbigen Mann.«

»Farbig? Ein farbiger Mann? Wer war denn das?«

(**Apropos:** Das wird in Südafrika Missverständnisse geben. In Deutschland sagt man zu Schwarzen auch ›farbig‹, in Südafrika wird dagegen zwischen den beiden unterschieden. Haupt-Unterscheidungsfaktor ist die Muttersprache und der kulturelle Kreis, dem man entstammt. Farbige Südafrikaner sprechen in der Regel Afrikaans und haben einen ganz anderen kulturellen Hintergrund als etwa ein schwarzafrikanischer Xhosa. Wenn man zum Beispiel einen Zulu und einen Farbigen mit stark asiatischem Einschlag gegenübersteht, sieht man den Unterschied auch sofort. Manchmal mag die Unterscheidung zwischen ›schwarz‹ und ›farbig‹ für einen Europäer allerdings etwas absurd erscheinen – es gibt ›Farbige‹, die für einen Europäer rein äußerlich wie Schwarzafrikaner aussehen und es gibt wiederum auch ›Farbige‹, die – rein äußerlich – auch Südeuropäer oder Asiaten sein könnten, siehe *Das südafrikanische Multikulti.)*

Die Hausherrin und Matt gucken ganz verwirrt und diskutieren, wer sich denn gerade im Gasthaus aufhalte und wer das gewesen sein könnte ... Dann, quasi um sich noch einmal zu vergewissern, fragt die Hausherrin Silvie: »Coloured oder black?«

O Mann! Das ist ja eine tolle Konversation, in die das Einchecken abgedriftet ist.

Simon versteht im Übrigen überhaupt nicht, warum Silvie so versessen darauf ist, mit dem schwarzen Gärtner zu sprechen, der wahrscheinlich hier eh nichts zu sagen hat.

Und Silvie findet es ehrlich gesagt unmöglich von der alten Frau, dass die ihre Angestellten als »der Schwarze« und »der farbige Mann« etikettiert. Irgendwie ist das doch total rassistisch.

RASSENZUGEHÖRIGKEIT IM HEUTIGEN SÜDAFRIKANISCHEN ALLTAG

Das Rassenbewusstsein ist in der südafrikanischen Gesellschaft tief verwurzelt *(Groteske Fakten aus der Vergangenheit)*. Den meisten Südafrika-Besuchern fällt dies relativ schnell auf, nicht zuletzt deswegen, weil man ja meistens zumindest eine vage Ahnung von der politischen Vergangenheit des Landes hat.

Jemanden anhand seiner Hautfarbe zu beschreiben oder Menschen aufgrund von Hautfarbe einzuteilen ist nicht notgedrungen rassistisch. Als Europäer realisiert man oftmals nicht, dass die Hautfarbe in Südafrika nicht nur Auskunft über das Aussehen, sondern auch über den Herkunftsort, die Sprache, die Religion und die Tradition der Menschen gibt – und somit dabei hilft, den kulturellen Background des Gegenübers einzukreisen. Pauschaleinordnungen kennen wir auch, nur teilen wir daheim nicht in *Black, Jewish, Cape Coloured* oder *Afrikaans*, sondern in andere gesellschaftliche Gruppen ein: ein Ausländer, ein Ossi, ein Hanseate, usw.

Südafrikaner haben zudem mit den Worten *schwarz*, *weiß* und *farbig*, im Gegensatz zu uns Europäern, keine Berührungsängste. Schwarze haben kein Problem zu sagen, dass sie schwarz sind, und man ist stolz darauf, ein *Zulu*, ein *Cape Coloured* oder ein *weißer Afrikaaner* zu sein.

Groteske Fakten aus der Vergangenheit

Die südafrikanische Regierung hat von 1950 bis in die frühen 90er-Jahre alle Südafrikaner in ›white‹, ›black‹, ›coloured‹ und ›asian/indian‹ eingeteilt und in ein offizielles Rassenregister eingetragen.

Die Einteilung in eine Gruppe erfolgte aufgrund der Hautfarbe, was sich in einem multikulturellen Schmelztiegel wie Südafrika, in dem alle nur erdenklichen Mischungen und Schattierungen vorhanden sind, als ein Ding der Unmöglichkeit herausstellte. Dieses System führte zu völlig absurden Situationen und Zuständen wie zum Beispiel Familien, bei denen Geschwister in unterschiedliche Rassekategorien eingeteilt wurden und folglich unterschiedliche Schulen besuchen mussten.

Bei der Zuteilung spielten neben der Hautfarbe auch noch willkürlichere Kriterien wie ›allgemeine Akzeptanz‹, ›Ansehen‹ und die politischen Beziehungen Südafrikas zum Heimatland eine Rolle. Da Südafrika gute Beziehungen zu Südkorea und Japan hatte, wurden Angehörige dieser Bevölkerungsgruppen als weiß angesehen. Chinesen galten als Asiaten, Taiwanesen dagegen als weiß und Menschen südostasiatischer Abstammung (Kapmaleien) wurden den Farbigen zugeteilt. Afro-Amerikaner zählten wiederum irrwitzigerweise aufgrund ihres ›westlich-zivilisierten‹ Backgrounds als ›weiß‹.

Die Zuordnung in die eine oder andere ethnische Gruppe entschied über politische Rechte, soziale Beziehungen, Ausbildungschancen und die wirtschaftlichen Aufstiegsmöglichkeiten. Die südafrikanische Gesellschaft bestand mehrheitlich aus einer weitestgehend vermögenden weißen Klasse, einer weniger wohlsituierten farbigen Gesellschaftsschicht und einer extrem unterprivilegierten schwarzen Mehrheit. Die unterschiedlichen ethnischen Gruppen wurden im Alltag so gut es nur irgendwie ging voneinander abgeschottet – getrennte Schulen, Busse und Ausbildungseinrichtungen waren Pflicht.

Wenn man sich diesen Wahnsinn – der gerade einmal 20 Jahre her ist! – vor Augen hält, während man sich das ganze friedliche Multikulti auf Südafrikas Straßen anschaut, realisiert man, wie sehr sich Südafrika entwickelt hat.

Das südafrikanische Multikulti – hier der Lageplan

1 Schwarze Südafrikaner

Zusammengenommen machen Schwarze 79 Prozent der südafrikanischen Bevölkerung aus. Dabei handelt es sich nicht um eine homogene Gruppe, sondern Nachfahren unterschiedlicher Kultur- und Sprachkreise. Neben den 23 Prozent Zulus, 16 Prozent Xhosas und 8 Prozent Basothos leben auch Tswana, Venda, Ndebele und Swasis auf südafrikanischem Gebiet. Die Zulu allein unterteilen sich in weitere 200 Stämme.

1.1 Die Ureinwohner Südafrikas

San (›Buschmänner‹): San bewohnten das heutige Südafrika als Erste. Sie pflegten einen nomadischen Lebensstil im Einklang mit der Natur und besaßen ungewöhnlich gute Jagdfertigkeiten. Ganz Südafrika ist mit den mehrere tausend Jahre alten Felsen- und Höhlenzeichnungen der San bespickt. Die San wurden zuerst von den Khoikhoi und dann von den eingewanderten Bantu-Völkern in unwirtliche Gegenden abgedrängt. Die Kolonialisten rotteten sie im

19. Jahrhundert dann fast vollständig aus. Ihre Anzahl schrumpfte von 500.000 auf 100.000. San leben heutzutage noch in Botswana (circa 50.000) und Namibia (circa 40.000). Nur wenige (circa 4.500) sind in Südafrika geblieben.

Khoikhoi (›Hottentotten‹): Als die Khoikhoi gegen 200 v. Chr. mit den Bantu-Völkern in Kontakt kamen, schauten sie sich von den Bantus die Viehhaltung ab. Sie spalteten sich von den San ab, um einen sesshafteren Lebensstil zu pflegen. San und Khoikhois sehen sich äußerlich sehr ähnlich. Man erkennt sie an ihrer honigfarbenen Haut und ihrem eng kräuselnden Haar. Die Khoikhoi verwenden zudem, wie auch die San, Klicklaute, um sich zu verständigen. Khois leben heutzutage hauptsächlich in Namibia (circa 100.000). Die meisten von ihnen leben immer noch als Nomaden und pflegen eine Lebensweise wie vor 1.000 Jahren. In Südafrika gibt es nur noch um die 2.500. Ihre Zukunft ist ungewiss. Da die Khoi und die San friedlich miteinander existierten und sich untereinander vermischt haben, fasst man sie oftmals als ›Khoisan‹ zusammen.

1.2 Nach Südafrika eingewanderte Bantuvölker

Im 17. Jahrhundert fand im Gebiet des heutigen Kamerun, Kongo und Niger eine explosionsartige Bevölkerungsvermehrung statt, die eine Massenabwanderung Richtung Süden zur Folge hatte.

Die Bantuvölker, die nach Südafrika einwanderten, vertrieben die indigenen Khoisan, übernahmen aber deren Jagdtechniken und Klicklaute. Man unterscheidet folgende drei Gruppen innerhalb der Bantuvölker:

- die **Nguni** – das sind alle Bantustämme, die sich an der Ostküste Südafrikas niedergelassen haben. Zu ihnen gehören die Zulu, die Xhosa, die Swazi und die Ndebele.
- die **Sothos** – so nennen sich die Bantus, die das südafrikanische Hochland (›Highveld‹) besiedelt haben.

- und die **Tsongas** – also die Bantus, die im Norden des Landes geblieben sind.

Zulus (auch amaZulu – ›Söhne der Sonne‹): Ein Unterstamm der Nguni sind die Zulu. Die Zulu siedelten sich in Natal an. Bis heute ist dies ihr Stammesgebiet. Aus den losen Stammesverbänden der Zulu entstand im 18. Jahrhundert unter Shaka Zulu ein einflußreiches Königreich – das mächtigste und gefürchtetste im südlichen Afrika. Shaka Zulu stellte die erste stehende Armee Schwarzafrikas auf. Das expandierende Zulureich unter Shaka löste in der ersten Hälfte des 19. Jahrhunderts eine Kettenreaktion an Kriegen und Vertreibungen im ganzen Land aus, die sogenannte *Mfecane* oder *Difaqana* (Sesotho für Zermalmung, Zerquetschung).

Die Zulus drängten in das Gebiet der Xhosa, die Xhosa wiederum wichen auf das Gebiet der Khoikhoi aus, stießen dabei aber auch auf die immer weiter ins Landesinnere eindringenden Buren. Im Westen spalteten sich die Ndebele von den Zulu ab und nahmen den Tswana ihr Land weg. Als Reaktion auf die kriegerischen Auseinandersetzungen vereinigten sich im Norden die Sotho- und Swazi-Stämme und gründeten zur besseren Verteidigung ihre eigenen Königreiche, das heutige Lesotho und Swasiland. Die Zulus boten von allen schwarzafrikanischen Stämmen den Briten und Buren am längsten die Stirn und verteidigten ihr Territorium zunächst erfolgreich; erst Ende des 19. Jahrhunderts unterlagen sie den modernen Schusswaffen der Briten. Mit circa elf Millionen Menschen bilden sie die größte ethnische Gruppe in Südafrika. Zulus leben nach wie vor hauptsächlich in der Provinz KwaZuluNatal. Die meisten Schwarzen in Durban und Johannesburg gehören Zulu-Stämmen an.

Xhosa (auch amaXhosa – ›Söhne Xhosas‹): Auch die Xhosa sind im Rahmen der Nord-Süd-Wanderung der schwarzafrikanischen Stammesvölker ins südliche Afrika eingewandert. Ihren Namen haben sie vom legendären Häuptling Xhosa. Als die Buren vom Kap ostwärts ins Landesinnere trekkten, trafen sie dort 1760 auf die Xhosa. Da sowohl die Buren als auch die Xhosa Viehzüchter waren, führte die Konkurrenz um das Weideland zu vielen Kriegen zwischen den zwei Völkern. Am Ende gewannen die Buren und die Xhosa verloren ihr gesamtes Siedlungsgebiet. Aus dieser extremen Bedrängnis heraus schenkten die Xhosa 1856 den Visionen des Mädchens Nongqawuse Glauben, die prophezeite, dass die Xhosa ihr verlorenes Land wiedererlangen könnten, wenn sie ihre Ernte und ihr Vieh den Ahnen opferten. Die Briten schauten den Xhosa bei dieser sinnlosen Abschlachtung zu, ohne etwas dagegen zu unternehmen. Als Folge verhungerte ein Drittel aller Xhosa – der Rest musste mittellos aus dem eigenen Land fliehen, das die Briten nun mühelos für sich beschlagnahmen konnten. Die meisten Xhosa leben heute nach wie vor im Eastern Cape, ihrem traditionellen Stammesgebiet. Da es dort kaum Industrie und Arbeit gibt, ziehen viele in die südafrikanischen Großstädte. Von dort versorgen sie oftmals als Einzelverdiener die zurückgebliebene Familie. Während sich die Eltern in Kapstadt, Johannesburg oder Durban verdingen, ziehen die Großmütter, die im Eastern Cape zurückgeblieben sind, die Kinder groß. Die meisten schwarzen Südafrikaner in Kapstadt gehören – wie zum Beispiel auch Nelson Mandela – zu den Xhosa.

Swazi: Die Vorfahren der Swazi lebten bis zur Mitte des 18. Jahrhunderts an der mosambikanischen Küste. Das anstrengende tropische Klima und die häufigen Malaria-Erkrankungen bewogen den damaligen König und seinen Dlamini-Clan, Richtung Süden zu ziehen. Bis zum heutigen Tag rekrutiert sich das königliche Oberhaupt der Swazi aus der Familie der Dlamini, die wichtigsten Swazi-Traditionen werden ebenso bis heute gepflegt. Dazu gehört die traditionelle Medizin, das Ncwala-Fest im Dezember, wenn der König mit seinem Hofstaat und in vollem Ornat seinen Hof verlässt, um im Angesicht seines Volkes die ersten Früchte der Ernte zu verspeisen, und der Umshlanga-Tanz im September, wenn die Frauen sich in Trance tanzen und ihre Fruchtbarkeit zelebrieren. In Swaziland leben um die eine Million und in Südafrika um die 600.000 Swazis.

Ndebele: Auch die Ndebele wanderten erst Ende des 15., Anfang des 16. Jahrhunderts nach Südafrika ein. Sie ließen sich im Nordosten von Pretoria nieder. Im 19. Jahrhundert stießen die Buren in ihr Siedlungsgebiet vor, und die Ndebele mussten sich in die umliegenden Höhlen flüchten. Die Buren versuchten zunächst, ihre Höhlen zu sprengen. Als dies misslang, belagerten sie die Höhlen von außen und warteten, bis die Ndebele ausgehungert waren. Die Überlebenden wurden zur Arbeit auf den Burenfarmen gezwungen. Die Ndebele sind in Südafrika mit einer Bevölkerung von 700.000 nur eine kleine Minderheit und leben hauptsächlich in Gauteng, Mpumalanga und Limpopo. Ihre Sprache ähnelt dem isiZulu. Ndebeles fallen in Südafrika insbesondere durch ihre bunt bemalten Häuser und farbenprächtigen Kleider auf.

Sotho-Völker: Die auf dem inneren Plateau von Südafrika lebenden Sotho unterteilen sich in *Tswana* (Westliche Sotho), *Basotho* (Südliche Sotho) und *Pedi* (Nördliche Sotho). Die **Basotho** und die **Tswana** (knapp 8 Millionen in Südafrika) sind sich kulturell und sprachlich sehr ähnlich. Sie haben bis etwa 1830 in im Land versprengten und voneinander unabhängigen Häuptlingstümern gelebt. Der gewiefte König Moshoesho I. vereinte sie zu einer Nation. Er zog sich während der *Difaqana* auf den Berg Thaba-Bosiu zurück und nahm Flüchtlinge unter der Bedingung auf, dass sie ihm bei der Verteidigung seines Landes halfen. König Moshoesho verteidigte Lesotho sogar gegen britische und burische Expansionsversuche erfolgreich. Die Basotho leben heutzutage hauptsächlich in Lesotho (1,7 Millionen) und den zwei südafrikanischen Provinzen Free State und Gauteng (3,3 Millionen). Die **Tswana** haben sich zum einen in der Savanne im ehemaligen *Transvaal* (ehemaliger Burenstaat und spätere Provinz im Nordosten Südafrikas, deren Gebiet heute unterteilt ist in Gauteng, Mpumalanga und Limpopo) und zum anderen in Botswana niedergelassen. Sie mussten während der Difaqana den Ndebele weichen, die sich von den aggressiv expandierenden Zulus abgespalten hatten. Die Transvaal-Tshwanas lebten während der Apartheidszeit in deprimierenden, voneinander abgeschnittenen infrastrukturlosen ›Homelands‹ mit dem Namen ›Bophuthatswana‹. Die **Pedi** unterscheiden sich von den übrigen Sotho dadurch, dass ihre Häuptlingstümer gleich von Beginn unter einem Schirmherrn zusammengefasst waren. Bekannt sind sie für ihre Hochzeitsbräuche und die *lebola*, den Preis, den der Bräutigam an die Familie der Braut zahlen muss. Heutzutage leben um die 4,5 Millionen Pedi in Mpumalange, Limpopo und Gauteng.

Tsonga (oder ›Shangaan‹): Als Folge der Difaqana, als Zulus Teile des Tsonga-Gebietes unterwarfen, zogen die Tsongas Richtung Norden und eroberten dort Süd-Simbabwe und Süd-Mosambik. Circa 2,3 Millionen Tsongas leben heutzutage noch in Südafrika, fast ausschließlich in der nördlichsten südafrikanischen Provinz Limpopo. Sie kommunizieren in ihrer eigenen Sprache (Xitsonga), von der es zahlreiche Dialekte gibt.

2 Coloureds (›Farbige Südafrikaner‹)

Als ›farbig‹ gelten Südafrikaner gemischter Abstammung – Menschen, die schwarze und weiße Vorfahren haben, aber auch Menschen mit asiatischen Wurzeln. Sie sind die größte und heterogenste ethnische Gruppe im Western Cape, 49 Prozent sind dort ›coloured‹. Das Westkap ist die einzige Provinz, in der schwarze Südafrikaner nicht die Mehrheit bilden. Da sich Europäer und Asiaten dort als Erstes ansiedelten und Kapstadt immer eine kosmopolitische Stadt blieb, gibt es dort auch die meisten Nachfahren gemischter Rassenzugehörigkeit.

2.1 Cape Coloureds (›Kapmischlinge‹)

Zu Apartheidszeiten wurden alle Farbigen in einer großen Gruppe zusammengefasst – egal ob europäischer, schwarzafrikanischer, indischer oder malaiisch-indonesischer Abstammung. Die Kapmischlinge sind Nachfahren weißer Siedler, schwarzafrikanischer Völker, indischer Einwanderer und importierter Sklaven aus Indonesien, Malaysia, Mozambique und Madagaskar.

Eine Untergruppierung der ›Cape Coloureds‹ sind die **›Cape Malay‹**, die Nachfahren muslimisch-malaiischer Sklaven, die sich von den restlichen ›Cape Coloureds‹ durch ihre Religionszugehörigkeit (= Islam) unterscheiden. Während des 17. Jahrhunderts wurden sie vom indonesischen Archipel, dem Raum zwischen Südostasien und Australien, ans Kap verfrachtet. Kapmaleien haben nicht nur den Islam ans Kap gebracht, sondern auch die südafrikanische Küche entscheidend mitgeprägt; die südafrikanischen Klassiker *Bredie, Bobotie, Sosaties* und *Koeksisters* haben südostasiatische Wurzeln. Die meisten Cape Malays leben in Kapstadt und Umgebung und sprechen Afrikaans. Bo-Kaap ist zum Beispiel so ein typisches Cape Malay-Viertel mit vielen Moscheen. Von den etwa vier Millionen Farbigen in Südafrika sind 200.000 Cape Malay. Ein paar von ihnen sieht man die indonesisch-malaiischen Wurzeln stark an, die meisten unterscheiden sich jedoch rein äußerlich nur wenig von den übrigen Cape Coloureds. In Südafrika leben insgesamt um die 800.000 Muslime, davon 400.000 in Kapstadt. Muslime sind im Kapstädter Alltag sehr präsent.

3 Weiße Südafrikaner (9 Prozent der Gesamtbevölkerung)

Weiße Südafrikaner empfinden sich genauso als Afrikaner wie schwarze, indisch-stämmige oder farbige Südafrikaner. Ihre Geschichte auf dem Kontinent reicht 400 Jahre zurück. Die meisten Südafrikaner haben auch nur einen Pass, den südafrikanischen.

Europäer stellen interessanterweise die australische oder amerikanische Nationalität eines Weißen nicht infrage, während sie weiße Südafrikaner oftmals als ›keine richtigen Afrikaner‹ ansehen.

3.1 Afrikaaner

60 Prozent aller Weißen sprechen Afrikaans als Muttersprache. Sie nennen sich *Afrikaner*. Im Deutschen schreibt man es als Afrikaaner mit zwei ›a‹, um es von (Schwarz-)Afrikaner zu unterscheiden. Die Afrikaaner oder Buren sind die Nachfahren der holländischen, deutschen, französischen und britischen Siedler, die im Zuge der Kolonisation durch die Niederländische Ostindien-Kompanie ans Kap gekommen sind. Sie sind aber auch zu 8 Prozent schwarzer Abstammung, wie in mehreren Genanalysen festgestellt wurde. Afrikaaner mussten sich über die Jahrhunderte nicht nur gegen die Zulu und andere schwarze Stämme, sondern auch gegen die übermächtigen Briten zur Wehr setzen. Die Briten kamen später als die Buren nach Südafrika, annektierten aber Teile des Landes und versuchten, die Buren ihrem Regierungsstil zu unterwerfen. Sie führten brutale Kriege gegen die Buren und brachten Tausende ihrer Frauen und Kinder in sogenannten ›*concentration camps*‹ um. Als die konservative Burenpartei, *National Party*, 1948 zum ersten Mal die Regierungsmacht über Südafrika erhielt, kehrten sie ›den Spieß um‹ und bauten ein rigoroses politisches System auf, in dem Anglo-Südafrikaner weitestgehend politisch entmachtet wurden, die schwarze Mehrheit unterdrückt und Afrikaans zur Amtssprache erklärt wurde.

3.2 Anglo-Südafrikaner

Die zweitgrößte Gruppe innerhalb der weißen Bevölkerung (39 Prozent) sind die Englisch-Muttersprachler oder Anglo-Südafrikaner. Die Englisch sprechenden Weißen kamen in mehreren Etappen nach Südafrika und wohnten überwiegend in den Städten. Sie prägten das architektonische und soziale Leben der Städte und beschäftigten sich insbesondere mit der Wirtschaft, dem Handel und der Industrie. Es waren vor allem Englisch sprechende Geschäftsleute, die mit dem südafrikanischen Bergbau die großen Eckpfeiler des südafrikanischen Wohlstandes aufgebaut haben.

3.3 Andere Weiße

Man wird in Südafrika auch auf viele Weiße griechischer, portugiesischer und deutscher Abstammung treffen. Außerdem lebt in Südafrika eine sehr einflussreiche, circa 85.000 Personen umfassende **jüdische Gemeinde**.

Die ersten jüdischen Siedler kamen bereits 1652 mit Jan van Riebeck, dem Gründervater Südafrikas, ins Land. Während der Diamanten- und Goldminenfunde Ende des 19. Jahrhunderts wanderten weitere Juden aus Europa ein, um sich eine Schlüsselrolle in der Minenindustrie und dem Handel Südafrikas zu sichern. Später folgten deutsche und litauische Juden, die vor den Pogromen in ihrer Heimat flüchten mussten, sodass die Zahl der in Südafrika ansässigen Juden während des Zweiten Weltkrieges auf 120.000 anwuchs.

4 Asian/Indian (2,5 Prozent der Gesamtbevölkerung)

Ein kleiner Bevölkerungsteil sind die circa 100.000 Chinesen und 900.000 Inder im Land – im Übrigen die größte Gruppe an Indern, die außerhalb Indiens und Pakistans lebt. Die meisten indischstämmigen Südafrikaner leben in der Provinz KwaZulu-Natal an der Ostküste Südafrikas und praktizieren ihre alten Kulturen und Traditionen. Etwa 70 Prozent der indischen Bevölkerung sind Hindu, 20 Prozent Moslem und 10 Prozent Christen. In Durban prägen die Moscheen und Tempel das Stadtbild maßgeblich.

Die Inder kamen in zwei Wellen ins Land: Die ersten Inder wurden ab Mitte des 19. Jahrhunderts als Vertragsarbeiter für die Zuckerrohrfelder in Natal angeworben. Als sie nach Beendigung ihres Fünf-Jahres-Vertrages die Möglichkeit erhielten, Land zu erwerben, entschieden sich viele, in Natal zu bleiben, weil ihnen die Lebensumstände in Südafrika besser gefielen als in ihrer indischen Heimat.

Die andere Gruppe kam als sogenannte ›Schifffahrtsinder‹ *(passage indians)* ins Land. Sie bezahlten ihre Überfahrt selbst. Die Mehrheit dieser Inder waren Muslime und arbeiteten auf Plantagen oder ließen sich in Natal als Geschäftsleute nieder. Viele von ihnen zogen weiter nach Transvaal und in die Kapprovinz. 20 Prozent der heutigen südafrikanischen Inder sind Nachfahren jener Schifffahrtsinder.

5 VORSICHT VERSUS WAHN

KEINE PANIK!

Auf einmal wird es sehr sehr hell und sehr sehr heiß. Zeit aufzustehen!

Silvie reißt die eh sehr lichtdurchlässigen Vorhänge auf, um Simon zu signalisieren, dass das Leben, sie und Kapstadt draußen auf ihn warten. Als sie auf dem Fenster schaut, bekommt sie eine Gänsehaut.

Wow. Aber wirklich WOW.

Der Tafelberg.

In natura wirkt er noch viel imposanter als auf den Fotos. Er ragt in unmittelbarer Nähe mitten aus der Stadt heraus. Der Anblick dieses riesigen, Ehrfurcht gebietenden Bergmassivs auf der einen Seite, die süße grüne Bergkuppe mit den vereinzelten schief wegstehenden Bäumen auf der anderen Seite und das phosphoreszierende Himmelblau drum herum lösen einen regelrechten Endorphinrausch in Silvie aus.

(**Apropos:** ›Signal Hill‹ schrumpft neben dem Tafelberg visuell tatsächlich zu einem Hügelchen zusammen, hat aber immerhin eine Höhe von 350 Metern. Mehr dazu siehe *Lions Head & Signal Hill.*)

Hätte sie keine so lange Liste an Sehenswürdigkeiten und To-Dos, die sie in den kommenden fünf Kapstadt-Tagen abhaken MUSS, würde sie sich jetzt die nächsten fünf Stunden auf den Balkon setzen, den Berg anschauen und die südafrikanische Sonne auf die Haut strahlen lassen.

Aber in ein paar Tagen geht es schon wieder weiter ins Landesinnere und von daher gilt es, keine Minute zu verschwenden! Und das mit dem fünfstündigen Sonnenbad auf dem Balkon geht an sich eh nicht. Claudia hat Silvie bereits vorgewarnt, was die Verbrennungsgeschwindigkeiten hier unten angeht. Anscheinend reicht das

Ozonloch bis nach Südafrika und man verkohlt sich schneller als man einen Milchkaffee trinken kann.

»Schatz, kannst du bitte den Vorhang wieder zuziehen?«

Simon ist es nach dem monatelangen Sonnenentzug zu Hause nicht mehr gewohnt, dass ihn morgens das Licht blendet – die grausame Neon-Variante ausgenommen.

»Guten Morgen, Liebling. Zeit aufzustehen! Wir haben schon elf Uhr.«

Natürlich hat Silvie überhaupt keine Ahnung, wie spät es ist, aber sie sagt sicherheitshalber schon einmal elf, um ihren Freund aus dem Bett zu locken.

Nachdem sie sich eine halbe Tube ihrer fünf mitgebrachten 50+ Sonnenblocker großzügig auf Gesicht, Körper und Haar geschmiert hat, macht sie sich auf dem Weg zum Frühstück. Simon ist mittlerweile in die Gänge gekommen, hat aber, Gott sei Dank, noch nicht realisiert, dass es erst 8:30 Uhr ist. Umso besser! Dafür freut er sich gleich, wenn es das Frühstück noch aufs Haus gibt.

Als Simon die Treppen zum Frühstücksbereich hinunterschlurft, kann Silvie, die unten bereits am Tisch mit einer kalt gewordenen Tasse Kaffee auf ihn wartet, direkt an seinem Gesicht ablesen, dass er das Frühstück aufs Haus – hätte er denn die Wahl gehabt – gegen die Stunde Extraschlaf eingetauscht hätte.

»Ist dir eigentlich bewusst, dass es erst neun Uhr ist?«

»Tatsächlich? Na ja, umso besser, dann sehen wir ja heute noch etwas.«

Während Silvie ihren Reiseführer studiert, begutachtet Simon Silvies öligen Sardinenlook – Haare inklusive. »Ich verstehe nicht ganz, warum du mich aus dem Bett scheuchst, bevor du dich überhaupt fertiggemacht hast.«

»Wie bitte? Ich bin geduscht, geschminkt und startklar.«

»Oh, sorry. Sah nicht danach aus ...«

»Danke. Sehr charmant! DU solltest dich hier übrigens auch ordentlich eincremen, wenn du keinen Hautkrebs bekommen willst. Die Sonne ist hier nicht wie in Spanien.«

»Ich brauche keine Sonnencreme. Ich kriege nie Sonnenbrand.«

(**Apropos:** Am stärksten leiden Australien und Neuseeland unter dem antarktischen Ozonloch, aber auch Südafrika ist, vor allem in den Sommermonaten Oktober bis Februar, betroffen. Da die Sonne weitaus aggressiver auf Südafrika als zum Beispiel Südeuropa einstrahlt, sind Hautkrebs und schnelle Faltenbildung hier ein großes Problem. Wenn einem also an Haut und Augen etwas liegt, sollte man unbedingt Sonnencreme mit starkem Lichtschutzfaktor und eine qualitativ hochwertige Sonnenbrille mit UVA/UVB-Schutz einpacken.)

Silvie schlägt eine Stadttour zu Fuß vor, und eine Stunde später stehen die beiden auch schon auf der *Kloof Street*, einer schönen belebten Straße mit vielen Cafés. Simon hat seine neue Digitalkamera mit Superobjektiv trotz Silvies Protesten eingepackt – wenn er auf der Stadttour keine Fotos schießt, wann dann?

Echt erstaunlich, wie sicher man sich hier fühlt! Die Stadt hat einen exotischen, aber auch irgendwie europäischen Flair. Während Simon Fotos von den drei Bergen, den kapholländischen Häuserfassaden und vielen liebevoll eingerichteten Cafés macht, behält Silvie die Situation im Blick:

Schwarz, weiblich, mittleres Alter – **keine Gefahr**

Weißes Pärchen – **keine Gefahr**

Ihr Geld hat Silvie in weiser Voraussicht in ihrer Socke versteckt. Für den Fall des Falles, dass die beiden angegriffen werden, ist zumindest das Bargeld gesichert! Dafür schwitzt sie sich jetzt in den Strümpfen und Turnschuhen bei 33 Grad Celsius einen ab.

Zwei Männer, schwarz, jung –

Sehr suspekt! Silvies Gefahrendetektor schlägt völlig aus.

Ihr Herz schlägt schneller, denn DAS könnte sie sein, die gefährliche Situation, vor der alle Reiseführer warnen. Simon und sie sind hinter einem parkenden Laster versteckt, und außer den zwei vermutlichen Gangstern kann sie gerade niemand sehen – das heißt, *niemand* könnte zur Hilfe springen, würden sie angegriffen!

Silvie macht schlagartig kehrt um und marschiert mit Simon im Schlepptau in die entgegengesetzte Richtung, um hinter dem Laster rasch auf die andere Straßenseite zu flüchten. Kurzer Blick nach links, dann nach rechts, dann läuft sie schnell rüber ...

Tüt!!! Tüüüt!!! Tüüüüüüüüüüt!!!

Ein blauer Wagen mit Ladefläche bremst nur zwei Meter vor Simon und Silvie ab.

(**Apropos:** Zweisitzer mit abdeckbarer Ladefläche statt Rücksitzen und Kofferraum sieht man oft auf Kapstadts Straßen – man nennt sie hier ›*bakkies*‹. Ein paar Autowagenhersteller produzieren sie ausschließlich für den südafrikanischen Markt, weil sie hier so außerordentlich beliebt sind, wie zum Beispiel ›Opel Corsa Utility‹ oder ›Ford Bantam Bakkie‹.)

Mist, stimmt! Die haben ja hier Linksverkehr. Simon hat auch falsch herum geguckt. Das Straßenüberqueren kann hier ja ganz schön gefährlich werden. Dass der Fahrer aber auch nicht vorher abbremst? Der hat sie doch schon von weiter oben über die Straße laufen sehen! Silvie sind die südafrikanischen Autofahrer jetzt schon unsympathisch. Auf der anderen Straßenseite gibt ein Obdachloser, während er eine Mülltonne inspiziert, den beiden seinen Rat mit auf dem Weg: »*You must luuuk before you cross the road! Luuuk here, luuuk there. This is very dangerous, you know.*«

»Du sag mal, warum hetzt du mich auf einmal auf die andere Straßenseite?«

»Da kamen zwei total gefährlich aussehende Typen auf uns zu.« Unglaublich, Simon hat tatsächlich überhaupt kein Gefühl für Gefahrensituationen.

»They are going to drive right OVER you, if you don`t luuuk!«

»Echt? Ist mir gar nicht aufgefallen ...«

»Do you have some change, brother?«

»NO.«

(**Apropos:** Besser »Sorry, brother/bru/dude« oder »No, thanks«. Klingt netter.)

»A cigarette?«

»No.«

»Da, dreh dich um – DIE zwei Jungs dahinten!«

Simon ist sich nicht sicher. Er kann Afrikaner nicht so gut einschätzen. Könnte sein, dass das Kriminelle sind, könnte aber auch sein, dass das zwei ganz normale junge Männer auf dem Weg zur Arbeit sind. Als er sich wieder umdreht, bemerkt Simon, dass die obere Hälfte des Tafelbergs auf einmal hinter einer riesigen Wolke verschwunden ist.

(**Apropos:** Der Tafelberg ist ein Schauspiel für sich. Obwohl er sich mitten in der Stadt befindet, verschwindet er im Winter oftmals völlig hinter einer weißen Nebeldecke. In den Sommermonaten wiederum bedeckt manchmal eine schmale Wolkenschicht seinen oberen Teil. Kapstädter nennen dieses Phänomen ›*table cloth*‹, also Tischtuch, denn es sieht so aus, als hätte man eine weiße Tischdecke über die lange Bergtafel ausgebreitet. Das ›Tischtuch‹ besteht aus feuchten Luftmassen, die vom offenen Meer aus den Tafelberg überströmen. Aus diesen zum Aufstieg – und damit zur Abkühlung – gezwungenen Luftmassen bilden sich Wolken. Da aber im Sommer an den Hängen des Berges gleichzeitig ein trocken-warmer Fallwind weht, ›verrutscht‹ das kühle Wolkentuch nicht nach unten.)

Sieht völlig surreal aus! Als er gerade ein Foto knipsen will, reißt ihm Silvie mir nichts, dir nichts die Kamera aus der Hand und steckt sie in ihre Korbtasche.

»Nicht hier!«

»Warum?«

»Da kommt schon wieder so ein zwielichtiger Typ auf uns zu.«

Die beiden stehen mitten an einer Riesenkreuzung, was soll denn HIER schon passieren? Ein älterer, gepflegter Mann mit weißem Bart, Uralt-Anzughose und freundlichem Gesicht geht an den beiden vorbei und sagt »Hello, how are you«, als er bemerkt, dass die zwei ihn anstarren.

Simon wundert sich, was Silvie an diesem alten Mann mit Mandela-Ausstrahlung nicht geheuer findet. Wahrscheinlich ist es einfach die Tatsache, dass man hier auf einmal mit so vielen völlig anders aussehenden Menschen umgeben ist.

»Schatz, wir sind hier in Afrika! Nicht jeder Schwarzafrikaner, der uns entgegenkommt, ist ein Gangster.«

STREETWISE VS. STREETWAHN

Jeder Südafrikaner wird Ihnen raten, sich *streetwise* zu verhalten, um Kriminellen nicht zum Opfer zu fallen. ›*Streetwise*‹ bedeutet ›Straßen-clever‹. Heißt: aufmerksames und umsichtiges Verhalten, sobald man sich außerhalb der eigenen vier Wände bewegt. Tagträumerisch durch die Straßen spazieren geht in einem Land wie Südafrika nicht. Ein bisschen Aufmerksamkeit reicht aus, um Gefahren auf ein Minimum zu reduzieren. Hier sind ein paar grundsätzliche Tipps:

Man sollte sich ausschließlich in sicheren Gegenden bewegen und im Zweifelsfall Einheimische, Hotelbesitzer und Gastgeber fragen, welche Stadtteile und Vororte man lieber aussparen sollte. Manche Stadtteile sind zum Spazierengehen und Sightseeing tagsüber in Ordnung, sollten aber abends gemieden werden.

Wertgegenstände gehören in den Hotelsafe. Handys, Geldbörsen und alles andere, was man bei sich trägt, sollte man in einer Tasche verstauen. Egal ob im Zimmer, im Auto oder unterwegs – nichts von Wert sollte sichtbar sein. Beim Parken sollte man ALLES in den Kofferraum räumen – auch Pullis und Supermarkttüten, wenn man eine eingeschlagene Scheibe verhindern will.

Wer ist um mich herum? Darauf sollte man jederzeit ein Auge behalten. Vor sich hin träumen macht man lieber, wenn man wieder zu Hause ist. Wenn man ein komisches Gefühl hat, sollte man auf Nummer sicher gehen und die Straßenseite wechseln oder umkehren.

Als Tourist benutzt man am besten keinen Zug – Busse und Minitaxen sind okay, aber nur unter der Woche und nur wenn es hell ist.

Sollte man tatsächlich überfallen werden, gilt: Ruhe bewahren und ALLES WIDERSTANDSLOS ABGEBEN – egal was und wie viel es ist. Wegen eines Fotoapparats sein Leben aufs Spiel zu setzen, ist völlig irrsinnig.

Man sollte sich darüber im Klaren sein, dass die meisten Gangster unberechenbar und sind und bei Widerstand auch wegen fünf Euro nicht zögern werden, ein Messer zu ziehen. Deswegen bringt man sich am besten von vornherein gar nicht erst in solche Situationen.

Oftmals, wenn man dann in Südafrika vor Ort ist und feststellt, dass das Land nicht den Horrorbildern entspricht, die man aus den Medien kennt, schlägt die Angst in Selbstüberschätzung um, und man kann sich beim besten Willen nicht vorstellen, dass es ein Kriminalitätsproblem gibt, wird unachtsam, zieht abends mit der Kamera um den Hals und dem teuren Smartphone in der Hand alleine um die Straßen und so weiter.

Man sollte jederzeit achtsam bleiben. Wenn man sich an die einfachen, oben genannten Vorsichtsmaßnahmen hält, ist man auf der sicheren Seite.

DIE BERGE VON KAPSTADT: TAFELBERG, DEVIL'S PEAK, LION'S HEAD UND SIGNAL HILL

Kapstadts Mittelpunkt ist der **Tafelberg**. Alle Stadtteile sind um den Berg herum gruppiert. Fragt man einen Kapstädter nach dem Weg, entlockt man ihm nur selten eine konkretere Wegbeschreibung als ›zum Berg hin‹, ›vom Berg weg‹ oder ›auf der anderen Seite des Berges‹ – was für einen nicht Tafelberg-kundigen Europäer auf der Suche nach beispielsweise *Sea Point* ganz schön verwirrend sein kann. Kapstädter orientieren sich nicht nur in puncto Wegbeschreibungen, sondern auch bei Wetterprognosen am Tafelberg. Überhaupt wird über das Wetter, den Wind und den Berg in Kapstadt immer lange und ausgiebig gesprochen.

Der höchste Punkt des Tafelbergs, **Maclear's Beacon**, liegt einen circa 45-minütigen Spaziergang von der Bergstation der Seilbahn entfernt.

Der Tafelberg ist 600 Millionen Jahre alt, 1.086 Meter hoch, 1.400 Pflanzenarten reich (mehr als in ganz Großbritannien zusammengenommen!) und umfasst 6.000 Hektar unberührter Klippen, Ströme und einheimischer Vegetation, die es sonst nirgendwo auf der Welt gibt. Man schätzt, dass er früher, bevor ihn Wind und Wasser zurechtgestutzt haben, fünf Mal so hoch war wie heutzutage.

Die Ureinwohner von Kapstadt nannten den Tafelberg *Hoeri* (Meeresbucht). Im Jahr 1503 wurde er vom portugiesischen Seefahrer Saldana zu *Taboa do Cabo* (Tafel des Kaps) umbenannt. Der Admiral war im Übrigen auch einer der ersten Europäer, der den Tafelberg 1503 über *Platteklip Gorge* erklomm.

Nicht nur die Kapstädter lieben ihren Berg. Der Tafelberg ist die meistbesuchte Touristenattraktion in Südafrika. (Wandertipps siehe Kapitel 15.) Signal Hill und Lion's Head (Löwenkopf) sind die zwei markanten grünen Bergkuppen neben dem Tafelberg.

Lion's Head ist 669 Meter hoch und nichts für Couch Potatoes – er ist nur zu Fuß zu besteigen. Die Belohnung für den relativ gut bewältigbaren 1,5 Stunden langen Aufstieg ist ein spektakulärer 360 Grad Blick auf die Stadt und die Atlantikküste – eine fantastische Sonnenuntergangs-Wanderung. Aus der Distanz betrachtet, ähnelt er einem Löwenkopf. Die Form vom Signal Hill, oder ›Löwenrumpf‹, gleicht wiederum dem ruhenden Körper des Tieres.

Der runde **Signal Hill** verdankt seinen Namen der ›Noon Gun‹, der Kanone, die seit dem 17. Jahrhundert das Ankommen eines neuen Schiffes signalisiert. Heute wird sie nur noch aus Traditionsgründen jeden Tag um zwölf Uhr abgefeuert. Auf den 350 Meter hohen Berg kann man mit dem Auto fahren. Die Aussicht ist grandios. Je nachdem auf welcher Seite man herunterschaut, kann man die Strände von Clifton, die City Bowl oder die Waterfront mit der Tafelbucht im Hintergrund sehen.

An der Ostseite des Tafelberges liegt der 1.002 Meter hohe **Devil's Peak** (Teufelsspitze). Einer Legende nach hat sich der Pirat van Hunks um 1700 auf den Devil's Peak zurückgezogen, um dort zu leben. Eines Tages tauchte ein Unbekannter auf und forderte ihn zu einem Rauchwettbewerb heraus, der bis heute andauert. Der Unbekannte entpuppte sich als der leibhaftige Teufel. Da niemand den Wettbewerb bisher gewonnen hat, setzen ihn die beiden bis heute fort. Die ›Rauchdecke‹ über dem Tafelberg, das ›*table cloth*‹, sieht man bis heute immer wieder.

6 STREET LIFE

SUPPORT ME SISI

Die Verlängerung der Kloof Street ist die berühmt-berüchtigte *Long Street*. Früher war dies Kapstadts längste Straße und heutzutage gilt sie als ›*the place to go*‹, wenn man abends weggehen will.

Während Silvie und Simon an der großen Kreuzung zwischen der Kloof und der Long Street auf die grüne Ampel warten, bemerkt Silvie eine junge Südafrikanerin mit einer schönen weißen Pünktchenverzierung auf dem Gesicht.

(**Apropos:** Lehm- und ockerfarbene Gesichtsbemalungen sind typisch für Xhosas. Frauen tragen den Lehm nicht nur zu dekorativen Zwecken auf, sondern schmieren ihn manchmal als Sonnenschutz auf das gesamte Gesicht.)

Sie trägt ihr Baby in einer Decke auf dem Rücken. Über ihrem langen traditionellen Kleid hat sie sich eine knallorangefarbene Weste gezogen auf der ›*The Big Issue*‹ steht – das ist wohl so etwas wie die Zeitschriften, die Obdachlose daheim auf der Straße verkaufen. Die Frau schlendert mit einem Packen Zeitschriften an den angehaltenen Autos vorbei und lächelt, obwohl sie abwechselnd ignoriert oder abgewiesen wird, unentmutigt weiter und wünscht allen einen schönen Tag. Verkäufer daheim könnten sich hier ein Scheibchen an positiver Verkaufstaktik abschneiden ...

Muss trotzdem total frustrierend sein, tagein-tagaus wie Luft behandelt zu werden und stundenlang auf einen sozial engagierten Käufer zu hoffen, um am Ende des Tages hoffentlich ein wenig Essen für sein Kind kaufen zu können, das man den ganzen Tag mit sich durch die Autoabgase schleppt. Silvie würde sich die Kugel geben, wäre sie diese Frau.

Aber die Südafrikanerin bewerkstelligt das Ganze mit so viel Würde und Elan, dass sie allein dafür jede Unterstützung verdient. Silvie kramt einen Schein aus ihrer Socke – hoffentlich hat sie niemand das Geld da herausholen sehen ... – und kauft ihr eine Zeitschrift ab. Die Südafrikanerin bedankt sich freudestrahlend, und auch Silvie ist froh, etwas Gutes getan zu haben.

Keine zehn Meter weiter sitzt ein etwa 80-jähriger weißer Mann in Hemd, Fliege und ordentlich nach hinten gekämmtem Haar auf einem Klappstuhl am Straßenrand. Er ist zu schwach und zu alt zum Stehen – und verkauft genau die gleiche Zeitschrift. Hat er denn niemanden, der ihm helfen kann? Herzzerreißend. Silvie kann sich doch jetzt nicht schon wieder dieselbe Zeitschrift kaufen? Sie schlendert an dem Mann vorbei, ohne ihm etwas zu geben. Und keine drei Meter später plagen sie fürchterliche Schuldgefühle. Die zwei Euro hätten sie jetzt auch in keine Finanzkrise gestürzt. Wo aber zieht man eine Grenze?

Die **Armutsverhältnisse und sozialen Kontraste** in Südafrika können einen zunächst einmal mitnehmen, vor allem wenn man das erste Mal in ein Entwicklungsland reist und mit ›Armut‹ bis dato deutsche Sozialhilfeempfänger assoziiert hat. Abwechselnde Emotionsschübe von Schuld, Mitleid und totaler Genervtheit sind durchaus normale Eingewöhnungsphänomene.

Leider kann man nicht allen helfen, die Hilfe verdienen. Eine gute Idee ist es, Initiativen und Organisationen zu unterstützen, die ihr Geld sinnvoll einsetzen.

Südafrika hat leider kein Sozialsystem wie Deutschland, was solche Initiativen zu einem wichtigen Überlebensfaktor für viele Menschen macht.

Sobald man die Ampel von der Kloof Street zur Long Street überquert, wird alles lauter, chaotischer, betriebsamer und, aufgrund der vielen unterschiedlichen Menschen, die Silvie nirgendwo einordnen kann, bedrohlicher.

Hippe Alternativcafés reihen sich an afrikanische Restaurants, kubanische Zigarren-Bars, dubiose Billard-Spelunken, Livemusik-Schuppen, teure Öko-Restaurants, orientalische Bars mit Wasserpfeifen und Bauchtanz, Irish Pubs und kreativ eingerichtete Klamotten-, Deko-, und Antiquitätengeschäfte. Zwischen den Altbauten mit kunstgeschmiedeten Balkongittern und kunterbunten Art-Déco-Fassaden befinden sich ein paar extrem hässliche Häuser – das eine mit den eingeschlagenen Scheiben sieht aus wie ein Asylantenheim und das andere weiter hinten wie ein heruntergekommener Bürokomplex aus den 60er-Jahren. Mein Gott, was für ein wilder Stil- und Menschenmix hier!

»Sisi, Sisi!« Jemand schreit Silvie hinterher. Der verwechselt sie wohl grad.

»Sisi, Sisi!! Etwas Kleingeld bitte!« Ein schmächtiger farbiger Junge mit braunen Kulleraugen und dreckigem Gesicht kommt schnurstracks auf Silvie zugeschossen und hält ihr seine leere Hand hin.

»Bitte Sisi!«

Warum nennt der sie die ganze Zeit Sisi?

(**Apropos:** Schwarze Südafrikaner sprechen Gleichaltrige – unabhängig davon, ob sie auch Xhosa sind oder nicht – mit *Sisi*, Schwester, bzw. *Bhuti*, Bruder, an. Wenn der/die Gesprächspartner/in älter ist, also etwa im Alter der Eltern, spricht man eine Frau mit *Mama* und einen Mann mit *Tata*, Vater, an. *Sisi*, *Bhuti*, *Mama* und *Tata* gehören fest zum südafrikanischen Slang und kreieren eine freundliche Zusammengehörigkeitsatmosphäre im südafrikanischen Alltag.)

»Bitte kauf mir etwas zu essen, Sisi. Sisi, bitte!«

Der Kleine hat Silvie in weniger als zehn Sekunden weichgekocht. Silvie fischt eine Münze aus ihrer Hosentasche und steckt sie dem Jungen zu. Der Kleine flitzt mit dem Geld davon – und fast zeitgleich stürmen zwei andere Straßenjungs auf Simon und Silvie zu. Oh nee! Hat sie ja fast befürchtet, dass DAS jetzt als Nächstes kommt.

»Sisi! Sisi! Bitte hilf uns.« – »Bitte, Sisi!« – »Bitte Sisi, wir wollen Brot kaufen.«

Warum haben sich die Jungs alle ausgerechnet auf SIE so eingeschossen? Es laufen hier so viele Menschen kreuz und quer. Dabei hasst sie es, so bedrängt zu werden.

(**Apropos:** Die meisten Straßenjungs leben seit Jahren auf der Long Street und erspähen einen neuen Touristen *in town* sofort. Die bevorzugte Zielgruppe der Jungs sind weibliche Touristinnen mit Mutterinstinkt, weil die am schnellsten ein paar Münzen ›für Essen‹ herauskramen.)

Die Passanten schauen Silvie beim Vorbeigehen halb schmunzelnd, halb mitleidig an, und Simon steht da auch nur ganz hilflos daneben.

»BITTE Sisi, wir haben Hunger!«

»Ach, komm. Jetzt hast du dem einen schon etwas gegeben, jetzt gib den beiden hier halt auch etwas.«

Das Wort ›Hunger‹ aktiviert offensichtlich auch bei Simon gleich das schlechte Gewissen.

Silvie drückt beiden jeweils eine kleine Münze in die Hand und verschwindet mit Simon so schnell sie kann in das nächstliegende Geschäft.

»Komm, lass uns hier kurz verstecken. Nicht, dass wir gleich die komplette Bande an der Backe haben.«

»Aber müssen wir ausgerechnet in ein Glasperlengeschäft? Lass uns doch schnell in den Surf-Laden da vorne reinschauen ...«

Nach zehn Minuten muss Silvie ihren Freund aus dem Geschäft herauszerren, denn der ist kurz davor, ein Surfboard zu kaufen und ihren Sightseeing-Plänen ein abruptes Ende zu setzen. Bloß nicht! Silvie drängt ihn weiter. Die Long Street führt wohl noch an einem großen panafrikanischen Markt vorbei, den sie noch unbedingt besichtigen will.

»Total schön, deine Schuhe.«

Silvie schaut auf ihre Füße. DIE zerfetzten Dinger ...?!

»Kann ich dich etwas fragen, Sisi?«

Die junge Frau mit dem vergammelten Outfit und abgebrannten Zigarettenstummel in der Hand erzählt eine langwierige Geschichte darüber, wie sie von einem weit entfernten Ort namens Atlantis nach Kapstadt gekommen sei, um für ihre schwerkranke Mutter Medikamente zu besorgen (gibt es in Atlantis keine Apotheken?), der *boyfriend* sie aber ausgeraubt habe, mit einer anderen durchgebrannt sei (der offen gestanden glaubwürdigste Teil der Story), sie jetzt aber dringend Geld brauche, um ihre Kinder zu Hause in Atlantis (war das nicht eben noch die Mutter?) zu versorgen.

»Kannst du mir bitte schnell mit R50 aushelfen?«

»R50?!« – Schon ganz schön unverschämt, nach so viel Geld zu fragen, zudem eh klar ist, dass sie einen totalen Schwachsinn erzählt und mit dem Geld ihre Mittagsration an Drogen aufstellen will.

»Nein, sorry.«

»Dann gib mir bitte, was du entbehren kannst.«

»NEIN.«

Silvies Mitleid schlägt langsam aber sicher in völlige Genervtheit um. Dass man hier auch keine zehn Schritte machen kann, ohne mit den Existenzproblemen wildfremder Menschen konfrontiert zu werden und sich auch noch rechtfertigen und schuldig fühlen muss, wenn man kein Geld herausrücken will!

Höchste Zeit für eine Verschnaufpause! Silvie lässt die drogenabhängige Dame stehen und steuert mit Simon geradewegs in das gegenüberliegende Öko-Café mit der offenen Seite zur Long Street zu. Von hier aus kann man das Treiben auf der Long Street unbehelligt beobachten – das perfekte Plätzchen für einen Kaffee! Die beiden gehen hinein.

Simon inspiziert hinten die Kuchentheke, und Silvie vorne am Tisch die Getränkekarte. Als sie sie weglegt, realisiert sie, dass ein Jugendlicher ohne Vorderzähne und komisch verdrehten Augen auf der Straße vor ihrem Tisch stehen geblieben ist und sie eindringlich anstarrt.

Unheimlich.

ZAHNLÜCKEN

Sich die vier vorderen Zähne ziehen zu lassen oder gar selbst zu ziehen, gilt unter vielen Farbigen in Kapstadt als total hip und stolze Demonstration der eigenen Herkunft. Manche behaupten, man hätte ein schöneres Lächeln ohne Vorderzähne. Oftmals sieht der Plan vor, die gezogenen Zähne später mit Goldzähnen zu ersetzen. Da sich die meisten die Goldzähne dann aber doch nicht leisten können, bleiben die Zahnlücken leer. Unter Gangstern gelten selbst gezogene Vorderzähne als bestandene Mutprobe, und vorderzahnlose farbige Mädchen behaupten, man könne ohne Vorderzähne besser knutschen. So nennt man die Zahnlücke im Kapstädter Farbigen-Slang *pession gep.*

DROGEN

Drogenabhängigkeit ist in Kapstadt ein großes Problem. Am weitesten verbreitet ist es, Klebstoff zu schnüffeln und TIK (Metamphetamin oder *Crystal Meth*) einzunehmen. TIK ist billig, einfach herzustellen und hat sich in nur wenigen Jahren wie eine Epidemie in den Kapstädter Ghettos ausgebreitet. Kapstadt hat die höchste Anzahl an TIK-Abhängigen weltweit. Die Droge besteht aus Batteriesäure, Rattengift, Scheuermilch, zerriebenem Toilettenduftstein und ähnlich unappetitlichen Zutaten. TIK wirkt stark anregend und aggressionsfördernd und trägt zweifelsohne zu den hohen Kriminalitätsraten in Südafrika bei. Das Suchtpotenzial von TIK liegt bei fast 100 Prozent nach dem ersten Konsum und die körperlichen Folgen sind verheerend.

»Etwas Kleingeld bitte!«

Oh, nein, jetzt wird sie sogar angebettelt, wenn sie sich in einem Café verschanzt.

»Nein.« – »Sisi, bitte! Etwas Geld.« – »Nein, tut mir leid.« – »Ein bisschen Kleingeld, Sisi« – »Nein!« – »Ich habe Hunger, Sisi.« –

»Nein.« – »Sisi!«– Keine Reaktion – »Sisi! Sisi!« – ... – »Sisi bitte! Etwas Geld.« – »Nein.« – »Sisi!« – ...

Silvie wird es jetzt langsam echt zu bunt: »Ich habe NEIN gesagt. Zieh Leine!«

Das Pärchen vom Nachbarstisch schaut ganz betroffen zu Silvie auf, die süße Hippie-Kellnerin mit den langen Rastas auch, und sogar der ›Public Security‹-Wächter, der im Übrigen die ganze Zeit völlig tatenlos auf dem Bürgersteig vor dem Café steht, dreht sich zu ihr um. Der Junge macht sich endlich vom Acker – und Silvie versteht nicht, was sie falsch gemacht hat.

(**Apropos:** Egal wie genervt man ist, man sollte immer höflich und respektvoll bleiben. Südafrikaner reagieren meistens mit einem freundlichen »No, thank you«, »Sorry, brother« oder »Next time, sister«, wenn sie aufdringlichen Händlern oder Bettlern nichts geben möchten. Mit diesen Sätzen wird man in der Regel auch am schnellsten in Ruhe gelassen. Manche Touristen fallen in Südafrika dadurch auf, dass sie Bettler mürrisch anfahren oder mit Nichtachtung strafen, was in der Regel eine weitaus längere Diskussion nach sich zieht als eine kurze, freundliche Absage. Ein unfreundlicher oder verachtender Umgangston kommt in einem Land, in dem so überproportional viele Menschen um ihre Existenz kämpfen, und einem Land, in dem man so ausgesprochen viel Wert auf Freundlichkeit legt, nicht gut an. Außerdem provoziert man damit Aggressionen und potenziell gefährliche Situationen heraus – man weiß ja nie, mit wem man es zu tun hat.)

Na ja, was soll's. Die Latte macchiato auf dem Nachbartisch sieht sehr verführerisch aus. Silvie will eine für sich bestellen, aber die Kellnerin behauptet ganz kategorisch, sie servieren keine »Latte makkatos« – bis Silvie schließlich auf das Kaffeeglas ihrer Nachbarin zeigt ...

»Ah. You mean Caffè Latte!«

(Eine kleine Kaffeekunde: Milchkaffee heißt in Südafrika Caffè Latte. Eine Latte macchiato kennt man hier nicht. Eine normale Tasse Kaffee bestellt man mit ›*Americano*‹, Kakao mit ›*Hot Chocolate*‹,

Cappuccino mit Sahne ist ein ›*Cappuccino with cream*‹ und die Milchschaum-Variante ist Cappuccino mit ›*frothed milk*‹.)

Die hübsche Bedienung verschwindet nach hinten, und noch bevor Silvie die Karte aus der Hand weggelegt hat, taucht der Gruseljunge wie aus dem Nichts auf einmal wieder auf und blitzt sie an: »YOU are going to get ROBBED.« (»Du wirst ausgeraubt werden!«)

Oh mein Gott! Wie gespenstisch.

NICHT VERZWEIFELN ...!

Erschwerend zu der Armut, mit der man in Südafrika schlagartig konfrontiert ist, kommt in den ersten Tagen noch hinzu, dass man als Tourist besonders oft angesprochen und angebettelt wird – Südafrikaner, die fünf Mal am Tag die Long Street hoch und runter laufen und die die Straßenkids schon kennen, werden weniger angeschnorrt als Touristen, die gerade angekommen sind. Nach ein, zwei Tagen lernt man auch zu unterscheiden, wer wirklich in Not ist und wer Lügengeschichten erzählt, um an Geld für Drogen zu kommen. Eine der beliebtesten und unkreativsten Storys ist: »Mir ist das Benzin ausgegangen und ich brauche nur R20, um nach Hause fahren zu können.«

Für Straßenkinder gibt es zwar auch in Südafrika Wohnheime, nichtsdestotrotz entscheiden sich viele dieser Kinder für das Leben auf der Straße – oftmals, weil sie kein anderes Leben kennen.

Man hilft solchen Kindern nicht damit, wenn man ihnen Geld für Klebstoff und andere Drogen gibt und damit letztlich ihren destruktiven Lebensstil weiter fördert. Essen oder Kleidung, die man kauft, wird in der Regel weiterverkauft. Sinnvoller ist es, ihnen etwas Aufmerksamkeit zu schenken – denn das Fehlen von Liebe, Identität und Sicherheit hat diese jungen Menschen auf die Straße getrieben – und Initiativen zu unterstützen, die ihnen dabei helfen, von der Straße wegzukommen. Hier drei Vorschläge:

- **The Homestead** (www.homestead.org.za) Ein Heim, das Jungen mit Essen, Kleidung und Aufmerksamkeit versorgt und Alternativen zum Leben auf der Straße aufzeigt.
- **Ons Plek** (www.onsplek.org.za) Das einzige Kapstädter Heim dieser Art für Mädchen, die sich bisher auf der Straße verdingen mussten.
- **SOS Kinderhilfe Südafrika** (www.kapstadt.org/kinderhilfe)

Als Simon von der Kuchentheke zurückkehrt, sitzt seine Freundin auf einmal ganz angespannt auf ihrem Stuhl.

»Schatz, was ist los mit dir?«

»Ich will zurück nach Hause. Sofort!«

»Warum? «

Silvie ist völlig aufgebracht: »Ich kann doch nicht hier jedem Geld in die Hand drücken ...«

»Nein, natürlich nicht – Schatz, das darfst du dir doch alles nicht so zu Herzen nehmen! Wir können in den zwei Wochen hier nicht alle mit unserem Kleingeld retten.«

»Eben.«

»Lieber investieren wir das Geld in ein neues Surfboard.«

Silvie findet Simons Scherz am Rande angesichts der dramatischen Situation gerade überhaupt nicht lustig.

Als die beiden wenig später von der Long Street zum Green Market Square abbiegen, bietet ihnen ein junger Mann in Schmuddelkleidung ›*daggah*‹ an.

(**Apropos:** Dabei handelt es sich um Gras oder Marihuana; das wird Ihnen sicherlich auch einige Male angeboten werden, wenn Sie in der Innenstadt spazieren gehen)

Die beiden gehen kopfschüttelnd an ihm vorbei – was der Typ wohl als eine Art Aufforderung versteht. ›Madame? Madame? Mister?‹

Zum Durchdrehen, wirklich. Da es ja offensichtlich WEDER etwas bringt, Geld herauszugeben, NOCH sich auf langwierige Diskussion einzulassen, NOCH »Nein!« zu sagen, beschließt Silvie, jetzt gar nichts mehr zu machen, bis der Typ von alleine wieder abzischt.

»Etwas Wechselgeld bitte, Madame!« – »Madame? Madame?« – »Euro? Dollar?«

Der Green Market Square ist echt klasse. Dutzende afrikanische Stände mit Kunstwaren aus allen Ländern des Kontinents! Silvie hatte sich eigentlich darauf gefreut, sich die ganzen geschnitzten Figuren in Ruhe ansehen, aber mit der Nervensäge im Schlepptau ist das ein Ding der Unmöglichkeit.

»Madame, kannst du bitte deinen Bruder unterstützen?«

Silvie weiß jetzt langsam echt nicht mehr weiter. Als sie gerade ein paar hölzerne Mitbringsel in ihre Tasche steckt, sieht sie aus dem Augenwinkel schon den nächsten Farbigen auf sie Kurs nehmen.

»Nein, nein, nein, NEIN! Ich habe kein f***ing Kleingeld!«

»Ey? Ich habe nichts mit dir zu tun, Sisi! Ich kenn dich nicht! Lass mich in Ruhe, ich kenn dich nicht!«

Der farbige Typ zischt empört ab und Simon lacht lauthals los.

»Was gibt es denn da zu lachen?«

»Du, der Typ hat doch überhaupt nichts zu dir gesagt.«

7 VORURTEILE IM GEPÄCK

DER SÜDAFRIKANER AN SICH

Green Market Square ist der perfekte Ort zum Mitbringsel-Shopping! Stände mit Schmuck, Schnitzarbeiten, Kunstwerk und diversen anderen afrikanischen Kuriositäten stehen hier in mehreren Reihen eng nebeneinander aufgestellt.

Silvie kalkuliert, wie viel Kilogramm Südafrika-Souvenirs sie Simon beim Rückflug unterjubeln kann. In Ruhe zu bummeln ist hier wohl tatsächlich ein Ding der Unmöglichkeit. Sobald sie auch nur in die Richtung eines Standes guckt, startet der dazugehörige Händler folgende Tonschleife:

»You want this? I'll give you a good price! You like this? I'll make a good price. Try this! I'll make a good price« und so weiter und so weiter und so weiter ...

(**Apropos:** Dagegen hilft nur geduldig an jedem Stand »Nein, danke« zu wiederholen. Wenn man nicht reagiert, verlängert sich leider Gottes nur die Dauer der Tonschleife.)

Komisch, dass es bei so vielen Touristen hier unten noch nicht durchgesickert ist, dass man einen Europäer *so* ganz sicher nicht zum Kaufen animiert. Also nee, es geht einfach doch nichts über gute deutsche Shoppingkultur. Was würde Silvie jetzt alles dafür geben, auch nur für eine halbe Minute nicht in Beschlag genommen zu werden!

Eine kleine Holzgiraffe und drei Salatlöffel-Sets mit Safari-Motiven nimmt sie trotzdem schon einmal mit. Es ist zwar ein bisschen früh, um Mitbringsel einzukaufen, aber was soll's. Die Preise verhandelt Simon – das kann er im Gegensatz zu ihr nämlich richtig gut. Silvie kriegt ein schlechtes Gewissen, wenn sie sich mit einem

Afrikaner, der von einem Schlüsselanhänger pro Tag lebt, um zwanzig Cent kabbelt. Simon kennt da hingegen keine Skrupel. Er handelt Preise aus, die den Gesichtern der Verkäufer nach zu urteilen nur Minimalstbeträge über dem Einkaufspreis liegen können. Und da hier heute kaum etwas los ist und die Händler wahrscheinlich froh sind, überhaupt etwas Geld in die Hände zu bekommen, akzeptieren sie schlussendlich Simons Dumping-Preise.

(Nicht vergessen: Händler zahlen nicht nur die Kunsthandwerker, von denen sie ihre Waren kaufen, sondern auch eine teure Standmiete und Benzin für die meist langen Anfahrtswege. Sie bauen täglich stundenlang auf und ab und verdienen einen fairen und adäquaten Preis für ihre Waren und Dienstleistungen.)

Während sich die beiden zu orientieren versuchen – von welcher der vier Seiten sind sie überhaupt in den Markt hinein gekommen? – fährt auf einmal ein Polizeiwagen vor. Ein weißer und ein schwarzer Polizist steigen aus. Jetzt passiert mal was! Simon wird wieder schlagartig munter. Wer weiß, vielleicht findet hier jetzt eine spannende Actionszene statt ... Ein beleibter weißer Beamter in blauer Polizei-Uniform und kurzem Höschen klettert aus dem Wagen. Sein schlaksiger schwarzer Kollege hat seine Uniform mit einem Käppi und einer futuristischen Sonnenbrille aufgepeppt. Die zwei sehen in Kombination zum Schießen aus. Ein völlig cholerischer Ladenbesitzer (= weiß) spurtet sofort auf die beiden zu und deutet auf einen Stand und dessen Besitzer (= schwarz), der ganz gemütlich davor auf einem Hocker sitzt.

Okay, aus einem Actionstreifen nach Simons Geschmack wird wohl nichts. Dafür findet Silvie das Ganze auf einmal wahnsinnig interessant. Da spielt sich also gleich in den ersten Tagen ein südafrikanischer Rassenkonflikt vor ihren Augen ab!

Der schwarze Händler hat einen stark französischen Dialekt, er ist offensichtlich ein Immigrant aus einem frankofonen afrikanischen Land. Claudia hatte Silvie schon vorausgesagt, dass sie auf der Long Street mehr Somalis, Kongolesen und Simbabwer als Südafrikaner treffen würden.

(**Apropos:** Mindestens sechs Millionen illegale afrikanische Einwanderer leben in Südafrika. Dieser unkontrollierte Zustrom illegaler Einwanderer, die aus Verzweiflung für jeden noch so lächerlich niedrigen Dumpinglohn bereit sind zu arbeiten, setzt Südafrikas Arbeitslosigkeits-, Kriminalitäts- und Behausungsproblematik zu.)

Simon findet das ganze Spektakel nicht halb so mitreißend wie Silvie, die sich mittlerweile ›ganz unauffällig‹ an die Polizisten herangepirscht hat. Silvie kann nicht erkennen, was der schwarze Händler falsch gemacht haben soll.

»Unmöglich, in was für einem Ton der Typ mit dem spricht!« Silvie wirft dem weißen Ladenbesitzer finstere Blicke zu. – »So ein Rassist. Echt furchtbar.«

»Wir wissen nicht, was passiert ist, Schatz.«

»Das sieht man doch, dass der Typ ein Problem mit Schwarzen hat.«

»Na ja. Wenn jemand seinen Stand auf meinem Grundstück aufbaut, würde ich mich auch aufregen.«

VORURTEILSKLASSIKER: DER WEISSE SÜDAFRIKANER

Die standardmäßige, erste Assoziation: *Rassist*. Überzeugt davon sind vor allem Menschen, die a) noch nie, b) sehr lange nicht mehr im Land waren und c) Menschen, die so voreingenommen sind, dass sie – sogar wenn sie dann einmal vor Ort sind – alles dementsprechend deuten. Viel zu oft ziehen Besucher anhand dessen, was sie von zu Hause kennen, Schlüsse über die südafrikanische Gesellschaft.

Natürlich ist Rassismus ein Thema in Südafrika, und sicherlich ist es aufgrund der Vergangenheit und aufgrund der außergewöhnlich bunten ethnischen Zusammensetzung des Landes dort ein akuteres Problem als in manch anderem Land.

Aber: Angesichts Südafrikas 400 Jahre langen Geschichte von Ungleichberechtigung, Krieg und Zwist zwischen den unterschiedlichen Rassen, Stämmen und kulturellen Kreisen ist es erstaunlich, was für Fortschritte Südafrikas Gesellschaft in den vergleichsweise kurzen 25 Jahren gemacht hat. Die Wahrnehmung der Medien und der Außenwelt wird den tatsächlichen Veränderungen im Land nicht gerecht.

Die meisten Südafrikaner sprechen recht offen über das Rassismus-Thema. Verständlicherweise reagieren sie reserviert, wenn Europäer, die das Land kaum kennen und auch keinen Vergleich zu früher haben, mit erhobenem Zeigefinger Diskussionen dieser Art vom Zaun brechen. Südafrikaner sind ein zuversichtliches Volk, wenn auch mittlerweile desillusionierter als unmittelbar nach den ersten demokratischen Wahlen 1994. Man hat so viele Jahrzehnte damit verbracht, in Apartheid zu leben, dagegen zu kämpfen und darüber zu reden – jetzt will man nach vorne schauen und Lösungen finden. Über Rassismus, Gleichberechtigung und Integration findet trotzdem eine sehr rege Debatte statt.

Wie in jedem Land gibt es in Südafrika weiße Rassisten, schwarze Rassisten, farbige Rassisten – aber es gibt auch die Mehrheit, die sich um ein friedliches und freundliches Miteinander bemüht.

Die Diskussion zwischen Ladenbesitzer und Souvenirverkäufer geht jetzt in die dritte Runde. Der schwarze Polizist scheint indes das Interesse an dem Konflikt verloren zu haben. Kurzerhand dreht er die leere Kiste um, die neben ihm auf dem Kopfsteinpflaster steht, um sich darauf zu setzen. Sein Kollege überprüft derweil die Papiere von den zwei Parteien durch und versucht weiter zu vermitteln.

Simon findet das Bild von den zwei Polizisten extrem amüsant. Hinter ihm steht ein englischsprachiges Touristenpärchen, das das Geschrei zwischen Händler, Polizei und Ladenbesitzer ebenfalls mitverfolgt.

»Haha! Na, wenn das nicht typisch Afrika ist! Der Schwarze macht es sich gemütlich, während der Weiße rumschreit.«

Die zwei Engländer schmunzeln.

»Das ist immer ein Chaos in Afrika. Haha. Die können sich halt einfach nicht an die Regeln halten.«

VORURTEILSKLASSIKER: DER SCHWARZE SÜDAFRIKANER

Das klassische Bild ist: unterdrückt, arm, chaotisch, faul und nicht ganz so zivilisiert wie ein Europäer – was natürlich so nicht der Wahrheit entspricht.

Aufgrund der Vergangenheit und auch der Spuren der Vergangenheit in der südafrikanischen Gesellschaft heute wird vieles oft vereinfacht wahrgenommen. Weiß ist gleich böse, und schwarz ist gleich arm. So wie es aber reiche Weiße gibt, die mit ihrem schwarzen Personal nicht gut umgehen, gibt es natürlich auch schlechte schwarze, farbige, indische etc. Arbeitgeber. Ob jemand ein Ausbeuter, ein Rassist oder ein Arschloch ist, ist letztlich keine Frage der Hautfarbe, sondern des Charakters.

Viele Südafrikaner, die uns wegen ihres finanziellen Status oder ihrer Tätigkeit vielleicht ›arm‹ oder ›bemitleidenswert‹ erscheinen, gelten in ihren Gemeinschaften als betucht, erfolgreich und/oder Respektspersonen. Schwarze Südafrikaner jeden sozialen Status haben ihren Stolz, ihre Erfolgserlebnisse, ihre Ambitionen, ihre Zukunftspläne. Es gibt Parkwächter, die diesen Job als kleine Zusatzeinnahme für ihr Studium angenommen haben, Haushälterinnen, die nebenbei ein kleines Nähbusiness führen, Security Guards, die eifrig sparen, um ihr eigenes kleines Lebensmittelgeschäft zu eröffnen. Die meisten Südafrikaner arbeiten sehr hart, sind aber keinesfalls arm oder bemitleidenswert, sondern clevere, versierte, stolze Menschen, die trotz enormer Hürden etwas in ihrem Leben erreicht haben.

Die meisten Menschen in Südafrika führen einen härteren Überlebenskampf als unsereins, aber oftmals tendieren wir aufgrund von Äußerlichkeiten, gemessen an den eigenen Gewohnheiten und Maßstäben, dazu, Menschen zu beurteilen und sie dabei unbewusst zu unterschätzen.

Ein Beispiel: Townshipsiedlungen, die man als Europäer schnell als ein heilloses Chaos abstempelt, sind durchaus geordnet und die Hütten oftmals mit sehr viel Liebe und Geschmack eingerichtet. Weil unsereins durchdrehen würde, wenn man längerfristig einen Raum mit zwei Verwandten teilen müsste, rastet deswegen noch lange kein Xhosa aus, für den es aus Traditionsgründen normal ist, mit seiner erweiterten Familie ganz nah beieinander zu wohnen.

Und nur weil in Südafrika Menschen mit einer andersartigen Kultur leben, heißt dies nicht, dass sie in schlechter durchorganisierten Gemeinschaften zusammenleben. Man beurteilt als Besucher Menschen und Situationen/Umstände oftmals anhand dessen, was man von zu Hause kennt, weil man die fremde Kultur nicht kennt und versteht – was unglaublich schade ist, weil man so Wochen in einem Land wie Südafrika verbringen kann, ohne eine Spur von dem kennenzulernen, was die Kultur und die Gesellschaft hier wirklich ausmacht.

Das Pärchen findet das jedenfalls überhaupt nicht lustig. Ein bisschen zugeknöpft, denkt Simon, bis er realisiert, dass die zwei »englischen Touristen« Südafrikaner sind. Oh! Als Silvie sich dann auch noch einschaltet und etwas über »Rassismus« sagt, fühlen sich die beiden Südafrikaner vollends auf den Schlips getreten.

Fantastisch. Die zwei sind ja auf dem besten Weg, sich hier unten beliebt zu machen!

8 ETIKETTE

DIE SACHE MIT DER TÜR UND DEM HAUS

Simons eigentlicher Urlaub beginnt heute. Endlich darf er zu seiner großen Freude ausschlafen und als Sahnehäubchen den ganzen Tag mit seinem Surfboard am Strand verbringen.

Um sechs Uhr früh steht Silvie schon wie eine Eins im Badezimmer. Bis Simon aus den Federn kommt, bleibt erfahrungsgemäß genug Zeit, um einen Marathon zu absolvieren. Claudia hat Silvie von der Strandpromenade in Seapoint erzählt, dem Lauf-Hotspot der Kapstädter – und da fährt sie jetzt mal ganz mutig alleine hin! Wenn sie ihr Joggingpensum für den Tag erfüllt hat, kann sie sich auch die kommenden zehn Stunden besser am Strand entspannen. Aber bevor es losgeht, braucht Silvie erst noch eine Tasse Kaffee. Sie läuft schnell die Treppen zum Frühstücksraum hinunter ...

»Good morning. How are you?«

Silvie dreht sich um. Hinter ihr auf den Stufen steht niemand. Hat die Frau, die gerade an ihr vorbeigelaufen ist, etwa sie gemeint? Silvie hat sie gar nicht erkannt. Dunkle Gesichter sehen sich aber auch zum Verwechseln ähnlich.

(**Apropos:** In den ersten Tagen ist es gar nicht so einfach, auseinanderzuhalten, bei welchem der drei jungen schwarzen Herren man seinen Kaffee bestellt hat. Je mehr man sich an die vielen fremden Gesichter gewöhnt, umso mehr Feinheiten und Unterschiede fallen einem aber auf – und umso leichter fällt das Wiedererkennen.)

ETIKETTE I

Wetten, dass Silvie gemeint war? »How are you?« gehört zur Standardanrede, mit der man sich in Südafrika auch einfach nur so beim Vorbeigehen grüßt.

Unten im Restaurantbereich wird bereits das Frühstück serviert. Eine schüchterne, junge Bedienung kommt an Silvies Tisch, noch bevor sie richtig Platz genommen hat. Wirklich hübsch, die geflochtenen Zöpfchen mit den bunten Kugeln ...

»Good morning. How ...«

»One coffee.«

Die Bedienung bleibt etwas verdattert am Tisch stehen und wiederholt dann: »One coffee for you?«

»Yes.«

(**Apropos:** Freundlicher ist es nach einem »Good day. How are you?« erst den Kaffee zu bestellen. »Please« ist ein gern gehörtes Wort.)

ETIKETTE II

Südafrikaner haben die schöne Angewohnheit, jedes Gespräch mit einem »Hello. How are you?« oder der Kurzvariante »Howzit?« zu beginnen – egal, ob man im Restaurant sitzt, bei einer Kundenhotline anruft oder jemanden auf der Straße trifft. Mit der Tür ins Haus zu fallen, gilt als ungehobelt.

Die klassische Begrüßung läuft meistens so ab:

»Hello, how are you?«

»Fine, thank you. How are you?«

»Fine, thanks.« oder »Can`t complain.«

Erst danach folgt der Grund, weswegen man eigentlich gekommen ist oder angerufen hat.

Nachdem Silvie ihren Caffè Latte getrunken hat, bestellt sie sich an der Rezeption ein ›*Rikki*‹ – laut Reiseführer ein sehr sicheres, taxiähnliches Transportmittel.

Die Rezeptionistin gibt Silvie die Nummer der Rikki-Zentrale.

Oh je. Hoffentlich kriegt sie das mit ihrem Englisch hin ...

RIKKIS

Eine Alternative zu den teuren Taxis und chaotischen Minitaxis (siehe Kapitel 9) sind *Rikkis*. Diese Sammeltaxis gibt es nur in Kapstadt, und man kann mit ihnen beliebig im Innenstadtbereich und den touristischen Vororten umherfahren. Rikkis kosten mehr als Minitaxis, aber weniger als die normalen Taxis. Dafür muss man oftmals etwas warten, bis sie da sind. Rikkis holen und setzen einen je nach Wunsch überall in der Stadt ab. Auf Rikkis sollte man nicht zurückgreifen, wenn man es sehr eilig hat. Der Fahrservice funktioniert nach folgendem System: Der Rikkifahrer sammelt eine Reihe an Fahrgästen an unterschiedlichen Ecken in der Stadt ein, und lädt diese nacheinander am gewünschten Ort wieder ab. Wenn man Glück hat, wird man als Erstes abgesetzt – wenn man Pech hat, dreht man ein paar unfreiwillige Runden durch die Stadt, bis man dann endlich am Ziel ist.

Rikkis bestellt man telefonisch oder online (www.rikkis.co.za) und sie verkehren täglich und rund um die Uhr.

Nach einem ziemlich langwierigen Begrüßungsvorspann ist schließlich alles geregelt. Die Frau am Telefon warnt Silvie schon einmal vor, dass es 20 Minuten dauern kann, bis das Rikki-Taxi da ist. Silvie stellt sich sicherheitshalber trotzdem bereits nach zehn Minuten auf die Straße – lieber zu früh als zu spät.

Bis auf das Kleingeld für das Rikki lässt sie alles im Zimmer. Sie muss jetzt wohl ohne Smartphone auskommen – auch wenn Joggen ohne Musik weitaus anstrengender ist – aber zumindest muss sie, sollte sie überfallen werden, nicht ihr teuerstes Accessoire mit abliefern.

»Hey, howzit!«

Silvie guckt dem schmächtigen jungen Mann perplex hinterher. Seine Jeans hat er sich unter seine zwei Pobacken gezogen und seine Arme sind zutätowiert. Scheint wohl so ein Trend hier unten zu sein. Ihr sind gestern schon mehrere Jungs in diesem Look aufgefallen.

Erst als der hübsche Typ schon fünf Schritte weiter weg ist, reagiert sie: »Oh, thank you. I am fine!«

Er hat sie jetzt wohl nicht mehr gehört.

ETIKETTE III

Auf ein »Howzit« kann man mit einem informellen »Cool, thanks« oder »Howzit« antworten. Ein »Howzit« im Vorbeigehen ist in der Regel nur als ein freundliches »Hi« gemeint – der Gesprächspartner erwartet keine detaillierten Befindensbekundungen. Erst danach folgt der Grund, weswegen man eigentlich gekommen ist oder angerufen hat.

Nach 25 Minuten ist das Rikki immer noch weit und breit nicht zu sehen. Na ja, so genau nehmen die es hier mit ihren Zeitangaben wohl nicht ...

»Hello Sisi, how are you today?«

Ein hochgewachsener, schwarzer Händler mit einer Lade unterm Arm überquert vor Silvie die Straße. Silvie hat überhaupt keine Lust, so früh und ohne Croissant im Magen in eine Verkaufsdiskussion verwickelt zu werden, wo sie dann zum Schluss gar nicht anders kann, als etwas zu kaufen, was sie gar nicht will.

Also sagt sie einfach nichts.

»Are you okay?«

Oh Mann. Es ist absolut unmöglich, einem Südafrikaner zu signalisieren, dass man keine Lust hat zu reden oder angesprochen zu werden!

»Yes, yes, I am fine.« So, jetzt geht gleich bestimmt der Sermon los. Silvie schnappt schon einmal nach Luft.

»Shot.«

(**Apropos:** Das ist südafrikanischer Slang für »Alles klar« oder »Danke«.)

Der Mann geht einfach weiter. Oh! Das ist ja nett – der wollte ja tatsächlich einfach nur Hallo sagen.

Das Rikki biegt jetzt endlich in die Straße ein und hält direkt vor Silvie an. Silvie steigt ein und freut sich darauf, in Ruhe aus dem Fenster zu schauen, aber der Rikki-Fahrer scheint auch so ein Kommunikativer zu sein. »How are you?«

»Gut.«

»Woher kommst du?«

»Germany.«

»Wie lange bleibst du in Cape Town?«

»Eine Woche.«

Silvie dreht sich daraufhin demonstrativ weg und der Fahrer lässt sie daraufhin auch tatsächlich in Ruhe. Irgendwie fühlt sich Silvie regelrecht überlastet. So viele Eindrücke! Und so viele neue Menschen, die die ganze Zeit persönliche Gespräche mit ihr führen wollen!

(**Apropos:** Südafrikaner sind ein offenes, extrovertiertes, kommunikatives Volk. Sobald man aus der Haustür tritt, wird man in das Sozialleben integriert. Am Anfang mag das ein bisschen gewöhnungsbedürftig sein, aber letzten Endes ist es unheimlich interessant, mit so vielen unterschiedlichen Menschen ein paar Worte zu wechseln.)

Joggen und ein bisschen Abschalten ist jetzt genau das, was sie braucht.

Das Rikki fährt ewig und drei Tage, und Silvie hat zwischendurch das Gefühl, es fährt im Kreis. Der Fahrer setzt zuerst die beiden Mädels ab, die vor Silvie schon im Taxi saßen. Das eine Mädel hat ihre Bedienerschürze an und ist wohl auf dem Weg zur Arbeit. Der Rikki-Fahrer lässt sie an der ›V&A Waterfront‹ raus, dem schicken renovierten Hafenviertel Kapstadts. Danach geht's wieder in die Gegenrichtung. Eine extrem hübsche – und extrem dünne – Frau steigt als Nächstes aus. Ein Fitnessstudio. Aha. Das passt ja. Auf dem riesigen Parkplatzgelände vor dem Fitnessstudio geht's zu wie zur Rushhour auf der Autobahn. Unglaublich – und das schon vor sieben Uhr morgens!

Auf einmal ruft der Fahrer: »Seapoint Promenade.« Die Promenade ist sagenhaft schön mit der Grünfläche zur linken und dem Ozean zur rechten Seite. Und ebenso wahnsinnig geschäftig für die Zeit. Die zehn Fitnessgeräte auf der offenen Wiese vor Silvie mit Blick auf den Ozean sind voll besetzt. Die Kapstädter scheinen Frühaufsteher und Sportfanatiker zu sein. Auf so viele Jogger trifft man zu so unchristlicher Stunde in München nie.

(**Apropos:** Sportaffin sind Südafrikaner auf alle Fälle. Die Jungs spielen Gruppensportarten in der Schule und an der Universität, die Mädels rennen in Massen ins Fitnessstudio – und in jedem Café, jeder Kneipe, Bank oder Supermarkt läuft im Hintergrund der Sportkanal – wovon es in Südafrika im Übrigen drei gibt. Bei dem vielen guten Wetter und den vielen Stränden im Land muss man ja schließlich gut aussehen!)

Was für ein Luxus, morgens einfach mal so am Ozean entlangjoggen zu können! Über Sea Point liegt ein feiner Nebel, der die Promenade in ein ganz surreales Licht taucht.

Beim Laufen wird Silvie immer wieder mit einem »Howzit« aus ihren Tagträumen gerissen. Sie weiß gar nicht, was sie dazu antworten soll, die Läufer sind immer schon weiter, bevor sie ihren Mund überhaupt aufmachen kann ...

Als Silvie um eine Linkskurve rennt, hupt ihr jemand zu.

Na toll, ist ja ne Spitzen-Anmache.

Tüt!

Was ist denn los, jetzt hupt das Taxi dahinter auch. Silvie schaut demonstrativ NICHT in seine Richtung.

Tüt!

Der Typ kapiert es wohl nicht. Und jetzt direkt der Nächste!

Tüt! Tüt!

Tüt! Tüt! Tüüüt!

Mein Gott, wie anstrengend! Das ist ja sogar schlimmer als in Italien.

DER SÜDAFRIKANISCHE GROSSSTADT-SOUND

Hier handelt es sich um ein kleines Missverständnis. Minitaxis fahren an belebten Stellen im Schritttempo und hupen sämtliche Fußgänger an, um so nachzufragen, ob diese einsteigen wollen. Vor allem morgens und abends zur Hauptverkehrszeit wird daher viel gehupt. Man darf sich davon einfach nicht aus der Ruhe bringen lassen! Silvie hätte also doch besser Ihren MP3-Player als Ablenkung mitnehmen sollen – Angst vor Diebstahl hätte sie hier übrigens auch keine haben müssen, die *Seapoint Promenade* ist sehr sicher.

9 TAXI DRIVER

UND DAS SITZSPIEL

Fantastisch. Simon steht jetzt endlich startklar an der Rezeption. Der Surferstrand *Muizenberg* liegt ziemlich weit außerhalb, aber Simon will da unbedingt hin, weil es der in der Surfliteratur einschlägig empfohlene Strand für nicht ganz so Geübte ist.

Kapstadt hat so viele Traumstrände mitten in der Stadt, aber nein, die beiden müssen jetzt eine Exkursion an die andere Seite des Kaps unternehmen! Na ja. Silvie will jetzt nicht rumzicken, schließlich muss sie sich Simon für ihr restliches Tourprogramm warmhalten. Laut Reiseführer kosten »Minitaxen« am wenigsten – sogar weniger als die Rikkis, mit denen Silvie heute Morgen schon durch die Stadt gekurvt ist. Angesichts der langen Strecke ist das wohl die beste Beförderungsoption für die beiden. Silvie wendet sich an die Gästehaus-Besitzerin, die hinter der Rezeption seit einer halben Stunde Kinderlaute in den Telefonhörer haucht. »Können Sie ein Minitaxi für uns rufen?«

Die Hausherrin guckt etwas verwirrt. »Sie meinen Taxi?«

»Nein, ein MINI-Taxi! No taxi.«

»Ich kann kein Minitaxi rufen. «

»Nein?« Silvie ist skeptisch. Die gute Frau hat wohl keine Lust, das Gespräch mit ihrem Enkel zu unterbrechen ...

»Nein, darling. Ihr müsst auf der Straße eins herbeiwinken. Haltet einfach nach den weißen VW-Bussen Ausschau.«

Aaah – okay. Minitaxis bieten also keinen Abholservice an. Na ja, macht ja nichts, die Kloof Street ist eh um die Ecke, da wird sich schon so ein Minitaxi finden lassen.

Kaum sind die beiden auf der Kloof Street angekommen, sichten sie auch schon einen weißen VW-Bus, der die Straße mit bestimmt 100 Sachen herunterrauscht. Simon macht ein Handzeichen und der Busfahrer bremst in der letzten Sekunde abrupt neben den beiden ab. Dabei kracht eine winzige weiße Mami in einem überdimensionierten Geländewagen fast hinten auf ihn drauf. Kein Wunder, dass sie nichts sieht. Sie lugt kaum über das Lenkrad hervor!

Simon wundert sich, warum eine Hausfrau ihr Kind in einem buschtauglichen Auto mit Allradabtrieb durch die Innenstadt bugsiert.

(**Apropos:** Jede südafrikanische Middle- bis Upper-Class-Familie, die etwas auf sich hält, besitzt einen Geländewagen oder »4×4«, wie man sie hier nennt. Es ist das südafrikanische Statussymbol schlechthin..)

Die Taxitür fliegt auf und ein drahtiger Typ purzelt aus dem Taxi heraus. Er bittet Simon und Silvie in den Wagen – der sprichwörtlich aus allen Nähten platzt. Silvie und Simon schnürt es schon beim Anblick die Luft ab – sie sagen ganz entsetzt »Nein«. Der farbige Busfahrer-Assistent steigt genervt in den Wagen zurück und schiebt mit Mühe und Not die Türe von innen wieder zu.

Keine zwei Minuten später fährt ein zweiter VW-Bus heran.

Simon winkt dem Fahrer im letzten Moment zu und der rollt noch schnell über eine rote Ampel, bevor er vor den beiden zum Stehen kommt. Der Wagen ist allerdings ebenso vollgestopft. Simon will resigniert einsteigen – Silvie natürlich nicht.

»Was hast du erwartet, Schatz? Dass wir für einen Euro Fahrgeld ein klimatisiertes Einzeltaxi vor die Haustür bekommen? Das wird sicherlich nicht besser, lass uns da jetzt einfach einsteigen.«

In Anbetracht dieser unkomfortablen, halb auseinanderfallenden, vollgestopften VW-Busse findet Silvie die Bezeichnung ›Minitaxi‹ doch ganz schön irreführend.

(**Apropos:** Das Wort *Taxi* weckt tatsächlich falsche Assoziationen und Hoffnungen. Unter südafrikanischen Minitaxis muss man sich furchtbar unkomfortable, lebensgefährliche, zumeist nicht TÜV-zertifizierte, aber dafür recht lustige Kleinbusse vorstellen.)

Der Assistent des Fahrers schafft es tatsächlich, für die beiden zwei schmale Sitzstreifen herzuzaubern. Simon wird vorne neben den Fahrer platziert, während Silvie auf der hintersten Reihe zwischen einer südafrikanischen Grand Dame und einem Jugendlichen mit Ohrstöpseln Platz nehmen muss. Die beiden sind die einzigen Touristen an Bord. Ob man sich als einziger Weißer in dem Gefährt Sorgen machen muss?

(**Apropos:** Muss man nicht – nicht, wenn man tagsüber im Innenstadtbereich fährt, der Bus voll und man außerdem zu zweit unterwegs ist. Minitaxis sollte man nicht im Dunklen nutzen, nicht, wenn sie leer sind, und nicht für Fahrten in unbekannte oder entlegene Gegenden.)

Als Simon den Fahrer fragt, ob er an Muizenberg vorbeikommt, kaut dieser an seinem Kaugummi weiter, ohne auch nur geringste Anstalten für eine Antwort zu machen.

(**Apropos:** Die wichtigste Minitaxiregel: Niemals den Fahrer ansprechen! Für Fragen ist der Assistent da.)

Der Beifahrer links neben Simon klärt ihn auf: »No Muizenberg. We go to the station and from the station you take minitaxi to Muizenberg.« – Okay, okay. Die beiden können wohl leider Gottes nicht durchfahren, aber zumindest klingt das so, als ob die Fahrtrichtung schon einmal stimmt.

(**Apropos:** Minitaxis fahren nur festgelegte Strecken, innerhalb welcher man beliebig ein- und aussteigen kann. Umsteigen kann man nur am zentralen Minitaxi-Busbahnhof, von dem aus die Taxis überall in die Stadt, in die Vororte und sogar in die Nachbarländer losfahren.)

Ein gerade neu hinzugestiegener Inder drückt der Frau in der Reihe vor ihm direkt ein paar Münzen in die Hand, und diese reicht das Geld an den Beifahrer weiter. Oh – es wird anscheinend vorab bezahlt! Simon hält dem Fahrer seinen R100-Schein unter die Nase (nicht dass der denkt, die zwei wollen nicht zahlen), aber der reagiert schon wieder nicht. Ein komischer Kauz ist das.

Als der Beifahrer den Schein bemerkt, sagt er: »No change?«

Nö, hat er nicht. Simon ruft nach hinten in den Bus: »Schatz, hast du Kleingeld?«

Silvie hält sich in der hintersten Reihe verkrampft an ihrer Strandtasche fest und kramt geheimnistuerisch einen R20-Schein heraus. Mit Argusaugen beobachtet sie, wie der Schein von hinten bis zum Beifahrer nach vorne durchgereicht wird. Spottbillig die Fahrt! Für die Strecke Flughafen-Innenstadt mussten sie R400 hinblättern. Die Stadtrundfahrt im VW-Bus kostet dagegen gerade mal R10 pro Person. Dafür kann man sich aber auch auf etwas gefasst machen: Der Fahrer fährt zweimal über eine rote Ampel. Jedes Mal, wenn ihm ein Passagier »Stop!« zuruft, bremst er völlig ungeachtet des Verkehrs einfach ab. Oder er hält genauso unvermittelt an, damit ein neuer Fahrgast zusteigen kann, woraufhin die Insassen jedes Mal neu hin- und hersortiert werden, bis für jeden, der mitfahren will, Platz ist.

Während der ganzen Fahrt wird pausenlos gehupt. Silvie dämmert es so langsam, dass die ganzen hupenden VW-Busse vom Morgen es sehr wahrscheinlich nicht alle auf *sie* abgesehen hatten, sondern einfach nur Fahrgäste in den Wagen locken wollten.

Je weiter stadteinwärts das Taxi kommt, umso höher werden die Gebäude, umso chaotischer die Straßen und umso mehr Fußgänger laufen kreuz und quer über die Hauptstraße. Niemand achtet auf die Ampeln. Das also ist Downtown Kapstadt! Hier sieht man auf einmal auch viel mehr Schwarze als Weiße. Straßenhändler verkaufen vor schicken Wolkenkratzern Grillwürste, Zigaretten und Chips.

Das Taxi hält an einer riesigen Hauptstraße, und der Assistent fordert alle Insassen zum Aussteigen auf. Silvie und Simon haben überhaupt keine Ahnung, wo sie gerade stecken, aber der Assistent erklärt Ihnen, Gott sei Dank, dass sie durch das Bahnhofsgebäude gehen und dahinter in ein Taxi nach Muizenberg steigen müssen.

Klingt weniger kompliziert, als es tatsächlich ist. Der Kapstädter Bahnhof ist eine Welt für sich. Unglaublich geschäftig mit den vielen angegliederten Kaufhäusern und dutzenden Essens-, Kleider- und Billigwarenständen. Die beiden finden mit etwas Hilfe den Hinterausgang des Bahnhofs und stehen auf einmal mitten in einem Minitaxi-Dschungel. Mein Gott – was für ein Stress für eine Runde surfen! Silvie fällt auf, dass sie auch hier am Bahnhof die einzigen Touristen weit und breit sind. Schon ganz schön abenteuerlich, der kleine Bahnhofsausflug!

ZUGFAHREN IN KAPSTADT

Kapstadt hat drei Zuglinien (*Metrorails*), die die Vororte mit der Innenstadt verbinden. Sie sind zwar alles andere als luxuriös, aber man kann mit ihnen im Vergleich zu den Minitaxis etwas stressfreier die Umgebung von Kapstadt erkunden. Da fast nur Arbeitspendler diese Züge benutzen, fahren die Züge abends und wochenends nur sporadisch – und sind dann auch kaum besetzt. Als Tourist sollte man also keinesfalls am Abend oder am Wochenende mit ihnen fahren. Außerdem sollte man ausschließlich ›1. Klasse‹ fahren. ›1. Klasse‹ sagt im Übrigen nichts über die Ausstattung der Zugwagen aus. Übrigens: Die Tickets muss man bis zum Verlassen des Zielbahnhofes behalten – sie werden beim Aussteigen nämlich noch einmal kontrolliert.

Nach einigem Hin- und Hergelaufe orten die beiden den richtigen Taxistand. Und siehe da – der Bus ist leer und die beiden können sich sogar einen Platz aussuchen. Juhuu!

Fünf Minuten vergehen.

Zehn Minuten.

15 Minuten.

Ein älteres Pärchen steigt in den Wagen.

Es vergehen weitere fünf Minuten.

Silvies rechtes Bein schläft ein.

Der Fahrer startet den Wagen, macht sich dann aber aus dem Staub, während sein Auto schön die Luft verpestet.

Simon wundert sich, warum der Mann nicht mit seinem Sprit spart. Dann taucht dieser plötzlich wieder auf und steigt ein. Super. Endlich kann es losgehen!

Aber: Der Fahrer schaltet den Wagen bloß wieder aus.

Wahnsinn! Wie lange will er denn noch warten?

Die Antwort: fast weitere fünfzehn Minuten. Das Minitaxi fährt schlussendlich erst los, als der Wagen völlig vollgestopft ist.

(**Apropos:** Minitaxis fahren nicht nach einem festen Stundenplan, sondern nach Belegung.)

Die Fahrt bis nach Muizenberg dauert weitere ewig und drei Tage, obwohl der Taxifahrer WIE EIN HENKER fährt – die Tour wird nämlich ständig unterbrochen, um Passagiere ein-, aus- und umzuladen.

Irgendwann geht es schließlich in irrsinnigem Tempo einen Hügel hoch. Silvie ist schon ganz schlecht von den vielen Kurven und dem abrupten Gebremse. Als es im Sturzflug den Hügel wieder runtergeht, sieht Simon unten vor sich einen unglaublich langen Strand, Dutzende Surfer – und die perfekte Welle.

Und in dem Moment ist die ganze Mühe und Not auf einen Schlag wieder vergessen.

DAS SÜDAFRIKANISCHE MINITAXI – DOS & DON'TS

Dos

- Ausprobieren, wenn man Lust auf ein kleines Abenteuer hat.
- Handzeichen geben, um das Taxi anzuhalten. Ein Finger, der nach oben zeigt, heißt zum Beispiel ›Ich will in Richtung Innenstadt‹, ein Finger nach unten heißt ›Ich will hier in der Nähe abgesetzt werden‹.
- Kleingeld möglichst passend parat halten.
- Das Fahrgeld unaufgefordert nach vorne reichen. Meistens sammelt ein Fahrgast von allen Fahrgästen das Geld ein und reicht es dann an den Beifahrer weiter.
- Beim Einsteigen schon einmal mitteilen, wo man aussteigen will.

Nur tagsüber im sicheren Innenstadtbereich benutzen.

Don’ts

- Viel Platz erwarten.
- Den Busfahrer ansprechen.
- Nachts, am Wochenende oder in zwielichtigen Vierteln damit fahren.
- Mit großen Scheinen anrücken.
- Einsteigen, wenn niemand sonst drin sitzt.

10 TAG AM MEER

VON HAIEN UND MENSCHEN

Der Strand von Muizenberg ist unglaubliche 32 Kilometer lang! Simon ward im Übrigen nicht mehr gesehen, seitdem er mit Wetsuit und Board aus dem Surfverleih herausspaziert kam. Im Wasser wimmelt es vor lauter begnadeten Wellenreitern und Silvie versucht vom Strand aus zu erkennen, welcher von den hundert schwarzen Neoprenanzügen wohl Simon ist. Wahrscheinlich ist es keine schlechte Idee, ihn im Auge zu behalten. Wer weiß, er könnte in den Strudel einer starken antarktischen Strömung geraten. Die beiden urlauben ja schließlich nicht am Gardasee, sondern in der Nähe des Südpols – das Meer verhält sich hier bestimmt recht unberechenbar.

(**Apropos:** Am Kap treffen zwei sehr unterschiedliche Meeresströmungen aufeinander. Während die Wassertemperaturen der Westseite der Kaphalbinsel selbst im Hochsommer selten die 17 Grad übersteigen, können im False Bay auf der Ostseite des Kaps, wo auch Muizenberg liegt, die Wassertemperaturen bis zu 25 Grad erreichen. Diese erheblichen Temperaturunterschiede erzeugen extrem gefährliche und unberechenbare Strömungen – je näher man ans Kap rückt, umso tückischer werden diese. Muizenberg ist verhältnismäßig harmlos. Der südlicher gelegene Long Beach bei Noordhoek ist allerdings bereits völlig ungeeignet zum Baden – nur sehr erfahrene Surfer dürfen hier ins Wasser.)

Die meisten Surfer und dazugehörigen Badenixen halten sich am Anfang des Strandes auf – und hier, irgendwo vor den blau-gelb-rot-grün gestrichenen Holzhäuschen, breitet auch Silvie ihr Handtuch aus. Schade, dass sie ihr Smartphone nicht mitgenommen hat, die bunten Umzugskabinen mit dem weißen Sand und dem türkisfarbenen Meer hätten sich hervorragend als Badezimmer-Motiv gemacht.

Die Wärme ist herrlich! Unter dem Blumenkleidchen trägt Silvie schon ihren Bikini. Sie zieht ihr Kleid aus. Und dann auch ihr Triangel-Oberteil. An sich ist sie nicht übermäßig eitel, aber Bikiniabdrücke sehen schon sehr unsexy aus – vor allem, wenn der ganze Rest vier Töne dunkler ist.

Ins Meer kann sie jetzt leider nicht. Sehr bedauerlich, aber die Tasche kann sie hier keinesfalls unbeaufsichtigt am Strand herumliegen lassen. Außerdem soll es hier Haie geben! Irgendwo hat sie das aufgeschnappt. Vielleicht steht ja im Reiseführer etwas dazu *»Vom gigantischen Walhai bis zum schüchternen Katzenhai durchkreuzen über 100 verschiedene Hai-Arten die Gewässer vor Südafrikas Küste.«*

Na Servus.

»Ein äußerst aggressiver Zeitgenosse ist der Tigerhai. Er durchstreift die durch den Agulhasstrom aufgewärmte Ostküste Südafrikas. Fische, Schildkröten, Vögel und Säugetiere stehen auf seinem Speiseplan. Der ebenfalls um die Ostküste kursierende Bullenhai hat dagegen sogar Menschen im Programm.«

Puuh. Gott sei Dank liegt Kapstadt nicht an der Ostküste!

»Am Kap treffen der warme Indische und der kalte Atlantische Ozean aufeinander. Von daher bietet diese Region ideale Lebensbedingungen für den bekanntesten Vertreter der Haie – den Weißen Hai.«

Halleluja. Kapstadt liegt also doch mitten in einer Haizone! Und dann auch noch ausgerechnet der Weiße Hai, Silvies Kindheitstrauma.

»Weiße Haie bevorzugen die False Bay-Seite der Kaphalbinsel.«

Oh je, hoffentlich sitzen die zwei hier auf der richtigen Seite. Wo ist denn die Landkarte? – Muizenberg liegt direkt in der False Bay! Camps Bay und Clifton – die Strände, die SIE für den heutigen Tag vorgeschlagen hatte – liegen dagegen auf der haifreien Seite.

»Rund um Seal Island in der Bucht von False Bay gibt es die höchste Konzentration an Weißen Haien weltweit.«

(**Apropos:** Der Grund hierfür ist, dass sich die Weißen Haie von den Robben rund um Seal Island ernähren.)

Silvie hat von Seal Island schon gelesen. Ist die Insel hier überhaupt in den Plan eingezeichnet?

Seal Island ... Seal Island ... Seal Island ... HIER!

Das ist ja sensationell. Seal Island liegt direkt vor Muizenberg! Simon hat sie tatsächlich schnurstracks in das Jagdrevier des *Great White Shark* gelotst.

Na, Gott sei Dank hat sie genug Lesestoff und Sonnenblocker für die kommenden Stunden eingesteckt. Silvie bleibt am Strand, soviel steht fest. Nie im Leben setzt sie einen Fuß in dieses Haifischbecken. Und Simon soll da auch sofort raus kommen! Er hat sie doch nicht mehr alle, da überhaupt reinzugehen.

Silvie sucht das Wasser nach Simon ab, kann ihn aber beim besten Willen nicht finden. Das Wasser ist busy wie eine Skipiste zur Hochsaison! Wirklich verwunderlich, dass hier so viele Surfer völlig entspannt im Wasser paddeln.

Also sie stürzt sich ganz gewiss nicht zu den Lebensmüden ins Wasser.

Die Strandaufsicht – zwei Männer mittleren Alters, überhaupt keine Sunnyboys wie in den Filmen – sitzen auf zwei Klappstühlen schräg hinter ihr. Nicht schlecht so ein Arbeitsplatz am Strand. Vor allem, wenn man halb nackte Frauen dabei stundenlang anglotzen kann. Die genieren sich ja nicht einmal, ihr auf die Brüste zu starren. Solche Spanner! Jetzt kommt der eine sogar rüber, um sie anzugraben. Oh nee ...

»Lady, ich fürchte, sie müssen sich etwas anziehen.«

»Wie bitte?« – Was für eine bescheuerte Anmache.

»Sie müssen sich etwas anziehen. Freizügigkeit in öffentlichen Räumen ist untersagt.«

Ist das jetzt echt sein Ernst? Silvie schaut sich auf dem Strand um. Tatsache. Die Mädels tragen hier alle ihre Bikini-Oberteile. Wie peinlich!

(**Apropos:** FKK und ›oben ohne‹ sind in Südafrika verboten. Frauen müssen ihre Bikini-Oberteile also anbehalten. Der einzige

Strand, wo FKK geduldet wird, ist der berühmt-berüchtigte *Sandy Bay Beach* in der Nähe von Llandudno.)

Nach einer Stunde kocht Silvie fast über. Vielleicht hilft es, wenn sie sich kurz mit den Füßen ins Wasser stellt – aber nur bis zu den Knöcheln! Silvie ortet die Stelle mit der höchsten Dichte an Surfern und Badegästen, dort wo die Wahrscheinlichkeit, von einem Hai angegriffen zu werden, am minimalsten ist. Oha! Das soll also die ›warme‹ Meerseite sein? Die Wassertemperatur fühlt sich nur geringfügig höher als die eines Eisbeckens an. Kein Wunder, dass sich niemand ohne Neoprenanzug ins Wasser traut.

Ja, und dann – heult auf einmal eine Sirene los. Wie im Kriegsfilm! Silvie hat keine Ahnung, ob sie sich auf einen Tsunami oder ein Erdbeben gefasst machen muss und in welche Richtung sie laufen soll. Die Menschen im Wasser fliehen alle landeinwärts. Oh je oh je, wo steckt Simon bloß ...?

Die Wellen sind der Wahnsinn: nicht zu hoch, nicht zu flach und genau richtig, um wieder ins Surfen reinzukommen. Am Strand scheint irgendwas los zu sein. Ganz entfernt hört er etwas dröhnen. Ein Alarm? Simon planscht langsam Richtung Ufer. Yep, es ist tatsächlich eine Sirene! Jetzt bemerkt er auch, dass die meisten Surfer aus dem Wasser gehen. Sollte er vielleicht sicherheitshalber auch raus?

Als er sich dem Ufer nähert, erkennt er zwei Männer in Westen, die ihm zuwinken. Oh nein. Jetzt realisiert er, dass außer ihm nur noch drei oder vier Surfer im Wasser übriggeblieben sind – alle anderen sind bereits herausgeschwommen.

Und dann – auf einmal – kommt es ihm: *ein Tsunami.*

Simon paddelt völlig panisch mit Armen und Beinen Richtung Strand. Und da steht auch Silvie, die ihm wild zuwinkt. Außer ihm sind jetzt schon bereits alle aus dem Wasser.

Er hat das Ufer fast erreicht, als er hört: »Shark-Alarm.«

SHIT!

Er hat noch nie etwas davon gehört, dass ein Alarm ausgelöst wird, wenn Haie in der Nähe sind. Simon windet sich mit seinem

Körper so weit er kann auf sein Bord und paddelt fieberhaft mit einem Arm weiter. Am Ufer wartet bereits ein Strandwächter auf ihn, der ihn auffordert, sich ruhig zu verhalten, und ihn dann die letzten zwei Meter ganz langsam aus dem Wasser zieht.

»Come, come! There is a shark.«

RENDEZVOUS MIT HAI?

Meistens bemerkt man es nicht, wenn ein Hai in der Nähe schwimmt. Haie vermeiden Konfrontationen mit Menschen, und wenn sich diese nicht wie Beute verhalten, schwimmen Haie auch wieder weg. Sollte einem tatsächlich das seltene Unglück widerfahren, ein vis-à-vis mit einem Hai zu haben, sollte man Folgendes beachten, um eine Attacke zu vermeiden:

Typisches Beuteverhalten wie schreien, panisch um sich schlagen und Wasser aufwirbeln sollte man unbedingt unterlassen – ebenso auch hektische Fluchtversuche, selbst wenn dies meist die ersten instinktiven Reaktionen sind. Wenn man sich dagegen – zumindest nach außen – unerschrocken verhält, nimmt der Hai einen eher als ebenbürtige Kreatur denn als Opfer wahr.

Was gilt es also zu tun? Still bleiben, Ruhe bewahren, dem Hai in die Augen schauen, gegebenenfalls abtauchen, immer mit dem Gesicht zum Hai, und in seine Richtung paddeln. Man sollte dem Hai zu verstehen geben, dass man ihn wahrgenommen hat.

Wenn man auf ein persönliches Kennenlernen nicht so erpicht ist, sollte man:

- Nicht in dunklen Gewässern, im Umkreis von Flussmündungen, überfluteten Flüssen oder der Nähe von Schleusen schwimmen.
- Nicht ins Wasser gehen, wenn man seine Periode oder eine offene Wunde hat.
- Nicht vor Sonnenaufgang oder nach Sonnenuntergang im Meer baden.

- Nicht in der Nähe von potenziellem Hai-Futter schwimmen (also Fischschwärmen, Anglern, Abwassermündungen o.ä.).
- Nicht in die Badehose oder den Neoprenanzug urinieren, und
- Vorzugsweise nicht alleine surfen oder schwimmen – Haie attackieren lieber Einzelwesen als Gruppen.

Als schließlich alle, inklusive Simon, aus dem Meer evakuiert sind, steigen die drei Rettungsleute in ein Boot und steuern in den Ozean hinaus.

»Was machen die da?« fragt Simon ganz überrascht den jungen Südafrikaner neben sich.

»Sie scheuchen den Hai davon, damit wir wieder ins Wasser können.«

Perplexe Pause.

»Du gehst da jetzt wieder rein?«

»Klaro. Die Haie sind ja eh die ganze Zeit da. Außerdem ist die Wahrscheinlichkeit, bei einem Autounfall zu sterben, 10.000 Mal höher – und ins Auto steige ich ja nachher auch wieder.«

(**Apropos:** Die Zahl der Todesfälle durch Haiangriffe ist wirklich vernachlässigbar, wenn man sie mit anderen Todesursachen vergleicht: In Südafrika sterben jährlich 200 Menschen durch Blitze, 10.000 bei Autounfällen, 29.000 durch Rauchen – und nur sieben sind in den letzten 25 Jahren bei Hai-Attacken umgekommen.)

Die Südafrikaner sind diese Umstände vielleicht gewohnt, aber Simon kann da unmöglich seelenruhig weitersurfen, während ein Hai um ihn herum seine Runden dreht. Er braucht jetzt eh erst einmal ein kleines Beruhigungsbier. Silvie hat zum Glück zwei Dosen mitgenommen – wahrscheinlich mittlerweile abgekocht, aber was soll's. Die beiden lassen sich in den Sand fallen und nippen an ihrem Bier, während die meisten Surfer mit ihren Boards am Ufer stehen und auf den Startschuss der Haiwache warten.

Auf einmal steht Silvies Freund von der Strandaufsicht wieder neben ihr. »Ihr dürft hier keinen Alkohol trinken.«

Also, jetzt übertreibt der aber! Haben die hier nichts Besseres zu tun, als ihre Badegäste zu belästigen?

»Alkoholkonsum an öffentlichen Orten ist strengstens verboten.«

(**Apropos:** Auf allen öffentlichen Plätzen und in allen öffentlichen Einrichtungen ist der Genuss von Alkohol verboten.)

Zu schade aber auch! Als Silvie und Simon zur Mülltonne laufen, sehen sie, dass über die Hälfte der Surfer schon wieder im Wasser ist. Echt unglaublich, die Südafrikaner.

HAI-ALARM

Die Strände vom Kapstädter False Bay werden von Shark Spottern bewacht. Diese stehen von 8–18 Uhr mit Ferngläsern auf Aussichtspunkten an den am meisten gefährdeten Küsten (Muizenberg, Kalk Bay, Fish Hoek, Noordhoek, Kogel Bay, Clovelly und Gleincairn) und lösen den Alarm aus, sobald sich ein Hai dem Ufer nähert.

Badegäste werden zusätzlich mit Flaggen über die aktuelle Haigefahr informiert. Hier die Bedeutung der unterschiedlichen Farben:

Gelbe Flagge: Der Haibeobachter ist im Dienst und die Sichtbarkeit ist gut. In Ufernähe sind keine Haie zu sehen.

Schwarze Flagge: Ein Haibeobachter ist im Dienst, aber die Sichtbarkeit ist schlecht. Man kann keine zuverlässige Aussage darüber machen, ob sich Haie im Uferbereich aufhalten – unter Umständen kann es sehr gefährlich sein, unter diesen Bedingungen im Meer zu baden.

Rote Flagge: Ein Hai wurde in den letzten zwei Stunden gesichtet, Badegäste werden gebeten, aufmerksam zu sein.

Weiße Flagge mit Hai: Ein Hai hält sich gerade im Uferbereich auf. Badegästen wird dringend davon abgeraten ins Wasser zu gehen, bis der Alarm aufgehoben und die Flagge gesenkt wird.

Keine Flagge: Kein Beobachter im Dienst. Man kann nur auf gut Glück ins Meer.

11 SHOPPEN & FINDEN

SYSTEM SUPERMARKT

Silvie hat einen Bärenhunger und Simon Lust auf ein Bier. Am Abend möchten sie bei ›*Mama Africa*‹ essen, das in Reiseführern einschlägig empfohlene Restaurant für typisch afrikanisches Essen mit Livemusik. Aber bis dahin bleibt genug Zeit für einen kleinen Spaziergang zur Einkaufpassage ums Eck.

Sie will eine Packung von diesem herrlichen süßen Zwieback kaufen, den man hier zum Frühstück serviert bekommt – und Simon will Bier.

Das Einkaufszentrum sieht äußerst schick und gediegen aus, mit bunten Mosaikfliesen, modernen Glasaufzügen und einem konstruierten Wasserfall, der die Wand bei den Treppen hinunterplätschert. Als Allererstes fällt Simon die große Metzgerei mit dem deutschen Namen auf. Aus Neugier schauen die beiden in den Laden – und dieser hält, was er verspricht. Lauter deutsche Importprodukte und viel deutsche Wurst. Wow. Sogar am Ende der Welt muss man nicht auf gute deutsche Salami verzichten. Und auch nicht auf deutsche Kinderbekleidung – gleich neben der Metzgerei befindet sich ein Kinderbekleidungsgeschäft, auf dem ›Mädchen- und Jungenkleider‹ steht. Der Besitzer hat sich nicht einmal die Mühe gemacht, sein Schild auf Englisch zu übersetzen.

Das Einkaufszentrum – offensichtlich ein Hotspot für deutsche Einwanderer – bietet von kleinen Boutiquen über Naturkostläden, Drogerien und Schreibwarenbedarf alles und ist mit dem wilden Billigstand-Durcheinander der Passage am Hauptbahnhof nicht zu vergleichen. Silvie fand es allerdings weitaus abenteuerlicher, als einzige Nicht-Schwarzafrikanerin in dem chaotischen Bahnhof von heute Morgen umherzuirren.

Simon und Silvie wollen nur kurz in den *Pick&Pay*-Supermarkt. Der ist riesig. Die 20 Kassenschalter versperren allerdings den Zugang. Sehr ungewöhnlich, dass die Kassenreihen die gesamte Breite des Eingangs einnehmen. Die beiden schlängeln sich an einem unbesetzten Schalter in den Supermarkt hinein.

Vornan befindet sich die weitläufige Obstabteilung. Mindestens die Hälfte des Gemüses ist in Plastik eingeschweißt und in Kühlschränken gelagert. Silvie mustert die exotischen Früchte – Granadillas, Guavas, Gooseberries und Papayas – greift dann aber sicherheitshalber doch zu den Äpfeln. Komisch, es ist tatsächlich günstiger, sich lose welche auszusuchen, als die abgepackten ›Sparpacks‹ zu kaufen. An der Waage steht Knowledge (Wissen), ein Supermarkt-Mitarbeiter, der extra dafür angestellt ist, das Obst zu wiegen und das Preisetikett auf die Tüte zu kleben. Was für ein Service! Dass ihm nicht langweilig wird bei diesem Job?

SÜDAFRIKANISCHE WIDERSINNIGKEITEN

Das südafrikanische Preissystem ist äußerst unlogisch. Doppelpacks sind teurer als zwei Einzelpacks, lose Ware kostet weniger als zusammengestellte ›Sparpacks‹, No-Name Produkte liegen preislich irgendwo zwischen dem teuersten und günstigsten Markenprodukt, mit Prepaid kommt man billiger als mit einem Handyvertrag davon usw. Generell gilt: In einem Land, in dem die Menschen mit durchschnittlich 300 Euro pro Monat auskommen müssen, kosten nicht nur Telekommunikation, Internet und Drogeriewaren mehr als bei uns – auch die Lebensmittel sind teurer. Große Lebensmittelunternehmen wurden immer wieder bei illegalen und skrupellos hohen Preisfestsetzungen von Grundnahrungsmitteln wie Brot erwischt. Gott sei Dank greift der Staat immer härter ein und versucht, die

Konsumenten zu schützen. Es wird allerdings wohl noch eine ganze Weile dauern, bis die hohen Lebensmittelpreise in Südafrika ein faires Niveau erreicht haben.

Nach dem Obstbereich wird die Produktplatzierung unglaublich unübersichtlich. Ein langer Gang führt an circa zehn Regalketten links und rechts vorbei. Silvie und Simon laufen den Gang entlang und gucken flüchtig in die Reihen, finden allerdings nichts von dem, was sie suchen. Die Anordnung ist irgendwie unlogisch – Käse befindet sich in einer anderen Reihe als Joghurt. Dazwischen liegen Saft und Tütensuppen. Simon hasst Supermärkte und wird total quengelig, zumal er jetzt gefühlte 500 Meter zurücklaufen muss, um jede Reihe einzeln abzuklappern. Seinem Kollegen Thomas hat er ein paar Packungen Biltong, die getrockneten südafrikanischen Fleischsticks, als Mitbringsel versprochen. Der ist nämlich seit seinem Südafrika-Aufenthalt total begierig darauf .

»Ich hab' den Tee!« Zufällig ist Silvie auf das richtige Regal gestoßen. »Na, Gott sei Dank, ich dachte schon, wir müssten heute hier übernachten.«

»Schau, da hängen Schilder von der Wand, auf denen steht, was in der jeweiligen Reihe zu finden ist.« Simon versucht, sich anhand der Schilder zu orientieren. Die Hälfte davon ist allerdings auf Afrikaans.

Das lange Tee-Regal bietet enttäuschend wenig Auswahl. Von den zwei Schränken ist das eine ausschließlich mit schwarzem und das andere mit Rooibostee bestückt. Rooibostee gibt es als ›Freshpak Rooibos‹, ›Organic Rooibos‹, ›Five Roses Rooibos‹, ›Vital Rooibos‹, ›Eleven O'Clock Rooibos‹ und sogar ›Rooibos Espresso‹. Jedes Produkt ist in 20er-, 40er-, 80er- und 160er-Teebeutel-Packs erhältlich. Es werden auch noch ein paar andere Teesorten angeboten, allerdings wesentlich teurer. Pfefferminz- und Kamillentee, den man in Deutschland hinterhergeschmissen bekommt, zählt hier, der Verpackung und dem Preis nach zu urteilen, als Delikatesse.

Simon und Silvie lesen alle Schilder, entdecken allerdings weder ›Biltong‹ noch Bier noch den süßen Zwieback, auf den Silvie sich so eingeschossen hat. Schließlich landen sie zum zweiten Mal wieder hinten in der Drogerie-Abteilung. Dort steht Rooibos-Bodylotion, Rooibos-Peeling, Rooibos-Seife, Rooibos-Shampoo, Rooibos-Spülung, Rooibos-Handcreme, Rooibos-Duschgel. Vorhin in der Milchwaren-Abteilung hat Silvie sogar Joghurt mit Rooibos gesichtet.

ROOIBOS

Südafrikas Nationalgetränk ist der Rooibostee (Afrikaans für ›Rotbusch‹). Die Khoikhoi kochten sich schon im 18. Jahrhundert daraus einen Trunk. Ein russischer Einwanderer kaufte ihnen 1904 den Tee ab und verteilte ihn auf Kapstadts Straßen. Die Nachfrage explodierte derart, dass die wilden Büsche schon bald als Nutzpflanzen angebaut werden mussten.

Rooibos gedeiht nur bei heißen Sommern, nassen Wintern, einer Lage von 450 Meter über dem Meeresspiegel, leicht sauren Verhältnissen und einem sandigen Boden mit lehmiger Unterlage. Weltweit erfüllt nur die Region Cederberg (circa 50 km nördlich von Kapstadt) diese Bedingungen. Versuche, Rooibos anderswo anzubauen, schlugen alle fehl.

Rooibostee enthält kein Koffein und fast kein Tannin. Er schmeckt erdig-fruchtig und trägt eine natürliche Süße. Nicht nur die Südafrikaner lieben diesen gesunden Tee. Rooibos erfreut sich auch im Ausland, allen voran Deutschland, zunehmender Beliebtheit. Übrigens: Südafrikaner geben ihren Kindern schon im Säuglingsalter Rooibostee aus der Flasche.

Eine Putzfrau folgt Silvie und Simon auf Schritt und Tritt mit ihrem Wischmopp. Die beiden stehen ihr offensichtlich im Weg. Simon fragt die Putzfrau nach dem Biltong. Wenn sie hier tagein, tagaus die Böden wischt, weiß sie sicherlich auch, wo was zu finden ist.

Die Frau guckt, als hätte sie kein Wort verstanden. In der Hoffnung, dass doch noch eine Antwort folgt, verharrt Simon neben ihr. Nach zehn Sekunden realisiert er, dass bei ihr wohl keine Antwort zu holen ist und wendet sich an einen Angestellten, der Süßigkeiten einsortiert. Simon winkt ihn mit seinem Zeigefinger zu sich. Der junge Mann bemerkt Simon, macht allerdings keine Anstalten, zu Simon herüberzukommen, und wendet sich wieder seinen Gummibärchen zu. Kundenservice scheint ja hier nicht besonders großgeschrieben zu werden.

(**Apropos:** Winken Sie in Südafrika niemals jemanden mit dem Zeigefinger zu sich! Hier gilt dies als eine äußerst verletzende Geste. Besser: die Hand mit dem Handrücken nach oben zu drehen und alle Finger gleichzeitig auf sich zuzubewegen. Noch besser ist es natürlich, auf jemanden selbst zuzugehen.)

Dafür kommt jetzt eine Frau mit einem Supermarktwagen voller Zuckerpackungen den beiden entgegen.

»Do you have *Biltong*?«

Die junge Frau scheint im Konflikt zu sein – Wagen abstellen und nach Biltong suchen oder Zucker einsortieren? Sie lässt ihren Wagen schließlich stehen und läuft an das Ende des Ganges, um eine Kollegin herzubeordern. Die Kollegin, die hier noch ziemlich neu zu sein scheint, geht zaghaft auf Silvie und Simon zu und fragt: »Biltong?«

»Yes.«

Sie senkt den Kopf und spaziert mit den beiden im Schlepptau etwas unschlüssig die Regalreihe mit Reis, Mehl und Fertigbackmischungen ab. Sie bewegt sich so langsam, dass sie dabei jedes einzelne Produkt begutachten kann. Anschließend arbeitet sie sich im Schneckentempo durch die Reihe mit dem Dosengemüse.

»Du, ich glaube, die hat keine Ahnung.«

»Das glaube ich auch.«

»Sorry, do you know where the Biltong is?«

»BILTONG?«

Die Verkäuferin sagt »Biltong«, als würde ihr zum ersten Mal bewusst, wonach sie sucht.

»Okay.«

Die Verkäuferin schleicht jetzt den dritten ewig langen Gang ab. Hier gibt es Hunderte von Eiern – »groß«, »extra groß« und »jumbo groß«.

Nun biegt sie in die vierte Reihe ab.

Simon ist genervt. Warum sagt sie nicht einfach, dass sie keine Ahnung hat?

(**Apropos:** Das scheint eine kulturelle Sache zu sein. Man möchte nicht unhöflich erscheinen und sagt deswegen oftmals lieber irgendwas, was nicht stimmt, als zuzugeben, dass man es nicht weiß.)

Während die ahnungslose Verkäuferin die Gänge weiter auf- und abmarschiert, flüchten Simon und Silvie an die Kasse, um jemand Kompetenteres zu finden. Neben der Straße mit den Kassen quatscht eine ganze Traube an Angestellten aufgeregt miteinander. Überhaupt scheint dieser Supermarkt recht viel Personal zu beschäftigen.

(**Apropos:** Überall in Südafrika ist überdurchschnittlich viel Personal engagiert! Ob im Supermarkt, hinter der Kaffeetheke oder beim Klempner, der in der Regel mit drei weiteren Leuten im Schlepptau anrückt. Der Staat, Unternehmen und auch Privathaushalte versuchen so viele Arbeitsplätze wie irgend möglich zu kreieren, um so vielen Familien wie möglich dadurch ein Überleben zu ermöglichen.)

Und Wunder was – eine kleine rundliche Frau mit dem Namen Grace *(Anmut)* weiß Bescheid. Das ist ja hier ein bisschen wie im Lotto. Ein paar kennen sich aus, und ein paar haben überhaupt keinen Plan. Grace hält ausgerechnet Silvie, der Vegetarierin, eine kleine Tüte mit einem Zeug vor die Nase, das wie Hundefutter aussieht.

Igitt!

»Was um Himmels willen ist das?« Silvie kann nicht glauben, dass das irgendein Mensch freiwillig essen will.

»Getrocknetes Fleisch. Schmeckt wohl richtig klasse.«

Silvie inspiziert die Packung: »Antilope. Um Himmels willen, die armen Tiere!«

BILTONG *[BILL-TONG]*

Biltong ist geräuchertes und luftgetrocknetes Fleisch, das in Südafrika bei allen Bevölkerungsschichten außerordentlich beliebt ist. Zu Rugby-, Cricket- und Fußball-Spielen – egal ob live oder im Fernsehen – dürfen Biltong und Bier keinesfalls fehlen. Fürs Biltong werden Fleischstücke vom Rind, Strauß oder Wild in Faserrichtung zwei Zentimeter dick geschnitten, mit Salz, Pfeffer, Essig, Koriander oder auch Chili gewürzt und hängend getrocknet. Die trockenen Stücke werden in noch dünnere Streifen zerteilt und als Fingerfood geknabbert. Die Erfindung des Biltongs reicht 400 Jahre zurück – die Buren haben ihren Fleischvorrat für ihre langen Trecks durch diese Trockenmethode haltbar gemacht. Das Wort stammt übrigens aus dem Holländischen – *»bil«* heißt Gesäß und *»tong«* Streifen. Vollständig getrocknet hält sich Biltong etwa zwei Jahre.

Die Verkäuferin weiß sogar, wo die *»typical South African breakfast cookies«* zu finden sind, auf die sich Silvie so eingeschossen hat. Und wie sich herausstellt, heißen diese schlicht und ergreifend *»Rusks«*.

RUSKS

Dieser süße Zwieback, den es in den unterschiedlichsten Ge-schmacksrichtungen gibt, wurde, wie auch der Biltong, aus der Not heraus erfunden. Für ihre langen Trecks durch das Land brauchten die Buren Essen, das trotz der großen Hitze lange haltbar war.

Afrikaans Familien backen traditionellerweise ihre Rusks zu Hause. Mittlerweile verkaufen aber auch Supermärkte und Delikatessenläden ihre eigenen Varianten von Rusks – es gibt sie mit Buttermilch, Mohn, Müsli, Zitrone, Vollkorn, Roiboos, Schokolade und vielem mehr. Rusks werden in den Kaffee oder Tee getunkt und als Zwischensnack oder kleines Frühstück gegessen.

Simon nutzt die Gunst der Stunde und fragt nach dem wichtigsten, seinem Bier.

»We don't sell beer.«

Nein! »Really no beer?«

»No beer. You have to go to the liquor store. «

Ein elend langer Supermarktaufenthalt – und kein Bier. Simon ist enttäuscht – im Gegensatz zu Silvie. Sie ist mit ihren acht Packungen Müsli-, Buttermilch-, Mohn-, Zitrone- und Anis-Rusks jetzt gegen jede Hungersnot gewappnet.

LIQUOR-STORES

Liquor oder *Bottle Stores* gibt es in Ländern, in denen der Konsum und Verkauf von Alkohol vom Staat stark reglementiert wird. Zu diesen Ländern gehört auch Südafrika. Man darf hier keinen Alkohol an öffentlichen Orten konsumieren, in den meisten Bars darf nach zwei Uhr nichts mehr ausgeschenkt werden und an Sonntagen darf – außer in den Gaststätten – überhaupt kein Alkohol über den Ladentisch gehen. Bis auf Wein, den es auch in manchen Supermärkten zu kaufen gibt, ist Alkohol nur in Liquor Stores erhältlich. Liquor Stores gibt es in fast jeder Shopping Mall und im Innenstadtbereich. Sonntags und abends ab 19 Uhr sind diese allerdings geschlossen. Sogar die Weinabteilungen von Supermärkten werden zu diesen Sperrzeiten/-tagen für Kunden verriegelt.

An den Kassen steht eine nicht sehr lange, dafür aber ewig dauernde Schlange. Die Kassiererinnen könnten eine Trainingsstunde bei Aldi gut vertragen. Es wird mit einer Seelenruhe gearbeitet, die bei Silvie nicht einmal auf der Strandliege eintritt, geschweige denn, wenn sechs volle Einkaufswägen inklusive gestresster Kunden vor ihr stünden. Während eine Angestellte die Einkäufe scannt, packt eine andere alles in die Tüten. Silvie ist das ehrlich gesagt total unangenehm, dass die Frau da ihre Einkaufstasche packt, als könnte sie das nicht selbst machen ...

Also schnappt sie der Frau kurzerhand die Tüte aus der Hand und packt alleine weiter ein.

(**Apropos:** Das muss einem überhaupt nicht unangenehm sein – es ist gut, dass diese Angestellten diese Arbeit haben! Aufgrund der hohen Arbeitslosigkeit werden in Südafrika Menschen für Kleinjobs engagiert, die man aus Deutschland nicht kennt – Frauen, die in Supermärkten für die Kunden die Tüten einpacken, Hilfsarbeiter, die am Straßenrand mit Flaggen auf Umleitungen aufmerksam machen, Tankstellenmitarbeiter, die einem Benzin in das Autos einfüllen, und Sicherheitsleute, die stundenlang am selben Fleck stehen und auf ein Gebäude aufpassen.)

12 DINNER FOR TWO

DAS GLASGEFECHT

»Findste das nicht ein bisschen sehr leger?«

Simon hat sich *umgezogen* und sieht fast exakt so aus wie heute früh am Strand: Bermudas mit Hawaiimotiv, Flip-Flops und ein weißes Rippenshirt auf seinem ebenso weißen Körper.

»Warum? Wir sind ja hier im Urlaub.«

»Ja, aber nicht am Ballermann.«

Dass es auch immer etwas zu meckern gibt ...

Die Rezeptionistin ruft den beiden auf Wunsch ein Taxi und zwar dekadenterweise ein ganz normales. Sie fahren zur Long Street. Dort geht es jetzt am Abend noch geschäftiger zu als tagsüber. Aus den Bars und Restaurants dringen uneinheitliche Musik und die unterschiedlichsten Gerüche. Auf den Bürgersteigen hat sich ein wilder Menschenmix versammelt. Vor »Marvel«, einem Gangster-Rap-Schuppen, hängen lauter schwarze Jugendliche ab, gegenüber auf der Terrasse des »The Waiting Room« trinken dicht gedrängt die Kapstädter Alternativos ihr Feierabendbier.

Silvie und Simon werden im »Mama Africa« gleich an der Tür begrüßt und abgefangen; viel weiter als bis zum Eingang schaffen sie es allerdings nicht. Das Restaurant ist ausgebucht – und das an einem Donnerstagabend!

(**Apropos:** In guten Restaurants empfiehlt es sich, einen Tisch zu reservieren, auch unter der Woche.)

Gleich gegenüber fällt Simon ein kleiner Laden mit lauter hip gekleideten Kapstädtern auf. Offensichtlich so ein In-Treff. An sich ist es ja eh cooler, in so einem Lokal mit Einheimischen essen zu gehen als einem Touristenbunker – Silvie und Simon gehen ohne lange zu überlegen hinein.

Die Kellner rennen allerdings auch hier ganz gestresst durch das Restaurant und haben anscheinend keine Zeit, die neu ankommenden Gäste zu empfangen. Also suchen sich Simon und Silvie auf eigene Faust ein freies Plätzchen.

(**Apropos:** In Südafrika müssen Sie an der Eingangstür warten, bis Sie das Personal platziert. Meistens stehen entsprechende Hinweisschilder am Eingang: »Please wait to be seated«.)

Schade! Alles belegt. Nur da vorne bei dem Mädel mit den Korkenzieherlocken und ihrem etwas sportlicher gekleideten Beau könnte man sich noch dazusetzen.

»Komm, wir fragen die zwei, ob wir uns dazusetzen können, die belegen schließlich einen Vierertisch.«

»Sorry!« Silvie räuspert sich. »Können wir uns hier dazusetzen?«

Das Pärchen starrt Silvie recht überrumpelt an. Man kann ihren Gesichtern ansehen, dass sie von der Idee nicht gerade begeistert sind.

»Hier, auf den zwei freien Sitzen?« Silvie lässt sich nicht einschüchtern.

Nach drei, vier Sekunden gibt der Typ ein sehr unschlüssiges »Yeah?« von sich. Das »Yeah?« klingt dabei mehr nach »Ist das euer Ernst?« als »Klar natürlich!«. Da Simon und Silvie aber keine andere Alternative haben, nehmen sie neben den beiden Platz und rücken an die Kante, um das romantische Date nicht allzu sehr zu stören.

Das Pärchen, das eben noch total aufgeregt miteinander diskutiert hat, verstummt.

Während Silvie ihre Strickjacke auf die Rückenlehne drapiert, holt Simon die zwei Speisekarten vom benachbarten Tisch.

Die Küche in dem Restaurant ist international ausgerichtet, auf der Speisekarte stehen Pizza, Pasta, Salate und kuriose Fleischsorten wie Warzenschwein und Strauß.

»Ich nehm' Krokodil.« Simon ist recht experimentierfreudig heute Abend. Silvie eher nicht.

»Krokodil? Wie du so etwas überhaupt runterkriegst! Ich nehme einen griechischen Salat.«

Das südafrikanische Mädel lehnt sich derweil über den Tisch und flüstert etwas zu ihrem Date. Das Wort *»rude«* fällt. Oh, die beiden sind wohl ein bisschen eingeschnappt?

(**Apropos:** Den Tisch zu teilen, ist in Südafrika überhaupt nicht üblich – auch wenn nur eine einzige Person an einem Vierertisch sitzt.)

Als der Kellner mit Brot und Besteck für die zwei tuschelnden Nachbarn an den Tisch kommt, wirkt er ebenfalls etwas irritiert: »Gehört ihr zusammen?«

»Ganz und gar nicht.« Der junge Mann neben Simon gibt unmissverständlich zu verstehen, was er von den neuen Sitzverhältnissen hält.

Der Kellner realisiert sofort, dass das keine tragfähige Tischkonstellation ist, und treibt in weniger als fünf Minuten einen eigenen Tisch für Silvie und Simon auf; die beiden setzen sich um und alle sind erleichtert.

Eine andere Bedienung kommt diesmal an Simon und Silvies Tisch und stellt sich vor: »Guten Abend. Mein Name ist Bongani. Ich werde mich heute Abend um Sie kümmern. Wenn Sie irgendwelche Fragen haben, können Sie sich jederzeit an mich wenden.«

Silvie muss über die formelle Ansprache ein bisschen grinsen. Bongani verschwindet daraufhin kurz und bringt Momente später einen Brotkorb, Butter und drei kleine Schälchen mit frischem Chili, Parmesan und klein geschnittenem Knoblauch an den Tisch. »Darf ich Sie über unsere Abendspezialitäten informieren?«

Ohne eine Reaktion abzuwarten, fängt er an, einen auswendig gelernten Sermon herunterzurattern. Er spricht wahnsinnig schnell – und in einem sehr eigenartigen Akzent. Oh je. Silvie hofft, dass ihr Englisch im Laufe der nächsten zwei Wochen hier besser wird.

(**Apropos:** Südafrikaner haben ihren eigenen Dialekt. Die offiziellen Sprachen Südafrikas haben auf das Englisch, das hier gesprochen wird, abgefärbt. So erkennt man einen Südafrikaner schnell an dem *»ja«* und Wörtern wie *sisi, bru, lekker* – alles Worte, die vom Afrikaans, Zulu oder Xhosa ins südafrikanische Englisch übernommen worden sind. Südafrikaner sprechen auch untereinander das Englisch sehr unterschiedlich aus, Xhosa-Muttersprachler beispielsweise mit einem starken Xhosa-Akzent und Afrikaaner kauen das Englisch zu Afrikaans-intonierten Sätzen um.)

Silvie öffnet noch einmal die Karte, um die Speisen zu finden, die der Kellner soeben beschrieben hat, kann aber nichts dergleichen finden. Dabei fällt Silvie auf, dass kein Gericht mehr als zehn Euro kostet! Klasse Sache. Man kann ja hier echt guten Gewissens essen gehen.

»Was macht die denn da?« Silvie glaubt, sie sieht nicht recht. Da packt eine Frau tatsächlich zwei Weinflaschen aus ihrer Handtasche und postiert sie auf dem Tisch. Und der Kellner stellt die eine von den mitgebrachten Weinflaschen tatsächlich in einen Kühler und schenkt ihr ein Glas daraus ein, statt sie und ihre Flaschen vor die Tür zu setzen. Sehr seltsam – darf man denn hier seine eigenen Getränke mitbringen?

WEIN & »CORKAGE«

Man darf bis auf den Weine keine eigenen Getränke mit ins Restaurant bringen. Die Restaurantbesitzer stellen das Öffnen der Flasche und das Gedeck allerdings in Rechnung *(corkage fee, Korkgeld)*. Der Preis dafür liegt je nach Lokalität zwischen R25 und R60 pro mitgebrachte Flasche. Diese Regelung stammt noch aus einer alten Zeit, als viele Restaurants keinen Alkohol ausschenken durften.

Die meisten Restaurants verfügen jedoch über eine Karte mit einer eigenen Auswahl an Weinen. Der Wein stammt fast ausnahmslos aus Südafrika. Bei den circa 425 Weingütern und 4.000 produzierten Weinsorten im Land besteht kein Bedarf an teuer importiertem Wein. Südafrika liegt auf Rang 8 der Weinexportländer und produziert Weine hervorragender Qualität! Der größte Teil der Gesamtproduktionsmenge, 875 Millionen Liter, wird allerdings im Land selbst getrunken.

Der Weinbau in Südafrika hat eine lange Tradition und reicht bis zur Ankunft Jan van Riebeecks im Jahr 1652 zurück. Das mediterrane Klima am Kap bewog ihn dazu, Rebsorten aus Europa hier anzupflanzen. 1685 wurde das älteste Weingut Südafrikas angelegt, das 800 Hektar große »Groot Constantia« bei Kapstadt, das bis heute in Betrieb ist. Mit den Jahren fand der Constantia-Wein selbst unter den Adligen im weinverwöhnten Europa seine Anhängerschaft. Einer der größten Verehrer war Otto von Bismarck.

Die bekanntesten südafrikanischen Weinanbaugebiete – Stellenbosch, Franschhoek, Paarl und Somerset West – liegen alle im Western Cape und gehören zu den schönsten der Welt. Angebaut werden u.a. Chardonnay, Chenin Blanc, Sauvignon Blanc, Sémillon, Riesling, Gewürztraminer, Cabernet Sauvignon, Merlot, Cabernet Franc, Pinotage, Shiraz und Pinot Noir. Ein Ausflug inklusive Weinverköstigungen ist ein Muss!

Das Essen schmeckt hervorragend, der Wein auch, und Bongani vergewissert sich alle zehn Minuten, ob seine Gäste happy sind.

»Ist alles okay?«

»Yes.«

»Hat Ihnen das Essen geschmeckt?«

»Yes.«

»Gibt es etwas, was ich für Sie tun kann?«

»NO.«

Das ist ja fast schon ein bisschen zu viel des Guten. Aber gut, am Service lässt sich ja wirklich nichts aussetzen – außer der Tatsache, dass Bongani bereits den halben Tisch abräumt, bevor alle das Essen beendet haben.

(**Apropos:** Dies wird in Südafrika anders gehandhabt, als wir es gewohnt sind – leere Teller werden sofort abgeräumt, auch wenn der Rest der Tischgesellschaft noch isst.)

Als er schließlich Silvies noch halb vollen Teller wegräumt, fragt er sie netterweise: »Can I put this in a doggy-bag for you?«

»Was sagt der jetzt mit ›Hund‹?« Silvie versteht diesen Kellner einfach nicht.

»Ich glaube die Verpackung heißt einfach nur *doggy-bag*. Den Inhalt dürfen wir dann sicher schon selbst essen, Schatz.«

(**Apropos:** Südafrikaner lassen sich ihr Restessen meistens einpacken. Man kann es ja einem Straßenkind oder einem Parkwächter auf der Straße geben, wenn man es nicht selbst verzehren möchte.)

Je später die Stunde, desto mehr wird um die Gläser gerungen. Bongani nimmt alles mit, was nicht niet- und nagelfest ist, inklusive halb ausgetrunkener Wasser- und Weingläser. Silvie ist irgendwann total genervt, weil sie ständig nachbestellen muss, sobald der Wein die Dreiviertel-Marke erreicht hat. Als sie gerade an einer Crème brûlée löffelt, kreuzt Bongani zum x-ten Mal auf. Er will Silvies Glas wegziehen, aber Silvie hält es gerade noch rechtzeitig fest.

»Sorry, darf ich das bitte trinken? Danke!«

(**Apropos:** Südafrikanische Kellner sind völlig wild darauf, so schnell wie möglich abzuräumen. Halten Sie gut fest, was Sie noch essen oder trinken möchten!)

Bongani erwacht endlich aus seinem Wegräumfilm und entschuldigt sich mehrmals hintereinander.

Nachdem Simon und Silvie noch ein paar Gläschen getrunken haben, beschließen Sie, Richtung Camps Bay aufzubrechen. Sie bitten Bongani um die Rechnung. Dieser legt daraufhin ein Lederetui mit der Rechnung, einer persönlichen handgeschriebenen Dankesnotiz und ein paar Minzebonbons darin auf den Tisch.

Simon drückt Bongani R300 in die Hand, um die R274 Rechnungsbetrag zu begleichen und sagt »Make it R280«, woraufhin Bongani die R300 ins Etui legt, schnell ums Eck verschwindet und dann das Etui mit dem gesamten Wechselgeld darin wieder zurückbringt.

Bongani hat das mit dem Trinkgeld offensichtlich nicht verstanden. Simon nimmt den R20-Schein raus und lässt die drei R2 Münzen im Etui liegen.

»Du, sag mal, willst du nicht ein bisschen mehr Trinkgeld dalassen?« Silvie mag es nicht, wenn Simon am Trinkgeld knausert.

Simon kalkuliert noch einmal. Stimmt, 10 Prozent Trinkgeld hat sich Bongani schon verdient. Der R20 sieht nach viel Geld aus, entspricht aber gerade mal ein Euro fünfzig.

TIPPS FÜR »TIPS«

Ein Hinweis vorab: Wenn man in Südafrika in einer Gruppe essen geht, aber einzeln zahlen möchte, rechnen die Kellner nicht jedem einzeln vor, wie hoch der persönliche Konsum war. Man dividiert das für sich selbst auseinander und legt den eigenen Betrag in das gemeinsame Etui, sodass der Kellner zum Schluss die Gesamtsumme bekommt.

Das Trinkgeld gibt man nicht auf die Hand, sondern legt es in das Etui zum Rechnungsbetrag dazu. Auf der Rechnung ist immer eine freie Zeile, in die man eintragen kann, wie viel Trinkgeld man geben möchte. Wenn man diese ausgefüllt hat, zieht der Kellner dementsprechend das Trinkgeld vom Wechselgeld ab. Wenn man sie leerlässt, bringt er das gesamte Wechselgeld zurück – und der Kunde lässt das Trinkgeld im Etui liegen.

Die Kellner bekommen in den meisten Restaurants keinen Stundenlohn; das Trinkgeld ist also ihr einziger Verdienst. Zudem müssen viele Bedienungen in Südafrika Bruchgeld zahlen, wenn sie etwas kaputt machen, und ihr Trinkgeld mit dem Barpersonal und allen Aushilfen teilen. Man sollte daher mindestens zehn Prozent Trinkgeld geben. Oftmals hängt eine ganze Familie von diesem Geld ab. Bei über sechs Personen am Tisch wird das Trinkgeld vom Restaurant zur Rechnung dazuaddiert. Falls man mit Kreditkarte bezahlt, sollte man dem Kellner das Trinkgeld lieber in bar geben. Restaurantbesitzer zahlen Trinkgelder erst aus, wenn die Kreditabrechnung vorliegt und das Geld tatsächlich vom Kunden abgebucht worden ist – ein Prozess, der bis zu einem Monat dauern kann.

Außerdem gehört es sich, sich für den guten Service am Ende zu bedanken. Man sagt »yes, *please*«, »coffee, *please*«, »the bill, *please*«, »no, *thanks*« und immer »*thank you*«, wenn der Kellner etwas bringt – alles andere wirkt unhöflich.

So, jetzt ziehen die beiden von der Long Street zu Kapstadts anderer Partymeile: Camps Bay.

Camps Bay liegt direkt an einem mit Palmen gesäumten Strand und ist das genaue Gegenteil der Long Street. Eine ultraschicke Bar reiht sich an die nächste, es fahren lauter teure Autos vorbei und die Mädels tragen statt Rastazöpfchen und zerfetzten Leggings High Heels und Glitzerkleidchen. Claudia hatte Silvie hier einen etwas nobleren Club mit umwerfender Aussicht auf den Ozean empfohlen, den die beiden auch sofort finden.

Gerade als Simon durch die Tür in den Club hineingehen will, spürt er eine kräftige Hand auf seiner Schulter. Er dreht sich entrüstet um und blickt dabei in ein erbarmungsloses Türstehergesicht: »No shorts and sandals.«

Der Türsteher lässt ihn nicht rein. Keine Chance! Während er draußen auf Silvie wartet, die vor ihm hineingeschlüpft ist, bemerkt er das kleine, goldene Schild neben dem Eingang, auf dem der »dress code« des Clubs steht: »Smart Casual«. Zu Deutsch: »lässig-elegant«, aber »lässig« beinhaltet hier wohl leider keine kurzen Hosen ...

(**Apropos:** Obwohl die meisten Kapstädter Lokalitäten in puncto Bekleidung recht locker sind, empfiehlt es sich, für die etwas feineren Clubs der Stadt lange Hosen und schicke Schuhe anzuziehen.)

Als Silvie endlich bemerkt, dass ihr Freund gar nicht hinter ihr steht, kommt sie wieder aus dem Club heraus. Wusste sie doch, dass sein Outfit ein Problem wird! Na ja, dann wird aus der langen Partynacht in Camps Bay wohl doch nichts. Silvie spart sich ausnahmsweise den Vortrag und die beiden fahren schweigend ins Hotel zurück.

13 I WILL SURVIVE

VERKEHR AFRIKASTYLE

Von nun an wird an Zeit statt an Kosten gespart! Zwei Wochen vergehen zu schnell, um die Hälfte davon im Minitaxi zu verbringen. Ein Mietwagen erscheint den beiden nun als die beste Option – der Linksverkehr wird ja hoffentlich zu bewältigen sein. Simon schlägt zuerst eine Vespa vor, Silvie findet das aber zu riskant. Die Autofahrer holzen hier über alles drüber, was sich ihnen in den Weg stellt. Sicherheitsabstand beim Überholen von Moped- und Fahrradfahrern? Fehlanzeige! Fußgänger die Straßen überqueren lassen? Auch Fehlanzeige. Und ganz ehrlich: Silvie will ihr Schicksal nicht in die Hand gewissenloser südafrikanischer Raser legen.

Der Mietwagen ist durchaus erschwinglich und schnell organisiert. Simon übernimmt das Fahren, Silvie das Nörgeln. Oder sagen wir's mal so: Silvie ist für den Stadtplan und die korrekten Weganweisungen verantwortlich.

Der heutige Ausflug führt ans »Kap der Guten Hoffnung«. Um acht Uhr früh geht's los, die Straßen sind bereits ganz schön voll. Simon fühlt sich wie ein Geisterfahrer auf einer deutschen Autobahn. Zweimal biegt er fast in den Gegenverkehr ab, dann erschrickt er sich zu Tode, weil er ein Kleinkind auf sich zusteuern sieht. Hilfe! Es dauert ein, zwei Sekunden, bis er realisiert, dass der Fahrer des entgegenkommenden Wagens nicht der Kleine im Kindersitz, sondern der Vater neben ihm ist.

Silvie will noch kurz in den Supermarkt im Stadtzentrum springen, um Snacks und Drinks für die Fahrt zu besorgen.

»Hier rechts rein?« Simon ist etwas von dem Verkehr überfordert, und Silvie von dem Straßenplan.

»Moment, Moment ... Ich glaube hier links.«

Simon misstraut Silvies Weganweisungen und fährt bis zur großen Kreuzung vorne vor – vielleicht erkennt er hier etwas wieder. Für ihn gilt dort aber erst einmal STOP laut Schild und Straßenbemalung.

Er stoppt. Die Autos an den anderen drei Einmündungen halten aber auch. An allen vier Einmündungsstraßen stehen Stoppschilder. Gilt hier dann rechts vor links? Der Wagen rechts von Simon fährt los – daraufhin Simon, knallt aber dabei dem hellblau-weiß gestreiften Golf Eins von links fast in die Seite. Oh Mann – der Typ hat von rechts vor links wohl noch nie etwas gehört? Oder gilt hier etwa links vor rechts wegen des Linksverkehrs ...?

An der nächsten Vierer-Stopp-Kreuzung wartet Simon ab, bis alle anderen Autofahrer vorbeigezogen sind. Er kann kein System erkennen. Dafür winken ihm alle neu ankommenden Fahrer zu, dass er fahren soll. Echt nett, dass sie ihm die Vorfahrt gewähren! Aber da muss es doch irgendeine Regelung geben?

DER 4-WAY-STOP

An Kreuzungen, an denen an allen vier Einmündungen Stoppschilder stehen, darf der Wagen, der zuerst an der Kreuzung gehalten hat, auch als Erstes wieder fahren, der Zweite dann als Zweites usw. Man verständigt sich vor dem Überqueren per Blickkontakt oder Handzeichen mit den anderen Fahrzeugen. Südafrikaner halten sich vorbildlich an diese Regel.

Manchmal wird durch Stoppschilder, manchmal lediglich durch weiße Striche quer zur Fahrbahn und manchmal durch beides zusammen auf eine Stoppstraße hingewiesen. Achten Sie auf die Straßenbemalung! Rechts-vor-links-Regelungen und Vorfahrtsschilder gibt es in Südafrika nicht.

»Schatz, ordne dich hier an der Ampel schon einmal rechts ein, wir müssen rechts abbiegen, glaube ich.«

Simon ist der Einzige, der mit seinem Wagen *hinter* der Ampel wartet. Alle anderen rollen bis in die Spur des Querverkehrs vor. Kein Wunder, dass die Stadt hier alle Ampeln doppelt anbringen muss. Stünde auf der gegenüberliegenden Seite keine zweite Ampel, wüsste niemand, was los ist.

Die Ampel springt auf grün und Simon biegt nach rechts ein. Ein Fußgänger will die Straße passieren, also bremst er kurz ab. Sehr lustig – der Mann rennt über die Straße, als liefe er um sein Leben! Und dabei steht seine Ampel auf grün. Der Fahrer hinter Simon fängt an zu hupen, und die anderen Fahrer dahinter daraufhin auch. Die sind ja echt unmöglich! Drängeln, weil er einen Fußgänger kurz die Straße überqueren lässt.

Simon und Silvie steuern, nachdem sie abgebogen sind, ganz langsam die Strand Street entlang, während er links und sie rechts aus dem Fenster nach einem Supermarkt schauen – irgendwo muss doch hier einer ...

»Brems!«

Simon steigt sofort auf die Pedale. Das bescheuerte Minitaxi vor ihm hat ohne Vorwarnung mitten beim Fahren angehalten und dabei fast eine Massenkarambolage ausgelöst.

Da nicht genug Platz zum Überholen bleibt, wartet Simon geduldig hinter dem Minitaxi, bis der neue Fahrgast verstaut ist. Die Beifahrertür klappt auf und der Assistent springt heraus. Er öffnet die Schiebetür, dann werden die Passagiere umsortiert; Simon und Silvie kennen das ganze Spiel von ihrem Ausflug nach Muizenberg. Ein dicker Hintern lugt zwischendurch zur Seitentür heraus. Der neue Fahrgast quetscht sich endlich hinten rein, der Beifahrer hüpft vorne wieder in den Sitz, und noch bevor er die Türe richtig zugezogen hat, fährt das Taxi wieder los. Hinter dem Taxi hat sich mittlerweile eine ganze Schlange an Autos angesammelt. Statt zu blinken, macht der Taxifahrer ein Handzeichen zum Fenster heraus, als befände er sich hier auf einem Radelweg, und braust mit seinem schrottigen Gefährt davon.

Simons Blut kocht.

Und Silvie sucht noch immer den Supermarkt.

MINITAXI – ACHTUNG, LEBENSGEFAHR!

Ein paar Fakten über Minitaxis:

Minitaxi-Fahrer kennen keine Verkehrsregeln.

Sie sind unbelehrbar.

Sie überholen, selbst wenn man ihnen keinen Vortritt lässt.

Es bringt nichts, mit ihnen zu streiten, denn im Zweifelsfall verursachen sie eher einen Unfall und bringen alle Beteiligten in Lebensgefahr, als nachzugeben.

Da sie auf dem Weg Leute einsammeln und wieder rauslassen, halten sie völlig unvermittelt an und fahren auch völlig unvermittelt und ohne zu blinken wieder los. Man sollte immer einen Sicherheitsabstand zu ihnen wahren und die Nerven bewahren, wenn man sie vor sich hat.

»Halt an, halt an, der Supermarkt!«

Wo soll er denn jetzt mitten in dem Chaos halten? Simon hat totales Glück und ein groß gewachsener Schwarzer winkt ihn in eine Parklücke rein. Das läuft ja wie am Schnürchen, ein Parkplatz gleich gegenüber vom Supermarkt! Simon versucht, rückwärts in die Lücke reinzulenken, aber von den vorbeifahrenden Autos hält niemand an, um ihn schnell einparken zu lassen. Ganz schön anstrengend, hier zu fahren ...

Gott sei Dank springt die Ampel hinter ihm auf rot, was ihm kurz freie Bahn beschert. Der Parkwächter lotst ihn in die Lücke und stellt sich sogar vor, als er mit Silvie aus dem Wagen steigt: »Ello, my name is Jean-Pierre. I look after your car!«

Simon ist sich nicht sicher, ob das ein Grund zur Freude oder eher ein Grund zur Besorgnis ist.

DIE CHEFS DER STRASSE

Die Männer mit den knallgelben Westen an den Straßen von Südafrika »verwalten« jeder jeweils die Parkplätze eines abgemachten Straßenabschnitts. Es gibt die unterschiedlichsten Car Guards – die offiziellen, uniformierten, die nach festgelegten Raten Geld einsammeln (die arbeiten nur im Innenstadtbereich und zu Geschäftszeiten), die Wächter an Einkaufszentren, die ihre Visitenkarte aushändigen, damit man weiß, wem man seinen Wagen anvertraut hat, die selbst deklarierten Straßenchefs mit französischem Akzent, die meistens den besten Überblick über die Parkplatzlage haben, sowie die betrunkenen Stadtstreicher, die per Zufall gerade neben der Parklücke stehen, in die Sie einparken, und dafür Kleingeld einheimsen wollen.

Der Car Guard ist eine der vielen südafrikanische Arbeitsplatzbeschaffungsstrategien und der Service durchaus ein paar Rand wert. Car Guards weisen freie Parkplätze zu, die man auf Anhieb nicht sehen würde, dirigieren einen in die kleinsten Lücken, behalten ein Auge aufs Auto und halten beim Herausfahren bei Bedarf den Verkehr für Sie an.

Allerdings verleiten sie einen oftmals dazu, auf gelben und roten Linien zu parken – sprich im Halte- und absoluten Halteverbot. Wenn dann Strafzettel verteilt werden, übernehmen sie selbstverständlich keine Verantwortung dafür. Wenn man keine Lust auf ein abgeschlepptes Auto hat, sollte man also lieber das Auto in einer linienfreien Lücke abstellen.

Parkguards leisten eine Hilfe. Je nachdem, wie lange man geparkt hat, ist eine Entlohnung zwischen zwei und zehn Rand also durchaus angebracht.

Alles klar, die Lebensmittelvorräte für die Tour sind aufgestockt! Als Simon und Silvie zu dem Auto zurücklaufen, spurtet Jean-Pierre schon von der anderen Straßenseite zu ihnen herüber.

»Everything okay!« schreit er.

»Yes, everything okay«, sagt Simon und macht keine Anstalten, Jean-Pierre etwas Parkgeld zu geben. Dafür drückt ihm seine etwas karitativer veranlagte Freundin R5 in die Hand.

So. Jetzt noch schnell volltanken, und dann kann's losgehen!

Kurz vor dem Highway findet Simon endlich eine Tankstelle. Drei Tankstellenangestellte, von denen jeder in einer anderen Tankreihe steht, winken Simon wild zu sich. Simon weiß nicht, für welchen Tankzapfen er sich entscheiden soll und fährt erst ein bisschen in die eine, und dann in die andere Richtung. Die drei Angestellten lachen sich kaputt – sie wollten ihn wohl auf die Schippe nehmen. Simon und Silvie lachen auch. Die Südafrikaner sind echt sympathisch, immer gut drauf, immer lächelnd, immer für einen Scherz zu haben.

Der Tankwart kümmert sich um alles und Simon kann im Wagen sitzen bleiben: Der Tank wird gefüllt, die Reifen aufgepumpt, Wasser und Öl kontrolliert und die Vorderscheibe geputzt. Zum Schluss drückt Simon dem Angestellten seine Kreditkarte in die Hand.

»Sorry, no credits card!«

Oh – die nehmen keine Karten an der Tankstelle! Aber der Gesamtbetrag ist Gott sei Dank nicht so hoch. Silvie hat etwas Bares zur Hand. Simon ist sich nicht sicher, ob man Trinkgeld gibt oder nicht, aber nachdem der Tankwart alles auf Vordermann gebracht hat, hat er sich zwei, drei Rand schon verdient.

(**Apropos:** 10 Prozent Trinkgeld sind auf alle Fälle angebracht!)

So – jetzt kann es also endlich losgehen! Juhuu.

Die Tour soll über die östlich gelegenen Küstenorte Kalk Bay, Fish Hoek und Simon's Town zum »Cape of Good Hope Nature Reserve« führen. Dort kann man in unberührter Natur spazieren gehen und dabei bis ans Kap der Guten Hoffnung wandern. Zurückfahren wollen die beiden über die westliche Seite – also die Atlantikküste hoch über Noordhoek und den berühmten Chapman's Peak Drive, Hout Bay, Llandudno und Camps Bay in die Stadt hinein.

Simon freut sich total auf die Tour und macht sich nur über eine Sache Sorgen: Silvies Weganweisungen.

14 AFFENZIRKUS

AM ENDE DES KAPS

Sogar auf dem Highway ist die Aussicht toll! Kapstadt ist die Stadt mit dem permanenten Postkartenpanorama. Entweder sieht man den Ozean oder einen Berg oder einen grünen Hügel oder windschiefe Bäume oder rote Erde oder ... Am Ende der M3, des Highways Richtung Südkap, biegen Simon und Silvie nach Muizenberg ab. Und jetzt wird den beiden auch klar: Nach zwanzig stressfreien Minuten Autofahrt schafft man es genauso weit wie nach zwei Stunden Minitaxi-Schererei – vorausgesetzt, Simon behält dabei die Karte im Auge.

Nach Muizenberg schlängelt sich der Weg an Kalk Bay vorbei, einem malerischen Künstlerörtchen, das direkt am Meer liegt. Links von der Hauptstraße befinden sich ein lebhafter Fischmarkt, Fischerboote und das Meer, rechts lauter bunte Altbauhäuschen, Antiquariate und Künstlercafés. Simon und Silvie legen im schönen Kalk Bay eine Kaffee- und Croissant-Pause ein.

Einige Kilometer weiter kommt eine lange Bucht mit weißem Sandstrand. Fish Hoek Beach ist viel übersichtlicher und ruhiger als der Surferstrand von Muizenberg. Das dazugehörige Örtchen ist untouristisch. Mit den ganzen Werkstätten, Tankstellen und nüchtern eingerichteten Cafés fühlt es sich irgendwie an, als wäre die Zeit hier stehen geblieben. Fish Hoek hat das Flair einer alten, verschlafenen, amerikanischen Kleinstadt.

Simon's Town – der Ort nach Fish Hoek – ist etwas offener, rauer und geschäftiger. Entlang der Hauptstraße stehen Häuser viktorianischen Stils. Es gibt Internetcafés und Jugendherbergen. Laut Reiseführer ist Simon's Town *»der wichtigste Hafen der südafrikanischen Seestreitkräfte und Koordinationsstelle der Marine«*. Und Tatsache: Im Wasser sind Boote und Schiffe jeglicher Form und Größe stationiert.

Sobald man aus Simon's Town herausfährt, trifft man auch schon auf die ersten Pinguin-Hinweisschilder. Hier will Silvie unbedingt anhalten, um sich die Kolonie Afrikanischer Pinguine anzuschauen, die sich an Simon's Towns Küste niedergelassen hat. Der Strand, den die Pinguine für sich auserkoren haben, ist mit der beigen Granitbucht, dem weißen Sand und dem türkisfarbenen Wasser einer der schönsten, den Silvie bisher gesehen hat. Ein paar Badegäste liegen auf ihren Tüchern im Sand, während die Pinguine uneingeschüchtert um sie herumwatscheln. Gleich daneben gibt es einen Strandabschnitt, der ausschließlich für die Pinguine reserviert ist. Hier residiert die Kolonie ganz ungestört von Menschen und man darf sie nur von einem vorbeiführenden Holzweg aus beobachten.

Simon und Silvie steigen nach der kleinen Pinguin-Pause wieder ins Auto. Es ist schon fast Mittag und sie sind vom »Cape Point National Park« – dem Naturschutzgebiet am Kapzipfel – noch ein gutes Stück entfernt.

Auf einmal bremst Simon abrupt ab.

Drei Paviane schlendern gemütlich über die Straße; der eine bleibt mitten auf der Straße stehen und knabbert dort genüsslich an einem Ast. Es dauert ein ganzes Weilchen, bis er sich dazu entschließt, die Straße dann doch netterweise zu räumen und den Verkehr nicht weiter zu blockieren. Simon fährt ab sofort langsamer und achtsamer. Nach ein paar Kilometern sieht er auch das erste dazugehörige Schild mit der Aufschrift »Beware baboons« (Vorsicht Paviane).

Nach circa weiteren zehn Minuten Fahrt befinden sie sich endlich im »Cape Point Nature Reserve« – und auch hier stehen mehrere Warnschilder mit der Bitte »Don't feed the baboons« (Füttern Sie nicht die Paviane). Gott weiß, was die Touristen den Affen alles zu essen geben!

Simon und Silvie möchten hier das Kap der Guten Hoffnung besichtigen. Simon hat keine Ahnung, was der Unterschied zwischen »Cape Point« und Kap der Guten Hoffnung ist und komischerweise ist hier beides in unterschiedliche Richtungen ausgeschildert.

DIE DREI KAPS VON KAPSTADT

Cape Point wird oftmals mit dem Kap der Guten Hoffnung verwechselt. Beide Kaps liegen an der Südspitze des Cape Point National Parks, allerdings rund einen Kilometer voneinander entfernt. Das *Kap der Guten Hoffnung* ist der südlichste Punkt der Kaphalbinsel – es liegt circa 60 Meter südlicher als Cape Point. *Cape Point* liegt östlich vom *Cape of Good Hope* – es markiert das östliche Ende der Kaphalbinsel. Der südlichste Punkt von Afrika wiederum befindet sich 150 Kilometer östlich von der Kaphalbinsel und heißt *Cape Agulhas.*

Cape Point

Cape Point ist ein 238 Meter hohes Kliff am südlichen Ende des Westkaps, das spitz in den Ozean ragt und daher den nicht ganz korrekten Eindruck vermittelt, das Ende von Afrika zu sein. Eine Treppe und eine Strandseilbahn führen das Kliff hoch, oben steht ein Leuchtturm. Am Kliff ist es notorisch windig.

Obwohl am Cape Point eine kalte atlantische und eine warme indische Meeresströmung aufeinandertreffen (dies ist auch der Grund, warum die Strände auf der östlichen Seite des Kaps wärmeres Wasser als die Strände der westlichen Seite haben), ist es nicht der geografische Punkt, an dem der Atlantische und Indische Ozean aufeinandertreffen – der liegt bei *Cape Agulhas.*

Kap der Guten Hoffnung

Das Kap der Guten Hoffnung (engl. *Cape of Good Hope,* port. *Cabo da Boa Esperança*) nennt man auch Kap der Stürme (*Cape of Storms* oder *Cabo das Tormentas*). Seefahrer fürchten es von jeher wegen seiner Klippen. Es liegt einen Kilometer westlich vom Cape Point, mit dem es oft verwechselt wird. Es ist der südwestlichste Punkt Afrikas.

Die meisten Felsen befinden sich zwischen 0,5 und 3 Meter unter der Wasseroberfläche, zu Ebbezeiten ragen sie manchmal sogar mit ihren Spitzen aus dem Wasser. Seefahrer versuchten früher, das Kap so weit wie möglich zu umschiffen, wurden aber oftmals von den starken Kapwinden Richtung Küste getrieben, wo sie auf Felsen liefen. Die Gefährlichkeit des Kaps dokumentieren die mindestens 23 Schiffswracks, die vor dem Kap auf dem Meeresgrund liegen.

Das Kap der Guten Hoffnung ist vollständig naturbelassen: Außer dem Wanderweg, der dorthin führt, einem kleinen Parkplatz und einem Hinweisschild mit den Koordinaten des Orts befindet sich dort nichts.

Cape Agulhas

Das Kap Agulhas liegt 150 Kilometer östlich vom Cape Point und Kap der Guten Hoffnung. Da es der südlichste Punkt des Kontinentes ist, ist es offiziell der Ort, an dem der Indische und Atlantische Ozean aufeinandertreffen. Cape Agulhas (portugiesisch *Cabo das Agulhas*) heißt übersetzt »Kap der Nadeln«. Eine Theorie besagt, dass die Kompassnadel dort im 15. Jahrhundert genau zum Nordpol zeigte, das heißt die magnetische Deklination genau 0 Grad groß war.

Oh, da sind ja schon wieder Paviane! Diesmal eine ganze Truppe. Es macht so einen Spaß, ihnen zuzuschauen. Die meisten *Baboons* zupfen an den Bäumen und Büschen und knabbern daran herum. Ein Pärchen krault sich gegenseitig, andere Paviane sitzen auf den Bäumen, die meisten lungern aber einfach so neben der Straße herum. Zu der Truppe gehören auch zwei unglaublich süße und unglaublich verspielte Pavianbabys. Das eine Baby wird von seiner Mama entlaust, das andere tobt die Bäume hoch und runter und piesackt zwischendurch seine Eltern am Straßenrand.

Silvie zoomt mit der Kamera auf das Pavianbaby, aber sie ist zu weit weg – die Fotos sehen total verschwommen aus.

»Komm, ich mach ein richtiges Foto!« Simon nimmt ihr die Kamera aus der Hand, steigt aus dem Auto und pirscht sich an die zwei Paviane mit dem Baby heran. Der Kleine springt direkt weg. Schade! Simon bleibt in der Hoffnung, dass er wiederkommt, in der Nähe des Gebüsches stehen. Der hat aber Besseres zu tun, als für Simons Kamera zu posieren.

»Du, gib mir mal bitte eine Banane aus dem Kofferraum rüber.«

»Du sollst die doch nicht füttern.«

»Will ich ja auch gar nicht, ich will sie nur heranlocken.«

»Meinst du wirklich ...?« Silvie steigt aus dem Wagen, nimmt eine Banane aus dem Kofferraum und streckt sie Simon aus weitmöglichster Entfernung entgegen ...

Hoffentlich merken die Paviane, dass das etwas Essbares ist! Simon schält die Banane und hält sie dem Kleinen hin. Mit der anderen Hand hält er seine Kamera zum Abdrücken bereit. Statt des Sohnemanns kommt allerdings der dicke Papa mit vier großen Schritten auf Simon zu. Na ja, zumindest hat der verstanden, dass es hier etwas zu essen gibt. Der Pavian rückt immer näher an Simon heran; angesichts des zunehmend schrumpfenden Intimabstands, wird Simon die Situation etwas unangenehm. Er lässt die Banane fallen, damit der Pavian – der im Übrigen genauso groß wie Simon ist und ihn ganz feindlich anblinzelt – bloß nicht denkt, er wolle sich mit ihm darum streiten.

Bevor aber Simon abhauen oder zumindest den Auslöser drücken kann, schnappt sich der Pavian mit der einen Klaue die Banane und mit der anderen Simons neue Canon.

Ah – die Spiegelreflexkamera!!! Dieses Monster hat sie ihm einfach aus der Hand gerissen!

Der Pavian verschlingt mir nichts, dir nichts die Banane, gibt ein paar zufriedene Geräusche von sich und schüttelt ganz wild an dem Gehäuse, als wolle er herausfinden, was es mit dem Ding auf sich hat.

So ein Mist, was macht er jetzt bloß?

Auf YouTube lief vor Kurzem ein Video, in dem ein amerikanischer Hausschimpanse seine Halterin sprichwörtlich auseinandergerissen hat – und der Schimpanse auf dem Video war nicht halb so groß wie dieses Exemplar hier. Wahrscheinlich sollte er sich nicht mit ihm anlegen ...

(**Apropos:** In einen Streit mit einem Pavian geraten? Versuchen Sie keinesfalls, ihm etwas zu entreißen – vor allem kein Essen! –, und blicken sie einem gereizten Pavian nicht in die Augen.)

Hoffentlich lässt das Biest die Kamera von alleine fallen! Simon tritt ganz langsam Richtung Auto zurück, um die Situation von dort aus weiterzuverfolgen – aber eine ganze Bande Paviane folgt ihm. Verdammt! Er springt so schnell er kann in den Fahrersitz und knallt nun panisch die Tür hinter sich zu.

»Du hättest ihm keine Banane geben sollen.«

Simon sagt nichts.

»Völlig unverantwortlich, dass die einen nicht vorwarnen, wie gefährlich die Tiere sind.« Silvie ist entrüstet über so wenige Sicherheitsmaßnahmen.

»Na ja. Da standen mindestens drei große Verbots-Schilder mit ›Füttern Sie nicht die Affen‹!«

»Die hätten schreiben sollen: ›Füttern Sie nicht die Affen, weil Sie ansonsten attackiert werden‹!«

Der Pavian von eben und seine drei Kumpane sind derweil hinter dem Wagen stehen geblieben.

»Was machen die denn da hinten? Komm, lass und fahren!« Silvie sind die ganzen Affen ums Auto nicht ganz geheuer.»Wir können nicht fahren. Die Affen haben noch meine Kamera.«

Auf einmal hört Simon ein knackendes Geräusch. Er schaut in den Rückspiegel und sieht zwei haarige Finger den Deckel seines Kofferraums hochziehen.

»Haben die Affen grad unseren Kofferraum aufgemacht?« Silvie findet das alles hier langsam echt gruselig.

»Sieht so aus.«

Mit diesem Schlagwort bricht auch der Schreialarm aus: »Oh mein Gott. Ich habe Angst! Fahr jetzt sofort los. Die nehmen uns noch den ganzen Wagen auseinander! Oh mein Gott. Fahr, fahr, fahr!«

»Schatz, ich kann jetzt nicht fahren. Die haben meine Kamera.«

Im Zuge ihrer Panikattacke drückt Silvie die Türsicherungen von innen zu, bevor die Affen noch auf die Idee kommen, sich zum Essen hinten reinzusetzen ...

(**Apropos:** ... eine gute Reaktion! Paviane steigen auf ihrer Suche nach Essen auch durchaus vorne ins Auto.)

Und siehe da – die Paviane durchsuchen tatsächlich den Kofferraum, drehen danach eine Runde um das Autos, hauen ein paar Mal aufs Dach, versuchen, die Autotüren von außen zu öffnen, und trotten, als sie merken, dass vorne nichts zu holen ist, dann noch einmal zum geöffneten Kofferraum zurück.

Ein Albtraum.

Nachdem die vier ein zweites Mal eingehend geprüft haben, ob sie nicht etwas Essbares im Kofferraum vergessen habe, ziehen sie mit ihren Snacks von vorher endlich von dannen und verspeisen in einigen Metern Entfernung genüsslich Silvie und Simons Bananen, Äpfel, Nüsse und sogar die zwei verpackten Käsebrote.

Es ist zum Verrücktwerden.

PAVIANE DARF MAN KEINESFALLS FÜTTERN! WARUM?

Erstens: Kein Pavian gibt Nahrung ab. Wenn Menschen Paviane füttern, sehen Paviane Menschen als eine Unterart an. Sie interpretieren das als Geste der Unterwerfung, verlieren jeglichen Respekt und werden Menschen gegenüber gefährlich und aggressiv. Aufgrund der Fütterung durch Touristen gelten manche Paviane in der Umgebung von Cape Point bereits als gefährlich – einige von ihnen mussten deswegen sogar schon eingeschläfert werden.

Zweitens: Wenn Sie Paviane füttern, assoziieren diese Menschen mit Essen und kommen gezielt in Menschensiedlungen, um Futter zu bekommen. Sie brechen dabei in Gärten und Häuser ein und verwüsten diese. Man hört auch immer wieder lustige Geschichten von Pavianen, die sich ins Ehebett legen und nicht mehr aufstehen wollen oder sich selbst in die Kammer einsperren – aber diese lustigen Geschichten gehen manchmal auch tragisch aus, weil frustrierte Einwohner, deren Haus schon öfter von Pavianen verwüstet worden ist, versuchen, sich der armen Tiere selbst zu entledigen, statt die zuständigen Behörden zu rufen. Immer wieder hört man Geschichten von Pavianen, die vergiftet, überfahren, durch Stromschläge getötet oder auf grausame Art verstümmelt worden sind. Da viele Touristen am Cape Point trotz der vielen Verbotsschilder die Affen aus dem Auto heraus füttern, demolieren diese auf ihrer Suche nach Essen manchmal auch geparkte Autos. Baboons, die darauf konditioniert werden, Essen von Menschen zu erhalten, müssen oftmals getötet werden – von daher ist es gewissenlos, gegen das Fütterungsverbot zu verstoßen.

Simon hat die Hoffnung, dass er seine Kamera hier noch heil rausholen kann, immer noch nicht aufgegeben und verharrt in seinem Auto bei der Paviantruppe. Ein anderer Wagen fährt vorbei. Die Insassen sehen die ganzen hingeschmissenen Verpackungen und halten an. Silvie erklärt ihnen ganz aufgebracht durch ihr einen Spalt weit geöffnetes Fenster, was passiert ist. Der mitleidlose Fahrer – ganz offensichtlich ein Südafrikaner – macht überhaupt keine Anstalten, Silvie und Simon bei der Rettung ihrer Kamera zu helfen, sondern reagiert völlig erbost, weil Simon dem Pavian etwas zu essen gegeben hat.

»Because of you guys, baboons break into our houses to get food! It's unacceptable! Unacceptable! How many signs are there?«

Der Südafrikaner fährt dann einfach wieder weiter und schimpft noch ein *»stupid idiots«* aus dem Fenster.

Mein Gott, was für eine Aufregung! Simon hat jetzt Angst, dass er am Ende auch noch eine Geldstrafe für sein Vergehen zahlen muss. So aufgebracht, wie der Typ da eben war, meldet er das gleich an die

Zuständigen. Die beiden können also jetzt hier unmöglich länger stehen bleiben. Die Kamera ist wahrscheinlich eh schon ganz kaputt, so oft, wie sie der Affe geschüttelt und geworfen hat.

Schweren Herzens gibt Simon Gas und lässt sein heißgeliebtes 400 Euro Spielzeug zurück.

EIN PAAR FAKTEN ÜBER BABOONS

- In Südafrika lebt der Cape Baboon, auch Chacma Baboon (Tschakma Pavian) oder Bärenpavian genannt.
- Die braungrauen Affen mit den schwarzen Händen und Füßen werden bis zu eineinhalb Meter groß und 30 Kilogramm schwer. Chacmas sind die größten und schwersten Paviane. Männchen erkennt man an ihrer Statur; sie werden wesentlich größer als Weibchen und besitzen längere Eckzähne als Löwen. Das Höchstalter eines Chacma in menschlicher Obhut beträgt 45 Jahre, in freier Wildbahn dagegen nur um die 20 Jahre.
- Paviane schlafen nachts auf Bäumen oder Felsen. Morgens ziehen sie mit ihrer Horde auf Nahrungssuche durch ihr Revier. Mittags legen sie im Schatten eine Siesta ein, um am Nachmittag frisch und erholt ihre Suche nach Fressen fortzusetzen.
- Wenn sie nicht gerade einmal wieder von Touristen mit Kentucky Fried Chicken gefüttert werden, in einen Supermarkt einbrechen oder Mülltonnen ausleeren, ernähren sie sich von Blättern, Früchten, Wurzeln, Beeren, Bienenwaben, Würmern, Skorpionen und Eidechsen. Paviane kennen absolut keinen Spaß, wenn es ums Futter geht. Man sollte niemals versuchen, gestohlene Esswaren von ihnen zurückzuerobern.
- Paviane leben in Horden von zehn bis zu 150 Tieren zusammen. Am Kap gibt es genau 14 Truppen. Jede Truppe wird von einem Alpha-Männchen angeführt, die Tokai-Truppe zum Beispiel von

»John Travolta«. Ihr Revier erstreckt sich über den Tokai Forest und das Weinanbaugebiet in Constantia. Dann gibt es zum Beispiel noch die Kommetje-Truppe, die zwischen Kommetje, Scarborough und Da Gama Park umherwandert. Diese Gruppe wird von »Harry« angeführt.

- Die meisten Banden am Kap werden von einer Gruppe ausgebildeter Wächter beaufsichtigt. Die Wächter leben mit den Truppen zusammen und scheuchen sie die Berge hoch, wenn diese wieder einmal einen kleinen Abstecher in eine Menschensiedlung machen wollen, um dort an schnelles Futter zu kommen. Sie nehmen ihre Arbeit auf, bevor die Paviane aufwachen, und gehen erst nach Hause, wenn die Tiere wieder eingeschlafen sind. Die Wächter arbeiten täglich von sechs bis 18 Uhr, 365 Tage im Jahr. Manchmal müssen sie die Pavianhorden mehrmals am Tag ganze Berge hinauftreiben, um die Häuser in der Ebene zu schützen. Durch ihre Einsätze lassen sich die Pavianüberfälle auf Menschensiedlungen um mehr als 80 Prozent reduzieren.

- Chacmas besitzen ein komplexes Gruppenverhalten und kommunizieren über ihre Körperhaltung, ihren Gesichtsausdruck, über Laute und Körperkontakte. Sie sind ausgesprochene Machos, auch Menschen gegenüber, und hören nur auf männliche Wächter. Unterschätzen Sie sie nicht – Paviane sind hochintelligent. Sie wissen, wie man Kofferräume, Haustüren, Autotüren, Mülltonnen, Sandwichverpackungen, Tupperwares und Ähnliches aufmacht, kennen alle beliebten Picknick-Plätze am Kap – und kreuzen dort immer wieder auf, um Essen zu klauen. Sie können sich sogar die Wochentage merken, an denen an bestimmten Supermärkten Würstchen gegrillt werden, und kommen dann genau zur rechten Zeit auf einen Besuch vorbei. Die Kappaviane kennen ihre Wächter. Wenn sie keine Lust haben, verscheucht zu werden, verstecken sie sich gerne in Mülltonnen vor ihnen. Sie steigen in die Tonnen und ziehen den Deckel über sich wieder zu. Erschrecken Sie sich also nicht, wenn sie an dem Parkplatz bei Cape Point eine Mülltonne öffnen und ihnen dort ein Pavian den Kopf entgegenstreckt.

- Baboons haben jahrhundertelang friedlich mit Menschen zusammengelebt. Beispielsweise machen sie für Jogger und Radler immer Platz und, wenn man ihnen nicht zu nahe kommt, haben auch nichts dagegen, wenn man sie beobachtet. Baboons werden nur konfrontativ und aggressiv, wenn sie mit Essen in Berührung kommen. Sie sind ausgefuchste Diebe! Auf Picknickplätzen erschrecken sie Menschen gezielt, um dann ihre Sandwiches und Grillwürste abzugreifen.
- Auf der Suche nach eigenem Terrain landen einige Alpha-Männchen immer wieder mitten in der Stadt. Dort müssen sie dann eingefangen werden. Am Kap gilt seit 2009 die zweifelhafte Regelung, dass »nicht in ihre alten Truppen zurückintegrierbare Paviane« – das heißt Alpha-Männchen, die mehr als zweimal aus ihrer Truppe geflüchtet sind – eingeschläfert werden müssen. Tragisch, denn diese Alpha-Männchen gehen nur ihrem natürlichen Instinkt nach, nach einem eigenen Terrain zu suchen, um eine eigene Truppe aufzubauen. Da Menschen aber auf ihrem Terrain Siedlungen aufgebaut haben, bleibt kein Platz für sie.

15 AIN'T THIS MOUNTAIN HIGH ENOUGH

DIE BESTEIGUNG

Heute ist der Tafelberg endlich ohne seine Wolkenüberdecke. Der ideale Tag also, um ihn zu besteigen! Simon und Silvie steuern ihn direkt nach dem Frühstück an.

Weitere vierhundert Touristen scheinen sich das Gleiche gedacht zu haben, denn die circa einen Kilometer lange Tafelberg Road, die zur Talstation der Seilbahn hoch führt, ist komplett zugeparkt.

(**Apropos:** Bei viel Wind oder Wolken kann es passieren, dass die Seilbahn für ein paar Tage ausfällt. Am Folgetag ist sie dann hoffnungslos mit Urlaubern überfüllt. Bestes Timing für solche Tage, wenn man nicht allzu lange anstehen will: vor neun oder nach 15 Uhr.)

Je höher man Richtung Berg fährt, umso hoffnungsloser wird die Parkplatzsituation. Irgendwo findet Simon schließlich doch noch ein freies Fleckchen, und Silvie ist froh, dass sie nicht diejenige ist, die den Wagen rückwärts ins Gefälle lenken muss. Mit der Seilbahn hochzufahren gilt selbstverständlich nicht als Tafelbergbesteigung. Wenn sie jetzt schon einmal am Ende von Afrika sind, müssen sie das berühmte Gebirgsmassiv schon richtig erklimmen.

Kurz vor der Talstation der Seilbahn führt ein erkenntlicher Fußweg ohne allzu dramatische Steigung nach oben. Ein älteres Schweizer Pärchen steigt hier auch gerade Richtung Tafelplateau los. Simon und Silvie marschieren den beiden einfach hinterher – die werden sicherlich wissen, wo's langgeht. Der Auftakt entpuppt sich auch direkt als sehr einfach. Simon ist überrascht, wie gut alles gekennzeichnet ist.

(**Apropos:** Der Anfang der »India Venster«-Route, die Simon und Silvie gerade starten, sieht alles andere als gefährlich aus. Der wirklich problematische Part beginnt erst ziemlich weit oben ...)

Im Notfall kann man sich ja an der Seilbahn orientieren, die fährt nämlich direkt über einem.

Simon würde die zwei sehr schleppend steigenden Schweizer gerne überholen, aber Silvie ist so langsam, dass sie seinen Geschwindigkeitsvorsprung neutralisiert – und das, obwohl er einen gefühlten Rucksack voller Steine hoch hievt. Mein Gott, was hat sie denn da alles reingepackt?

Nach etwa 20 Minuten Schleicherei treffen die beiden auf eine Abzweigung und folgendes Schild: »*India Venster Route. WARNUNG: Extrem gefährliche Route mit steilen Kletterpartien und schwieriger Orientierung. Nehmen Sie keinesfalls diesen Weg, wenn Sie unerfahren sind. Der empfohlene und sichere Wanderweg ist ›Platteklip Gorge‹.*«

Anscheinend gibt es zwei Alternativen nach oben: *India Venster*, den Weg, auf dem die beiden sich gerade befinden, und die empfohlene Route *Platteklip Gorge*.

Mindestens 300 Wanderrouten führen auf die Tafel hoch: leichtere, schwierigere und extrem heikle, die umfangreiche Bergsteiger- und Klettererfahrung voraussetzen. Ohne genaue Kenntnisse, Wanderkarte oder einen ortskundigen Guide sollte man sich auf keine dieser Routen begeben; *Platteklip Gorge* ist dabei die Ausnahme, da es eine der ersichtlichsten, sichersten, meistbenutzten und schnellsten Routen ist.

Platteklip Gorge

Platteklip (afrikaans): flacher Fels, *gorge* (engl.): Schlucht

Auch wenn man sich für Platteklip Gorge entscheidet, sollte man früh genug los, damit man im Notfall genug Zeit hat, im Tageslicht wieder hinunterzusteigen. Der Seilbahnverkehr wird nämlich bei starkem Wind im Laufe des Tages eingestellt. Platteklip ist die direkteste Route und besteht aus steilen, unregelmäßigen Gesteinstreppen, die den Berg durch eine Schlucht hochführen.

India Venster

(afrikaans): Indisches Fenster

India Venster ist eine der abenteuerlichsten, aber auch gefährlichsten Routen. Sie verläuft direkt unter der Seilbahn. Man sollte diese Route nur wählen, wenn man einen ortskundigen Führer bei sich hat, höhenangstfrei, wander- und klettererfahren ist, und nur, wenn es die Wettervorhersage erlaubt, also kein Regen, kein Wind und keine Wolken zu erwarten sind. Die Route sieht zunächst sehr harmlos aus, wird aber umso gefährlicher, je höher man steigt und je weniger Lust man hat, besser wieder umzukehren. Man muss hohe Felsen hoch- und herunterkraxeln und über Felslücken springen, unter denen mehrere hundert Meter tiefe Abgründe liegen. Außerdem besteht die Gefahr, dass man die Orientierung verliert; ab der Hälfte des Weges ist für Nicht-Ortskundige schwer auszumachen, wie der Weg weiterführt. Keinesfalls sollte man India Venster für den Rückweg auswählen; die Route ist äußerst rutschig und bietet an vielen Stellen keine Möglichkeit, sich festzuhalten. Jahr für Jahr stürzen hier Menschen in den Tod oder müssen mit Rettungshubschraubern geborgen werden.

India Venster ist nach einer Gesteinsformation getauft, die auf der Route liegt. Mehrere Felsen formen ein »Fenster«, aus dem man auf die Stadt herunterblicken kann; das Fenster besitzt die rautenartige Form von Indien.

Na ja, die übertreiben sicherlich mit den Warnungen auf dem Schild. Außerdem hat Simon überhaupt keine Lust, einen seniorentauglichen Weg nach oben zu nehmen. Silvie wiederum hat keine

Lust, auch nur einen einzigen Meter zu viel zu gehen. Sie ist schon völlig platt. Und jetzt noch einen Umweg zu einer anderen Route laufen, um dort wieder bei null anzufangen? Nee!

Auch die Schweizer wägen noch ihre Alternativen ab – bis ein verschwitzter, aber äußerst fit aussehender Südafrikaner mittleren Alters den Hang hinuntergestöckelt kommt. Der Südafrikaner begutachtet Silvie und Simon etwas skeptisch und fragt dann die alten Schweizer völlig entsetzt: »Den Weg wollt IHR hoch?«

Der Schweizer scheint jetzt auf einmal entschiedener denn je, den »India Venster«-Weg zu nehmen – als wolle er klarstellen, dass er sich als erfahrener Schweizer Bergmensch von so einem Jungspund aus Afrika nichts sagen lässt: »Danke, danke. Sehr freundlich. Nur keine Sorge, mein Herr, das ist nicht der erste Berg, den wir besteigen.«

Der Südafrikaner ist von der arroganten Art ganz und gar nicht angetan, warnt aber beim Vorbeigehen noch einmal eindringlichst: »Ich rate Euch von dieser Route dringend ab. Extrem schwierig und extrem gefährlich«, und überlässt die Schweizer dann ihrem Schicksal.

Und jetzt mal ehrlich – Simon findet auch, dass die Alte ein bisschen wacklig auf den Beinen steht. Aber wenn die Schweizer das schaffen, schaffen er und Silvie das auch! Und somit ist die Entscheidung schlussendlich für alle gefällt.

Silvie, Simon und die Schweizer vorneweg gehen also an dem Warnschild vorbei und folgen dem Weg durch eine Art Rinne. Nach einer halben Stunde deutet der Schweizer auf das *India Venster*: »Lueg emol, wenn de do duure luegsch, denn hetts d Form vo Indie.« (»Schau, wenn du hier durchschaust, hat es die Form von Indien!«)

»Jo, mit vyl Fantasy.« (»Ja, mit viel Fantasie.«) Seine Frau schaut nicht einmal hin. Stattdessen lehnt sie sich an den Berg und ist sichtlich froh, eine Verschnaufpause einlegen zu können. Silvie geht's im Übrigen genauso.

Nach dem Stopp am indischen Fenster geht es rapide bergab. Nur Gott weiß, ob sie noch auf dem richtigen Weg sind. Silvie sieht gar nichts mehr außer ihren Turnschuhen. Und der Schweizer muss seine zunehmend gebrechlicher aussehende Frau immer wieder über den Gesteinsschutt hochziehen. Schließlich erreichen alle einen Felsvorsprung. Silvie weiß nicht, wo sie hinschauen soll. Wenn sie nach unten schaut, dreht sich in ihr alles, weil sie nur ein halben Schritt von einem 20 Meter hohen Abgrund entfernt steht, und wenn sie nach vorne blickt, wird ihr von der labilen Schweizerin ganz schwindelig – die sieht nämlich so aus, als würde sie jeden Moment das Gleichgewicht verlieren.

Und dann, auf einmal – und ohne dass es wirklich jemanden überrascht – passiert es: Simon und Silvie hören einen kurzen Schrei und sehen als Nächstes die Schweizerin in ungemütlicher Sitzpose vor einem Felsgeröll. Ihr Mann versucht ganz aufgebracht, die steile Wand zu ihr hinunterzuklettern, und Simon macht sich jetzt langsam ernsthaft Sorgen, dass er sich gleich um zwei Schweizer Notfälle kümmern muss.

»Langsam, langsam! Ich helfe ihr schon hoch!«

Simon versucht die Schweizerin auf die Beine zu bringen, aber die bleibt passiv sitzen und schreit nur: »Au, au, das macht weh!«

Silvie steht derweil etwas ratlos auf ihrem Kliff. Wenn sie jetzt auch nur einen halben Schritt in die falsche Richtung macht, knallt sie erst zwei Dutzend Meter weiter südwärts auf.

Oh je. Die Schweizerin kann anscheinend nicht mehr gehen. Zumindest nicht mehr selbstständig.

»Lüt em Notdienscht aa!« schreit sie ihren Mann an.

»Y ha kai Telefoon!«

Und auch Simon und Silvie haben kein Telefon. Na, Klasse.

»Kumm, mr schtiige ganz langsam aabe, ych und dä jungi Maa schtütze dy.« (»Komm, wir steigen ganz langsam runter. Ich und der junge Mann stützen dich ab.«)

Simon schaut wenig begeistert, zumal Silvie ihn in nicht so weiser Voraussicht dazu gedrängt hatte, sein Telefon im Hotel zu lassen, um auf dem Berg nicht »ausgeraubt« zu werden. Also wird er jetzt wohl selbst den Notdienst spielen müssen.

(**Apropos:** Sicherheitshalber sollte man bei Wanderungen immer ein vollständig geladenes Smartphone mit allen Notrufnummern bei sich haben, sodass man im Notfall Bilder der Umgebung an den Notdienst senden und damit die Suche beschleunigen kann. Handyempfang gibt es auf dem Tafelberg in der Nähe der Seilbahn und wenn man Camps Bay oder das Stadtzentrum vor sich hat. Auf der Tafel selbst und auf der Hinterseite des Berges funktioniert dagegen nur GPRS/3G-Internetempfang.)

Der Weg nach unten ist kniffliger als hoch, aber irgendwie sind alle nach einer guten dreiviertel Stunde wieder heil unten angekommen. Simon schlägt drei Kreuze, dass sie nicht noch weiter oben waren, als die Schweizerin kollabiert ist. Empfangen werden sie von mehreren Table Mountain Safety Guards, den Sicherheitswächtern des Tafelbergs, die bestürzt sind, dass das ältere Pärchen ohne Führer, Fitness und Karte ausgerechnet India Venster hochklettern wollte.

Auch Simon und Silvie haben jetzt erst einmal genug von den Abenteuern und entscheiden sich, nun doch Platteklip Gorge nach oben zu nehmen. Silvie würde am liebsten in die Seilbahn steigen, aber Simon lässt sich von seiner Bergbesteigung partout nicht abbringen.

Platteklip Gorge führt tatsächlich schnurstracks den Berg hoch. Die Mittagshitze und auch der Rucksack machen Simon mehr und mehr zu schaffen. Darin befinden sich im Übrigen acht Liter Wasser, vier Butterbrote, eine Packung geschmolzene Schokolade, ein zweites Paar Wanderschuhe für den Fall, dass Silvie sich Blasen läuft (über die ärgert sich Simon gerade am meisten), Pullis, Tränengas und Regenjacken. Und: Diese ganze überflüssige Bagage trägt natürlich ER.

(**Apropos:** Man sollte vor allem im Sommer früh genug starten, um auf dem Weg keinen Hitzschlag zu bekommen. Generell gilt: Wettervorhersagen vor der Wanderung auf www.tablemountain.net überprüfen – die Elemente in Kapstadt sind recht unberechenbar, vor allem auf dem Berg.)

Nicht enthalten sind dafür: Sonnenbrillen – denn die hat Silvie »für den Fall eines Überfalles« ausgepackt.

Was soll man dazu noch sagen?

Endlich geschafft. Juhuu! Die Aussicht von hier oben ist jede Schikane wert. Silvie ist jetzt völlig entkräftet und sucht sich ein ruhiges Plätzchen, wo sie fernab von den anderen Wanderern alles auf sich wirken lassen kann. Hier hinter den Büschen ist ein schöner einsamer Fels.

(**Apropos:** Der Tafelberg ist ein Naturschutzgebiet. Man darf nicht quer durch den Busch spazieren, sondern nur die ausgewiesenen Wege benutzen.)

TAFELBERG – WAS MUSS MIT?

- Sonnenbrille und Sonnenschutz sollten bei gutem Wetter keinesfalls fehlen! Die Sonnenreflexion auf dem Berg ist enorm.
- Ein vollgeladenes Handy mit folgenden Notrufnummern: Polizei: 112, Tafelberg-Sicherheitsdienst: 0861-106417, Bergnotruf: 021-9370300, Krankenwagen: 10177
- Ein wasser- und windfestes Sweatshirt – sogar 30 Grad können auf dem Berg in Dunst und Nebel umschlagen.
- 1,5 Liter Wasser pro Person, es sei denn, man entscheidet sich für längere, ausgefallene Routen – dann mehr.
- Geld für Snacks & Drinks im Bergrestaurant und eine (Notfall-) Rückfahrkarte für die Seilbahn.
- Und: Die Wahrscheinlichkeit, auf dem Berg beklaut zu werden, ist äußerst minimal, aber sicherheitshalber kann man ja Wertgegenstände wie Schmuck, große Mengen an Bargeld oder Ähnliches im Hotel zurücklassen.

Silvie hat gehört, dass der Tafelberg bestimmte Energien und Kräfte besitzt – deswegen denkt sie ganz fest an ihre Wünsche und hofft, dass diese, jetzt, wo sie an diesem magischen Ort ist, in Erfüllung gehen.

»Silvie, was machst du da?«

»Ich meditiere.«

»Ah.«

»Solltest du auch machen. Die Energie hier ist konzentriert. Der Tafelberg ist eines der zwölf Energiezentren der Welt.«

Oh Gott, jetzt geht schon wieder das Eso-Gerede los. »Ja, mach ich gleich, Schatz.«

DAS ERD-CHAKRA

So wie im Buddhismus und der Traditionellen Chinesischen Medizin davon ausgegangen wird, dass der Mensch Energiezentren, Chakren, besitzt, wird angenommen, dass auch die Erde an bestimmten Punkten Energie versammelt und von dort wieder umleitet. Von den Erdchakren soll es zwölf geben, und der Tafelberg gilt als eines davon. Er wird dem Element Erde zugerechnet. Kapstadt bietet zudem auch laut Feng-Shui optimale Lebensbedingungen. Von hinten schirmt der Tafelberg die Stadt ab. Die Energie, die vom Meer aus aufs Land fließt, transformiert das Stadtbecken in eine energiegeladene Schale. Jedes Jahr pilgern Heiler aus der ganzen Welt zum Tafelberg, weil er als idealer Ort für unterschiedliche Formen alternativer Heilung angesehen wird.

Nachdem Silvie ihre kurze Meditation beendet hat, beschließt sie, ein bisschen von dieser positiven Energie des Tafelberges auch mit nach Hause zu nehmen und reißt einen kleinen Fynbos-Ast ab – gar nicht so einfach ohne Taschenmesser.

(**Apropos:** Das Pflücken von Pflanzen ist auf dem Tafelberg verboten.)

»Schatz, schau mal her!« Simon deutet auf dem Felsen neben Silvie. Hier spielen zwei große dicke eichhörnchenartige Tierchen miteinander. Mein Gott, die sind ja wahnsinnig süß!

Hätten Silvie und Simon jetzt eine Kamera, könnten sie die zwei spielenden Tierchen fotografieren! Dem ist aber leider nicht so, weil stattdessen der verfressene Pavian vom Kap der Guten Hoffnung gerade seinen Spaß mit der Kamera hat.

»Kannst du mir etwas Obst für die Tierchen geben?«

Silvie ist entsetzt, fassungslos und bestürzt. » Nach dem, was gestern passiert ist, willst du schon wieder wilde Tiere füttern?«

Simon belässt es damit bei dem Thema. Er hat sich schon die ganze Nacht lang Vorwürfe anhören müssen und möchte heute wieder zu etwas Schlaf kommen. Und die Ruhe auf dem Tafelberg tut ihm zur Abwechslung gerade wirklich gut.

DASSIES

Auf dem Tafelberg und diversen anderen, felsigen Gebieten Südafrikas leben die putzigen Dassies, auch Klippschliefer oder Klippdachs genannt. Diese braunen, kaninchengroßen Tiere ähneln zwar dem Murmeltier, sind aber in Wirklichkeit mit dem Elefanten verwandt. Klippschliefern wachsen wie auch Elefanten die Zähne im Oberkiefer nach. Sie leben in Kolonien zusammen, sind sehr gesellig und laut und bevorzugen zerklüftete Landstriche, wo sie bei Gefahr rasch in die Felsspalten flüchten können.

Dassies mögen und brauchen die Sonne. Nachts senkt sich ihre Körpertemperatur auf circa vier Grad Celsius ab, um Energie zu sparen. Morgens wärmen sie sich als Erstes für ein paar Stunden in der Sonne auf, bevor sie sich anderen Aktivitäten widmen. Generell lieben es Dassies, faul auf Steinen in der Sonne zu liegen. Sie können sogar stundenlang in die Sonne blicken. Dazu verengen sie einfach ihre Augeniris.

Dassies haben sich an die zahlreichen Besucher des Berges gewöhnt, sollten aber trotzdem nicht gefüttert werden!

Das Bergplateau ist riesig! Bis zur Seilbahn ist es ein schöner 30-minütiger Spaziergang, und je mehr sich die beiden der Seilbahn nähern, umso geschäftiger wird es. Silvie ist froh, dass die beiden zur anderen Seite hochgestiegen sind und nicht im ganzen Tohuwabohu zwischen Bergrestaurant, Souvenir-Laden und den Dutzenden schreienden Touristen gelandet sind. Die Aussicht ist auch von hier absolut atemberaubend und Silvie beneidet die Kapstädter, die dieses Naturwunder mitten in der Stadt haben. Sie schaut runter zu den Stränden von Clifton und Camps Bay, als sie auf einmal fünf Leute bemerkt, die auf dieser Seite des Tafelbergs an Seilen herunterhängen! Ihr wird schon ganz schlecht vom Zuschauen und die fünf tun sich das anscheinend auch noch freiwillig an. Für sie wäre das nichts, soviel ist sicher – es sei denn, sie würde sich für eine Schocktherapie gegen ihre Höhenangst entscheiden.

(**Apropos:** Mutige können sich tatsächlich eine kontrollierte Strecke von circa 100 Meter den Tafelberg abseilen lassen und dabei einen Tiefenrausch von über 1.000 Metern erleben. Mehr dazu: www.abseilafrica.co.za)

Auf einmal heult eine Sirene los und Silvie wird plötzlich aus ihren Gedanken gerissen – seit dem Haierlebnis ist das ein geradezu traumatisches Geräusch auch für Simon. Die beiden schauen sich besorgt um – es kommt ihnen vor, als wären sie plötzlich die Einzigen auf dem Berg, obwohl es hier eben noch so geschäftig war! Sie schauen sicherheitshalber Richtung Seilbahn – was sich als äußerst gute Idee entpuppt, denn die Sirene hat soeben die letzte Fahrt angekündigt.

(**Apropos:** Seilbahnbesucher werden bei starkem Wind und Nebel zur Talstation befördert und der Seilbahnverkehr daraufhin aus Sicherheitsgründen eingestellt. Die letzte Seilbahnfahrt wird durch mehrere Sirenentöne angekündigt, wobei der erste circa eine halbe Stunde vor der letzten Abfahrt ertönt.)

Silvie ist heilfroh. Jetzt den ganzen Berg noch einmal herunterstöckeln nach den ganzen Abenteuern – also nee, darauf hätte sie ja überhaupt keine Lust mehr gehabt.

CRUISE MIT DEM CABLE CAR

Die Seilbahn wurde 1929 in Betrieb genommen. Keine Sorge, sie ist seitdem dreimal ersetzt und aufgewertet worden, zuletzt 1998. Die neuen Gondeln sind zudem gute Schweizer Handarbeit. Die Bergstation liegt auf 1.067 Metern und die Talstation auf 366 Metern. Die 1.224 Meter lange Auffahrt dauert circa sieben Minuten. Während der Fahrt rotiert die Gondel um 360 Grad, sodass alle Fahrgäste auf ihre Kosten kommen. Die Seilbahn transportiert zusätzlich zu den 65 Fahrgästen 4.000 Liter frisches Wasser pro Gondel, um den Wasserbedarf auf dem Berg zu decken. Die Wasserkanister fungieren zudem als Ballast bei starkem Wind. Die Seilbahn verkehrt täglich von 8 bis 20 Uhr im Sommer und von 8 bis 18 Uhr im Winter – außer bei Wind und Wolken, bei denen man ohnehin keine Sicht auf die Stadt hätte.

DIE ENTSTEHUNG DES TAFELBERGS

Laut unterschiedlicher afrikanischer Legenden zeugten Tixo, der Gott der Sonne, und Djobela, die Göttin der Erde, Qamata – und Qamata wiederum schuf die Erde. Der Große Drache des Meeres wollte allerdings nicht, dass trockenes Land geschaffen wird, und erklärte Qamata den Krieg. Qamata wurde im Kampf schwer verletzt, und Mutter Erde kam ihm zu Hilfe. Sie schuf vier mächtige Giganten, die die vier Tore der Welt bewachen sollten. Der größte und stärkste Gigant wurde im Süden aufgestellt. Bevor die Giganten starben, verwandelte Mutter Erde sie in Berge, damit sie auch nach ihrem Tod die Welt weiter beschützen konnten. Und so wurde der größte Gigant unter ihnen, *Umlindi Wemingizimu* (der Wächter des Südens), zum Tafelberg.

16 AMTAFFÄREN

… UND KWAITO BEATS

Mein Gott, ist die Zeit schnell vergangen! Leider sind Simons und Silvies Tage am Kap übermorgen schon wieder vorbei. Und das nur, weil wir in unseren zwei Wochen das ganze Land abklappern müssen – denkt sich nicht ganz frustrationsfrei Simon, der hier ohne Gewissensskrupel mehr Zeit hätte verbringen können. Ausgerechnet jetzt, wo sie sich so schön eingelebt haben. Er ist auf den Geschmack südafrikanischer Autofahrerprivilegien und vereinfachter Fahrbedingungen gekommen, sprich: keine Straßenschilder, keine Trambahnen, keine Hobby-Radelfahrer, dafür aber Fußgänger, die sich selbst um ihr Überleben kümmern. Silvie wiederum rechnet nicht mehr mit ihrem Tod an jeder Straßenecke. Beide haben ihre Freude an unaufhörlicher Kommunikation entdeckt und ihr aktives Vokabular um die hier obligatorischen Freundlichkeitsfloskeln erweitert, die den Alltag tatsächlich irgendwie schöner machen.

Unglaublich, wie das Leben so spielt! Vor einigen Wochen dachte Silvie noch, das würde der anstrengendste Urlaub ihres Lebens, und jetzt ist sie von den netten Menschen und dem verrückten *Vibe* hier in Kapstadt so angetan, dass sie es sich tatsächlich vorstellen könnte, in den Semesterferien zurückzukommen, um bei einer sozialen Institution für einige Monate mit anzupacken. So ein Praktikum hatte sie eh schon fest eingeplant, auch wenn Südafrika wegen der ganzen fürchterlichen Kriminalitätsgeschichten in den Medien aus ihrer Landesliste geflogen war. Na ja, schaden tut es sicherlich nicht, alle nötigen Unterlagen zu besorgen – jetzt, wo sie schon einmal vor Ort ist. Und am besten beantragt sie sogar so ein »Social Volunteer«-Visa direkt. So spart sie sich dann zu Hause viel Zeit und Nerven.

Leider Gottes erweist sich Silvies Abstecher zum Kapstädter »Department of Home Affairs« letzten Endes als keine gute Idee. Simons Surfausflug nach Llandudno, einem der schönsten Strände bei Kapstadt mit eiskaltem, türkisfarbenem Wasser und weißem Sand, dagegen schon.

Das Kapstädter »Department of Home Affairs« hat eine recht interessante Fassade. Weitaus interessanter als die Fassade ist der bunte Auflauf an Menschen davor. Silvie bleibt schräg gegenüber stehen, um das Ganze erst einmal zu beobachten. Dieses Szenario, das Silvie minutenlang in seinen Bann zieht, fasziniert die passierenden Südafrikaner im Übrigen in etwa so sehr, wie unsereins der Wartesaal eines deutschen Einwohnermeldeamtes: Afrikaner sämtlicher Schattierungen, darunter groß gewachsene, kräftig gebaute Westafrikaner, lange zierliche Somalis mit asiatischen Gesichtszügen, ebenholzfarbige Frauen mit gebundenen Flechtzöpfen und französischem Dialekt und kleine, runde südafrikanische Mamas in Vollmilch-Schokoladenton wuseln chaotisch auf dem Bürgersteig vor dem Innenministerium. Silvie wird zum ersten Mal richtig bewusst, wie unterschiedlich Afrikaner aussehen und wie unterschiedlich sie sich kleiden.

Vor dem Gebäude mischen sich lange leuchtende Gewänder mit UNICEF-gesponserten Altkleider-Outfits, Burkas, feinen Business-Anzügen und Gangster-Kombos aus Lederjacken und zerfetzen Markenjeans. Mitten in dem bewegten Menschenknäuel versucht ein bleiches, birkenstockbesohltes Touristenpärchen anhand eines umständlich ausgeklappten Stadtplans seinen Standort zu bestimmen.

Silvie schmunzelt. So verloren sahen sie in den ersten Tagen vermutlich auch aus!

Ein geschäftstüchtiger Obdachloser verkauft vor dem Amt schrottige Kulis an genervte Einheimische, verzweifelte Flüchtlinge und desorientierte Touristen. Rechts neben dem Eingang kramen zwei Penner im Müll – eine extrem dünne Frau mit penetrant hoher Stimme und ein farbiger Mann, dem der Rotz ungehindert aus der

Nase läuft – und sortieren ihre stinkenden Funde auf dem Bürgersteig.

(**Apropos:** Der Müll wird in Südafrika von Stadtstreichern akribisch auf Brauchbares und Essbares seziert. Manchmal etwas unappetitlich, vor allem an den Tagen, an dem die Müllabfuhr kommt und alle Haushaltsmülltonnen auf den Bürgersteigen auseinandergenommen werden.)

Die beiden kreischen sich fürchterlich laut an, deuten auf den vor dem Ministerium postierten Wachmann und schmeißen sich dabei immer wieder etwas an den Kopf, das wie »Fochom« klingt.

(**Apropos:** Was Silvie sehr wahrscheinlich gehört hat – »V** hom, p*****!« – »Nee, gaan v** jy hom jouself.« –, ist extrem ordinäres Straßenafrikaans: »F*** ihn doch, P****!« – »F*** du ihn doch selbst.« usw. Mehr über Afrikaans, siehe Kapitel 21.)

Der Wachmann würdigt das Schreispektakel keines einzigen Blickes und lehnt sich entspannt und desinteressiert an die Wand hinter das gällende Paar, das aufeinander loszugehen droht. Die südafrikanische Polizei ist ja ziemlich tolerant, findet Silvie. Würde in Deutschland ein Besoffener am Eingang eines Regierungsgebäudes seinen Müll auspacken, den Polizisten anplärren und seiner Frau fast an die Gurgel springen, würde er sein blaues Wunder erleben – sprichwörtlich.

Da muss Silvie jetzt also hinein. Je eher, desto besser. Mit jeder Minute, die vergeht, drängen sich mindestens fünf weitere afrikanische Großfamilien durch die Tür.

Silvie will sich gerade durch das Tor quetschen, als ihr ein uniformierter Mann den Zugang versperrt. Ist das ein Parkguard? Ein Beamter? Silvie begutachtet den uniformierten Mann von oben bis unten. Sie findet sowohl den Übergriff auf ihren Intimabstand als auch das blaue Kaugummi, das er mit offenem Mund kaut, ziemlich irritierend.

»Here.« Er deutet auf ein Buch.

Nachdem Silvie ihren Namen, ihre Adresse, ihre Telefonnummer und ihre Ankunftszeit in das »Gästebuch« eingetragen hat, darf sie in den Aufzug steigen. Touristenangelegenheiten werden laut Türsteher im dritten Stock gehandhabt.

Dort fallen Silvie als Allererstes die zwei großen Schilder auf: *»Nehmen Sie davon Abstand, Kaugummis an Teppichen und Wänden zu deponieren«* – die scheinen ja ein ausgesprochenes Kaugummi-Problem zu haben – und *»Stellen Sie bitte sicher, dass Sie den Müll in die dafür bereitgestellten Eimer werfen«*. Silvie sucht den Abfalleimer, um ihre Cola-Dose darin zu entsorgen, aber das einzige Mülleimer-artige, das sie in dem Raum findet, ist ein total verrostetes Eisengeflecht mit Riesenlöchern, aus denen der Müll zwangsläufig wieder herausfällt.

Der Raum ist in »Help Desk«, »Einreichung der Anträge« und »Einsammlung der Ergebnisse« eingeteilt, und damit steht an sich auch schon fest, dass Silvie ihre Visaangelegenheiten nicht auf einen Schlag wird erledigen können. Sie steuert direkt auf den Beamten hinter dem Infopult zu, um ihre zwei Fragen schnell zu stellen und die Antragsblätter einzupacken. Statt einer Antwort auf ihre Fragen bekommt sie allerdings nur die Mitteilung, dass sie sich ans Ende der Schlange anstellen muss. Erst jetzt realisiert Silvie, dass die ganzen vollen Sitzreihen vor dem Schalter quasi die Wartelinie für das Helpdesk sind. Ein paar Leute schlafen vor sich hin, andere wiederum haben es sich mit Thermoskannen und Teetassen gemütlich gemacht; die meisten aber schauen entweder resigniert Löcher in die Luft oder wippen ungeduldig mit den Beinen. Silvie ist die genaue Reihenfolge der Schlange nicht ersichtlich – dem Beamten anscheinend schon, denn er beordert zielsicher die Wartenden nacheinander zu sich.

Silvie schlendert derweil ein bisschen durch den Raum – bei »Einreichung der Anträge« streitet sich eine Amerikanerin mit einer kleinen, dicken und äußerst genervten Beamtin über Kontoauszüge. Die Amerikanerin schreit: »Ich war hier schon drei Mal. Ich will doch nur vier Tage länger bleiben!« und die Südafrikanerin entgegnet, sie könne keine Anträge ohne Finanznachweise annehmen.

Daraufhin zückt die Amerikanerin eine goldene American Express Kreditkarte und sagt: »Kein Sorge, ich kann mich hier schon finanzieren«, wobei die Südafrikanerin wortwörtlich wiederholt, was sie vorher schon gesagt hatte. Zu guter Letzt donnert die Amerikanerin ihre Karte auf den Tresen: »Wissen Sie, was ich für einen finanziellen Rahmen mit dieser Karte habe?« Alle schauen betreten weg, und die Beamtin sagt völlig unbeeindruckt: »Next.«

(**Apropos:** Machen Sie sich darauf gefasst, dass Sie bei ihren Amtgängen oftmals nur Teilinformationen oder gar widersprüchliche Informationen bekommen. Fragen Sie lieber direkt mehrmals nach. Eingereichte Unterlagen gehen oftmals verloren. Bewahren Sie also von allen eingereichten Unterlagen Kopien auf, um nachweisen zu können, dass Sie die Unterlagen tatsächlich abgegeben haben. Und nicht zuletzt: Bringen Sie ein paar gute Bücher mit!)

Als Silvie nach geschlagenen vier Stunden, während denen sie fast wegschmilzt, durchdreht und aufgibt, an der Reihe ist, stellt sich heraus, dass sie zusammen mit dem Visumantrag ungefähr dreißig zusätzliche Unterlagen einreichen muss und das Antragsformular ganz einfach und mit wenig Zeitaufwand im Internet hätte herunterladen können.

VISA

Ein ***einfaches Touristenvisum für bis zu 90 Tage*** Aufenthalt wird europäischen Staatsbürgern automatisch bei der Ankunft erteilt. Alles, was man dafür vorweisen muss, ist das Rückflugticket und zwei freie Seiten im Reisepass. Südafrikanische Beamte sind äußerst penibel, was die freien Seiten im Reisepass angeht – Einreisende ohne entsprechenden Platz im Pass werden mitunter wieder nach Hause geschickt.

Will man sein ***Touristenvisum verlängern***, muss man rechtzeitig einen Antrag beim »Department of Home Affairs« stellen. Dazu muss man mit Kontoauszügen nachweisen, dass man sich während der Zeit finanzieren kann, ein entsprechendes Rückflugticket bereits gebucht und eine Gebühr von circa 45 Euro entrichtet hat. Die Antragsbearbeitung kann bis zu drei Monate dauern und ist in der Regel mit mehreren Tagesausflügen zum Department of Home Affairs verbunden – deswegen empfiehlt es sich, frühzeitig alle Unterlagen einzureichen!

Volontär-, Studien- und Praktikantenvisa müssen dagegen bereits vor der Einreise nach Südafrika beantragt werden. Detailliertere Informationen hierzu gibt es unter www.home-affairs.gov.za.

Der Beamte hier ist nicht gerade zuvorkommend. Dabei sollte er froh sein, dass so eine qualifizierte Europäerin seinem Land helfen will!

Silvie liest die Liste obligatorisch vorzuweisender Unterlagen durch. So viel Zeug? Hallo? Wir sind hier doch in Afrika.

BÜROKRATIE UND AFRIKA

Die in Europa weitverbreitete Annahme, dass sich in Afrika unterlagentechnisch alles ganz einfach erledigen lässt und man im Notfall ja mit zehn Euro nachhelfen kann, ist falsch.

Auch wenn man auf Reaktionen wie »Ein Europäer – was für ein Glück für Afrika!« hofft, wird man leider enttäuscht. Social Volunteer-Visas, Visaverlängerungen oder gar Arbeitsvisas lassen sich gar nicht ganz so leicht organisieren.

In Afrika ist der Bürokratiedschungel umso komplizierter, unflexibler und undurchschaubarer, je ärmer und unterentwickelter das Land ist, in das man reist. Für Südafrika, aber auch insbesondere für Überland-Reisen in angrenzende afrikanische Länder, sollte man sich unbedingt rechtzeitig um alle relevanten Unterlagen kümmern.

Zur Rettung von Silvies sinnlosem Amts- und Krönung von Simons grandiosem Surf-Tag gehen die beiden abends auf ein Konzert. Vor ihrem Urlaub hat Silvie nur die Bongotrommel zum Wortpaar »Musik und Südafrika« assoziiert, stellt hier aber gerade vor Ort fest, dass es Jazz-, Kwaito- und vor allem Indie-Rock-technisch total rund geht!

KWAITO

Unter schwarzen Jugendlichen ist Kwaito die populärste Musikrichtung. Geboren wurde dieser Sound in den frühen neunziger Jahren auf den Straßen von Johannesburg, als das Apartheidsregime abgeschafft und die Radiofrequenzen allen Südafrikanern freigestellt wurden.

Kwaito ist mehr als nur südafrikanische Ghetto-Tanzmusik, es ist Ausdruck dieser neu gewonnenen Freiheit. Das Radio schaffte der neuen schwarzen Kulturbewegung ein Podium; zum ersten Mal in der Geschichte der südafrikanischen Massenmedien bekamen junge Schwarze die Gelegenheit, die Dinge aus ihrer Sicht zu erzählen.

Beim Kwaito werden verlangsamte House- und Disco-Beats mit Sprechgesang unterlegt. Die Sänger schreien, plappern oder leiern die Texte rhythmisch vor sich hin und vermischen dabei alle elf offiziellen Landessprachen Südafrikas und die Townshipslangs *Tsotsi-Taal* und *S'camtho.*

(**Apropos:** *Tsotsi-Taal* ist ein Slang aus den Sprachen, die in Gauteng gesprochen werden: Zulu, Sotho, Englisch, Afrikaans und Tswana. Das Wort *Tsotsi* kommt aus dem Sotho und bedeutet Halunke; *taal* ist das Afrikaans Wort für Sprache. Das Synonym *isiCamtho* kommt aus dem Zulu und heißt »Umgangssprache«. Tsotsi-Taal basiert auf Afrikaans in das nach und nach Elemente der anderen Sprachen beigemengt wurden, isiCamtho wiederum auf bantusprachigen Gangsterjargons. In den 1920er-Jahren verständigten sich ausschließlich Ganoven, Gangsterbräute und Prostituierte mit Tsotsi-Taal und isiCamtho. Es war eine Art Geheimsprache, avancierte aber schnell zum Jugendslang. Durch

Kwaito gewann diese Mischsprache in den 90er-Jahren wieder an Popularität – und das auch außerhalb der Johannesburger Townships.)

Die Bezeichnung Kwaito stammt vom Afrikaans Slang-Wort *»kwai«* (cool). Als die House-Musik die südafrikanischen Townships erreichte, nannten sie die jungen Leute *kwaito*, was soviel hieß, dass diese House-Tracks lässig waren, dass sie rockten. Kwaito ist nicht nur für viele junge Südafrikaner eine Art Lebensstil und Lebensphilosophie – es reflektiert das Leben in südafrikanischen Ghettos so, wie HipHop ursprünglich das Leben in amerikanischen Ghettos reflektiert hat. Angesichts der Tatsache, dass die Hälfte der Südafrikaner jünger als 21 Jahre alt ist, üben Trends der Jugendkultur einen starken Einfluss auf das gesamte gesellschaftliche Leben des Landes aus.

Seit einigen Tagen hängen an allen Pfosten der Innenstadt »Taxi Violence«-Plakate. Das scheint wohl eine ganz besonders angesagte Indie-Rock-Band zu sein, denn Niekkie, ein junger südafrikanischer Fremdenführer, den Simon und Silvie im Gästehaus kennengelernt haben, erklärte den beiden, wie »lucky« sie seien, dass sie so kurzfristig noch an zwei Konzertkarten gekommen sind.

Und der Konzertabend übertrifft tatsächlich alle Erwartungen. Die Band Taxi Violence (kommt auf die Bühne, und der ganze Raum tobt schon beim ersten Refrain. Ihr Gesang ist irgendwie dunkel und doch voller Elan, irgendwie frech und durchgeknallt, irgendwie anders – irgendwie wie Kapstadt. Silvie ist völlig hingerissen von den vier Jungs in Röhrenjeans und erkennt sogar zwei der Lieder wieder! Sie hatte die Songs bereits im Radio und im Café gehört. Simon ist auch hin und weg. Er hätte nie gedacht, dass eine so professionelle, lässige Indie-Band aus Südafrika kommt.

Am Ende des Abends kauft sich Simon eine CD – als Beweis für seine Kumpels, dass es hier eine supercoole Jugendkultur gibt, als Andenken an einen tollen Abend ... und Andenken an eine tolle Stadt.

17 ÜBER DEM KAP

FARBEN DER FREIHEIT

Letzter Tag in Kapstadt! Silvie möchte sich heute noch gerne etwas anschauen, was sie noch nicht kennt. Simon ist etwas verkatert und in Abschiedsstimmung, möchte aber auch etwas unternehmen. Beim Spaziergang rund um die Long Street, in der Nähe des Greenmarket Square, waren Simon vor einigen Tagen ein paar Straßen mit Kopfsteinpflaster und knallbunten Häuschen aufgefallen, die ihn neugierig gemacht haben. Er schlägt Silvie vor, da einmal hinzuschauen, und die zwei sind sich gleich einig.

Silvie möchte gerne ein paar Erinnerungsfotos mit ihrem Handy schießen, jetzt wo sich die Stadt vertrauter und sicherer anfühlt. Die beiden fahren die Strecke mit dem Auto – von ihrem Hotel auf die Kloof Street und dann rechts auf die Buitengracht Street Richtung Meer, also »vom Tafelberg weg«, wie Simon in seinem Rückspiegel sieht. Als sie an eine verkehrstechnisch recht chaotische Kreuzung gelangen, sieht Simon vor sich das Schild »Bo-Kaap« mit einem Pfeil nach links, links eine Straße mit lauter bunten Würfelhäusern, die das Viertel hochführt, und dahinter die Bergkuppe des Signal Hill.

Im letzten Augenblick biegt er links ab. Parallel zur Buitengracht, unten am Fuße des Stadtteils, entdeckt Simon viele freie Parkplätze. Ah, großartig, hier steht auch keiner der Parkguards mit den gelben Westen! Und so entscheidet er schnell, hier zu parken und auch die fünf Rand Parkguardgeld zu sparen. Die beiden spazieren eine leicht steile Straße mit Kopfsteinpflaster, die Lleuwen Street, nach »Bo-Kaap« hoch. Der Name ist nicht nur leicht zu merken sondern gibt auch gleich preis, dass dieses Viertel zu Kapstadt gehört.

BUAH-KAAP

Da Bo-Kaap am östlichen Hang des Signal Hill und oberhalb der City Bowl (»Stadtschüssel«) liegt, wird es von seinen Einwohnern logischerweise »Über dem Kap« (Afrikaans: »bo kaap«) genannt.

Bei seiner Gründung hieß Bo-Kaap zunächst Waalendorp (Waaldorf), denn es war der Holländer Jan van Waal, ein Angestellter der Niederländischen Ostindien-Kompanie, der dieses Stück Land im Jahr 1760 kaufte und darauf die ersten Häuser bauen ließ. Die Niederländische Ostindien-Kompanie war – wie auch die übrigen europäischen »Ostindien-Kompanien« – auf den Landerwerb, die Kriegsführung, den Festungsbau und den Handel im asiatischen und afrikanischen Raum spezialisiert, sprich deren Ausbeutung und/oder Kolonialisierung. Sie war eines der größten europäischen Handelsunternehmen des 17. und 18. Jahrhunderts.

Bo-Kaap hieß im Laufe der Jahre auch Slamsebuurt (Afrikaans für »Muslim-Viertel«) und Malay Quarter (»Kapmalaien-Viertel«). Auf Afrikaans spricht man Bo-Kaap übrigens »Buah-Kaap« aus!

Silvie ist insbesondere von der Chiappini Street angetan! Sie will jedes Einzelne der Häuser abfotografieren, weil jedes Einzelne dieser quadratischen, zumeist eingeschossigen Häuser mit Veranda seine eigene Farbenkombination hat. Hier steht ein grasgrünes mit hellrosa Fensterrahmen, das daneben ist knallpink und weiß, zwei Häuser weiter steht wiederum ein fröhlich-gelbes mit mintgrünen Fenstern. Silvie gefällt ganz besonders das mit den azurblauen Wänden, blutorangeroten Fensterläden und den dazu passenden blutorangeroten Balustraden ...

Plötzlich hört sie ein lautes Geklapper und weicht auf den Bordstein. Drei junge Männer in langen weißen Überkleidern und weißer Kappe rauschen auf ihren alten Fahrrädern die Straße herunter ... Simon fragt sich, wie die mit diesen langen engen Gewändern überhaupt Fahrrad fahren können!

Die beiden schlendern einer Frau mit Kopftuch und einem riesigen, nach Fleisch und Gewürznelke riechenden Backblech in den Händen hinterher und biegen rechts in eine lange und ebenso farbenfrohe Straße ab. Zwei Frauen in knielangen Blusen stehen auf ihren zwei angrenzenden Verandas und schwatzen aufgeregt miteinander. Sie begrüßen die Frau mit dem Essen, und als sie Simon und Silvie wahrnehmen, halten sie inne, um sie ausgiebig, ausgiebig anzuschauen.

Simon ist vom kleinen Aufstieg etwas aus der Puste und bleibt kurz stehen: Er schaut nach unten und sieht die hochmoderne City Bowl, abgeschirmt vom Tafelberg dahinter. Dann schaut er zur anderen Seite, Bo-Kaap hoch, und sieht die gelbe Kuppel des Signal Hill mit den wenigen, wie auf einer Kinderzeichnung darauf verstreuten windschiefen Bäumen, alles umhüllt von einem babyblauen Himmel. Wenn man hier so mitten in Bo-Kaap steht, hat man das Gefühl, mitten im Leben in all seinen Farben zu sein ...

Silvie wiederum hat eher das Gefühl, in Kairo zu sein. Sie war noch nie in Kairo, aber irgendwie stellt sie es sich so vor: die Männer in ihren langen Gewändern, die Moscheen mit den arabischen Schriftzügen, die warme Atmosphäre ... Jedenfalls fühlt sie sich hier wie in einem orientalischen Land und wie in einer anderen Epoche.

Und das, obwohl in Sichtweite die teuren Autos der Kapstädter Yuppies vorbeirasen. Zwei Parallelstraßen weiter unten Moderne und Hektik, und hier im Viertel herrscht eine Atmosphäre vor, als wäre es Sonntag in einem Dorf im Fernen Osten: familiär, fremdartig und entspannt. Zudem fahren hier kaum Autos. Es ist, als ob die Buitengracht Street zwei Zeitzonen, Lebensarten und Lebensgefühle voneinander trennt!

Silvie und Simon werden von ein paar Kindern, die mitten in der Kreuzung Fußball spielen, aus ihren Gedanken gerissen. Da fällt Silvie eine Treppe mit bunten Blumentöpfen auf, die irgendwo hochführt. Sie möchte unbedingt sehen, was dahinter ist, und so spazieren die beiden immer höher ins Viertel, wobei

Simon mit seinem leichten Kater vom Vorabend eher so hinterherschlurft. Aha, hier ist ja noch ein Touristenpärchen, in Shorts und diesen beige-farbenen Baumwollhüten und mit Kameras um den Hals.

Dahinter stieren ein paar Hausfrauen und Kinder in die Richtung eines hochgewachsenen Afrikaners in rotem Blumenhemd, weißer Käppi und dazu passenden weißen Chucks, der gerade von einem Fotografenteam weißer Südafrikaner mitten auf der Straße auf einem Stuhl sitzend abgelichtet wird, vermutlich für einen Modekatalog oder so.

Als die beiden ganz oben auf einer der letzten Straßen des Viertels am Berghang angekommen sind, setzt sich Simon erleichtert vor einem kleinen Minimarkt ab, in fertig gekochte lokale Spezialitäten mit für Simon unbekannten Namen angeboten werden. Silvie bummelt die Straße weiter entlang und entdeckt dabei ein paar heruntergekommene Mehrfamilienhäuser, die aussehen wie Sozialwohnungen. Das hätte sie hier nicht erwartet. Vermutlich leben hier die Ärmeren des Viertels. Auf einem der Balkone hängen Jugendliche ab und hören laut südafrikanische Musik.

Auf dem Rückweg zum Café, wo Simon auf Silvie wartet, entdeckt sie noch ein paar hochmoderne Hochhäuser die so gar nicht ins Bild des Viertel passen. Schrecklich! Und daneben eine riesige Baustelle! Hoffentlich kleistern die dieses Viertel nicht mit solchen seelenlosen Neubauten zu!

Simon und Silvie gehen nun die Wale Street, eine belebtere Straße mit mehreren Läden, bergab in Richtung Stadt. Silvie fällt zuerst ein rot angestrichenes Gebäude mit »Drink Coca Cola« darauf auf und dann, ein bisschen weiter unten, ein gelb-oranges Haus, in das mehrere Menschen ein- und ausgehen. Einige bleiben sogar davor stehen und unterhalten sich ... Man scheint sich hier untereinander zu kennen!

Silvie und Simon bleiben auch vor dem Laden stehen und fühlen sich ein bisschen wie Eindringlinge in einer fremden Welt, obwohl sie von den meisten freundlich begrüßt werden.

ZUR GESCHICHTE DES VIERTELS

Nachdem Jan van Riebeek 1652 am Kap an Land gegangen war, vertrieben die Niederländer die Ureinwohner, die San und Khokhoi, und gründeten die erste Siedlungsfestung. Die Ureinwohner weigerten sich allerdings, für die Europäer zu arbeiten und mit ihnen Handel zu treiben. Zum einen aus Respekt vor ihren modernen Waffen, zum anderen weil sie an den von den Weißen eingeschleppten Krankheiten oft tödlich erkrankten.

Und so beschlossen Jan van Riebeek und seine Kompanie, Menschen aus Malaysia, Indonesien, Java, Celebes, Bali, Sri Lanka, Indien und den Ländern Ostafrikas als Sklaven ans Kap zu verschleppen. Darunter waren viele gelernte Baumeister, Schreiner, Schuhmacher und Schneider, aber auch Kriminelle und politisch Verbannte. Die ersten Indonesier erreichten 1681 Kapstadt.

Das Gemeinsame dieser Menschen war ihr muslimischer Glaube. Der Gründer der islamischen Gemeinde am Kap, Sheigh Yussuf, erreichte auch als Sklave die Kolonie und bekehrte gegen den Widerstand der dominanten Niederländisch-reformierten Kirche die Mehrzahl der Sklaven zum Islam. Und so wurden auf dem Landstück, auf dem den Sklaven kleine Mietswohnungen zur Verfügung gestellt wurden, dem heutigen Bo-Kaap, mehrere Moscheen errichtet. Die älteste noch erhaltene Moschee ist die Auwal-Moschee in der Dorp-Straße aus dem Jahr 1740.

Die Zahl der Handwerker und Bauarbeiter stieg, und sie errichteten auf dem heutigen Bo-Kaap über die Jahre immer mehr Wohngebäude in einem Stilmix kapholländischer, englischer und östlicher Bauart. Dort entwickelte sich eine lebendige und eng miteinander verflochtene Gemeinschaft.

Da Bo-Kaaps Bewohner zunächst Sklaven waren, durften ihre Häuser laut Gesetz ausschließlich die Farbe Weiß tragen. Mit der Machtübernahme der Briten 1834 wurde die Zwangsarbeit abgeschafft, die Sklaven wurden in die Freiheit entlassen – und Bo-Kaaps Bewohner, die nun freie Hausbesitzer geworden waren, strichen zur Demonstration ihrer Freiheit ihre Häuser bunt an.

Die heutigen Bewohner von Bo-Kaap sind die direkten Nachfahren der im 17. und 18. Jahrhundert von der Niederländischen Ostindien-Kompanie verschleppten Sklaven. Über drei Jahrhunderte ist hier eine einzigartige Kulturmischung aus Ost und West entstanden. In Bo-Kaap haben der Islam an seine Anhänger ihre ureigene Identität bewahrt und sich zugleich mit der nicht-muslimischen Kultur um sie herum angefreundet. Bo-Kaap ist eines der ältesten und ursprünglichsten Viertel von Kapstadt, historische Gebäude stehen an jeder Ecke. Um die 6.000 Menschen leben heute in diesem Stadtgebiet.

Wer Bo-Kaap über die Jahre öfter besucht, wird feststellen, dass er einige Häuser nicht wiederfinden kann. Die intensive Kapstädter Sonne bleicht die bunten Fassaden schnell aus, sodass die Bewohner ihre Häuser oft neu streichen müssen. Wer welche Farbe benutzen darf, wird in der Regel anhand des Alters entschieden: Die Ältesten dürfen ihre Hausfarbe zuerst aussuchen, die jüngsten Bewohner zum Schluss.

Silvie ist sehr neugierig und würde schon gerne in den Laden mit dem Schild »Spices and More« hineinschauen, zögert aber, weil sie nicht sicher ist, ob Touristen hier willkommen sind und ob es hier überhaupt etwas Interessantes für sie gibt. Simon überzeugt sie dann doch, er möchte nach etwas Kleinem zum Essen Ausschau halten, und die beiden haben ja schließlich nichts zu verlieren!

Der Laden hat einen sehr eigenen und sehr intensiven Geruch nach Zimt, Kurkuma und Zitrone. Silvie ist nicht überrascht, als sie das lange Wandregal mit den vielen kleinen bunt befüllten 100-Gramm-Plastiktüten entdeckt. »Jeera Seeds« steht auf einem Tütchen mit kleinen braunen Samen, die wie Vollkornreis aussehen.

Silvie nimmt es in die Hand und riecht daran ... Ah, Kreuzkümmel! Das kennt sie vom Türken daheim! Auf einem anderen, hellgrün befüllten steht »Bariship Seeds«, und den Geruch erkennt diesmal auch Simon gleich – er erinnert an Fencheltee, sein Lieblingsmittel gegen Magenschmerzen daheim.

Die Wand ist endlos lang, Silvie hat noch nie so eine Bandbreite an Gewürzen in einem Laden gesehen und vor allem nicht in so großen Mengen und so günstig! Es gibt allein acht unterschiedliche Pfefferarten, von »Red Pepper« über »Coarse (groben) Pepper« bis hin zu »Lemon Pepper«.

Dann entdeckt Silvie ein Gewürz, das sie noch nie gesehen oder gerochen hat, es ist blutrot, hat einen irgendwie zitronigen, irgendwie säuerlichen Geruch und heißt »Sumac«. Für welche Gerichte man das wohl verwendet ...?

Da tippt jemand Silvie vorsichtig an, und als sie sich umdreht, steht eine schmächtige ältere Dame mit einem weißen Kittel, blumigen Kopftuch und lächelnden Augen hinter ihr. Auf ihrem Kittel steht mit Filzstift draufgemalt »Fayda«.

»*Hello!* Wenn ich dir helfen kann, gib Bescheid!«

Sofort hat Silvie das Gefühl, dass es vollkommen in Ordnung ist, dass sie als Fremde in diesem familiären Laden steht. Sie fragt die Frau: »Bei welchen Gerichten verwendet man Sumac?«

»Wir verwenden es in unseren Cape-Malay-Gerichten! Wir haben hier unsere eigenen Spezialitäten, you see. Come, come here! Ich erkläre dir, was du damit kochen kannst!« Fayda wirkt auf einmal ausgesprochen belebt und begeistert, und in dem Moment wird Silvie klar, wie einfach es ist, hier mit den Menschen in Kontakt zu kommen, wenn man nur etwas Interesse zeigt.

Fayda stellt sich mit Silvie an eine Theke in der Nähe des Einganges und fängt an, Rezepte zu erklären und aufzuschreiben, während sich Simon hinten unauffällig davonschleicht und ins Ladeninnere verschwindet.

Zwei, drei Hausfrauen und ein älterer Herr, auch in einem langen weißen Überkleid, kommen herein, Fayda begrüßt alle mit Namen, bleibt aber vorne bei Silvie stehen und führt ihre Erklärungen zur »Cape Malay cuisine«, der kapmalayischen Küche, weiter fort. Silvie wird diese durchaus lecker klingenden und vor Gewürzen nur so strotzenden Gerichte vermutlich niemals ausprobieren, zum einen weil sie es nicht so mit dem Kochen und zum anderen auch nicht so mit den vielen Gewürzen in diesen süß-salzigen Kombinationen hat, aber sie freut sich total, nicht wie ein Eindringling behandelt zu werden, sondern als Teil der Bo Kaaper Gewürzmarkt-Gemeinde.

Ein älterer Herr, ohne Kittel und galant gekleidet in einer grauen, perfekt gebügelten Anzughose, einem Relikt aus einer vergangenen Zeit, der wie der Besitzer aussieht, stellt sich hinter den Tresen, hört dem Gespräch zwischen den Frauen kurz zu und fällt schnell ins Wort: »Izzit your first time in Cape Town? First time in Buah-Kaap?« (»Bist du das erste Mal in Kapstadt? Das erste Mal in Bo-Kaap?«), fragt er mit einem schüchternen, aber sehr interessierten Gesichtsausdruck und setzt dem Gesprächsthema »kapmalayische Spezialitäten« ein Ende.

DIE KAPMALAYISCHE KÜCHE

Die malaysischen, indonesischen und ostafrikanischen Sklaven brachten neben ihrem Handwerk auch ihre Kochtraditionen ans Kap. Daraus entstand die kapmalayische Küche, eine Mischung aus den drei Kochtraditionen. Basis der Gerichte ist eine einzigartige Mischung aus Gewürzen wie Koriander, Tamarinde, Zimt, Kardamom, Kurkuma, Sternanis und Kreuzkümmel. Getrocknete Früchte wie Rosinen und Aprikosen werden gerne zu salzigen Gerichten dazugegeben. Die kapmalayische Küche ist ebenso aromatisch wie die indische, allerdings weniger scharf.

Die malayische Kochkunst, das gemeinsames Essen und der Austausch von Essen sind nach wie vor ein wichtiger Bestandteil der Kultur der Menschen von Bo-Kaap.

Die beliebtesten Gerichte der kapmalayischen Küche sind ...

Bredie, ein Eintopf aus Hammelfleisch und Tomate, der mit Zimt, Kardamom, Ingwer, Nelken und Chili gewürzt und sehr lange gekocht wird,

Breyani, ein sehr aufwändiges Reisgericht mit Fleisch, indischen Gewürzen und Ei,

Bobotie, ein Fleischgericht mit Gemüse, Rosinen und Gewürzen, das mit einer Ei-Kruste gebacken wird,

Sosaties, Lamm- oder Hammelspieße und würzige Currys, die mit ***Rotis*** (ungesäuerten Fladenbroten) mit der Hand gegessen werden.

Immer dazu serviert werden ***Sambals***, die aus geriebenem Gemüse oder Früchten, Zucker, Salz, Chilis und Essig bestehen.

Zu Feiern isst man auch gerne **Dhaltjies**, kugelförmige Teigstücke aus Kichererbsenmehl, Spinat, Zwiebeln und Kurkuma, die in Öl frittiert werden und

Halbmonde, knusprige Taschen aus Kuchenmehl, Butter und Paniermehl, die mit Fleisch, Hühnchen oder Gemüse gefüllt werden.

Die bekannteste malayische Nachspeise sind die ***Koeksisters***, gewürzte, sirupartige Donuts, die mit Kokosraspeln bedeckt sind.

Beliebte Getränke wiederum sind ***Boeber***, ein süßes Milchgetränk aus Fadennudeln, Sago, Zucker, Kardamom, Zimt und Rosenwasser, und

Falooda, ein Milchshake mit Rosenaroma, der mit Eiscreme und Basilikumsamen getrunken wird.

Als Silvie und Simon den bunten Gewürzmarkt wieder verlassen, haben sie nicht nur allerlei Gewürze für sich selbst, ihre Familie und ihre Freunde in der Tasche, sondern auch handgeschriebene Zettel mit den Geheimrezepten für die besten *Boboties* und *Koeksisters*. Doch draußen fällt ihnen gleich die große Menschenmenge auf, die sich versammelt hat. Manche Einwohner halten Banner hoch auf denen Dinge stehen wie: »Hands off Bo-Kaap!« (»Hände weg von Bo-Kaap«), »Away with greedy developers!« (»Weg mit den gierigen Bauträgern«) und »Bo-Kaap will not be silenced« (»Ihr bringt Bo-Kaap nicht zum Schweigen«). Eine betagte und sehr hagere kleine Frau mit einem auffälligen orange-weiß gepunkteten Kopftuch und einer großen Brille mit dicken Gläsern stellt sich vor die Menge und schreit: »Away, away, away from our land!« (»Weg, weg, weg von unserem Land!«)

Andere Einwohner, Hausfrauen, Kinder, ältere Herren – irgendwie scheint die ganze Gemeinde hier anwesend zu sein! – sitzen auf weißen langen Tüchern, die in der Zwischenzeit mitten auf der Hauptstraße ausgerollt worden sind, essen Teigtaschen und trinken gemeinsam Säfte aus Plastikbechern: Mitten auf der Hauptstraße findet also gerade ein riesiges Massen-Protest-Picknick statt!

Silvie, die nicht ganz verstehen kann, was hier auf einmal passiert ist, fragt einen jungen Mann, der sich mit ein paar Gleichaltrigen unterhält, was denn hier los sei. Er schleudert ihr ein sehr aufgebrachtes: »Das hier ist Apartheid! Sie machen alles so teuer, um uns das Land wegzunehmen auf dem wir seit Ewigkeiten leben!« entgegen.

Silvie und auch Simon verstehen das immer noch nicht ganz, sind aber schockiert und wirklich traurig, sollte das alles tatsächlich so stimmen, denn Bo-Kaap ist für sie seit heute das liebenswerteste und ungewöhnlichste Stadtviertel, das sie kennen!

KAMPF GEGEN DIE GENTRIFIZIERUNG

Bo-Kaap, das, wie ein Name schon sagt, oberhalb der Stadtschüssel liegt, gilt heute als erstklassiges Grundstück – und genau das ist das Problem. Die Immobilienwerte sind in den letzten 15 Jahren exponentiell gestiegen. Zudem werden Immobilien, die seit über hundert Jahren im Besitz von alteingesessenen Bewohnern sind, mit so exorbitanten Steuern und Tarifen belegt, dass es den einheimischen Handwerker- und Arbeiterfamilien unmöglich gemacht wird, in ihrem traditionellen Viertel weiterzuleben. Jüngere Menschen der Gemeinde haben mit ihrem Gehalt keine Chance mehr, ein Haus in der Gegend zu kaufen, weil Europäer, Amerikaner, ausländische Investoren und die wohlhabende Elite Südafrikas Immobilien in Bo-Kaap mit Euro, Pfund und Dollar kaufen und so die Preise in die Höhe schnellen lassen.

So werden die Einheimischen nach Jahrhunderten in die Außenbezirke der Stadt gedrängt. Nicht nur Generationenhäuser, sondern auch familiäre Bindungen gehen verloren. Bauunternehmer kaufen in Bo-Kaap Land, um Luxus-Wohnungen oder hochgeschossige Bürogebäude zu bauen. Das Viertel blutet mehr und mehr kulturell aus und verliert seinen Charme.

Es ist tragisch, wie diese kleine, enge, jahrhundertealte Gemeinschaft innerhalb weniger Jahre einer Auflösung ausgesetzt worden ist, zumal Bo-Kaap das letzte bisher unverfälschte und nicht-gentrifizierte Viertel der Kapstädter Innenstadt ist. Zum Problem hat auch beigetragen, dass es als »touristische Zone« genutzt wird und so immer populärer und »wertvoller« wird.

Die Gentrifizierung schafft zudem Konflikte zwischen den Gemeinschaften, da einige Einwohner den Verkauf von Gebäuden und die daraus resultierende Vertreibung von Langzeitbewohnern ablehnen, andere wiederum mit einem Verkauf ihres Hauses schnelles Geld machen wollen. Den meisten allerdings bleibt im teuren Kapstadt keine andere Wahl als der Verkauf.

Bo-Kaaps Einwohner wehren sich jedoch mit Händen und Füßen, es kommt immer wieder zu Protesten und Gerichtsverhandlungen. Als 2016 die Planungen für ein 17-stöckiges Hochhaus mit Luxusapartments bekannt wurden, blockierten die Einwohner den Kränen die Zufahrt, zunächst erfolgreich. Doch die Kräne kamen später wieder. Ob die Bo-Kaaper ihr Zuhause und den einzigartigen Charme ihres Viertel langfristig retten können, wird sich in den kommenden Jahren zeigen.

18 POLIZEIAFFÄREN

DETECTIVE ADAMS

Simon und Silvie sind so voller widersprüchlicher Gefühle und Eindrücke, dass sie beschließen, erst einmal zu ihrem Auto zurückzugehen, einem weißen Kleinwagen. Aber aus irgendeinem Grund können sie ihn nicht finden ... Sie gehen die Buitengracht Street fast die ganze Länge ab, und je weiter sie sich von der Wale Street entfernen, desto weniger Menschen sehen sie auf der Straße. Kein weißes Auto weit und breit! Hier, am äußersten Rand des Bo-Kaap, sehen ein paar der Häuser recht renovierungsbedürftig aus.

Simon ist sich fast sicher, dass die beiden genau hier geparkt haben. Silvie meint, sie sei sich nicht so sicher, vielleicht war es genau am anderen Ende! Also marschieren die beiden die lange Straße diesmal in die andere Richtung ab, aber nirgends steht ein weißes Auto! Silvie ist noch guter Dinge, dass es schon irgendwo stehen wird, schließlich ist das hier eine der am stärksten befahrenen Straßen Kapstadts, und es ist Mittag, helllichter Tag! Bei Simon schwindet die Hoffnung mit jedem abgegangenen Meter, und er ist einfach nur froh, dass Silvie darauf bestanden hat, den Wagen inklusive Vollkasko-Versicherung zu mieten.

Ah – auf einmal erblicken sie einen Sicherheitswächter, der vor einem Haus mit Büros steht und neben der Eingangstür an der Wand lehnt! Simon läuft auf ihn zu: »Entschuldigung, wir suchen ein weißes Auto, wir haben es ungefähr hier vor drei Stunden geparkt.«

Der Sicherheitswächter blickt von seinem Handy auf und schaut ihn mit einem regungslosen Gesicht an. Simon bemerkt auf dessen Display, dass er sich Fußballergebnisse angeschaut hat.

»White car, maybe you see it? Haben Sie jemanden einen weißen Wagen fahren sehen?«, fragt ihn jetzt Silvie etwas aufgekratzt.

»White car? No, no white car!«

Silvie ist sich nicht sicher, ob sie dem Mann vertrauen kann. Schließlich war der Wagen hier ganz in der Nähe geparkt! Irgendwie wirkt der auch etwas verdächtig, mit seiner resoluten Ich-habe-keine-Ahnung-Schiene! Vielleicht ist er Mitglied einer lokalen Bande, die Autos klaut, oder vielleicht hat man ihn mit etwas Geld bestochen ...

»Excuse me, what is your name?«

»Prayer. My name is Prayer«, antwortet der Mann.

Simon muss sich ein spontanes Lachen verkneifen. Silvie ist sich nicht sicher, ob das wieder nur ein ungewöhnlicher Name ist oder sie gerade auf die Schippe genommen wird. Wobei der Mann ausgesprochen gleichgültig, aber recht harmlos aussieht.

»Ja? Prayer is your name?«, fragt Silvie noch einmal, um sich zu vergewissern, dass sie alles richtig gehört hat. Wenn sie nämlich gleich auf die Polizeistation geht und den Diebstahl anzeigt, will sie ihn als potenziellen Augenzeugen benennen können! Dann soll sich nämlich die Polizei noch einmal mit ihm auseinandersetzen!

»Yes sisi, Nomthandazo. Prayer.«

Ah, okay. Prayer, also »Gebet«, ist wohl nur die Übersetzung seines afrikanischen Namens. Jetzt kommt er Silvie schon ein klein wenig glaubwürdiger vor. Silvie will, dass er ihr seinen Namen auf ein Stückchen Papier aufschreibt, aber der Sicherheitswächter lässt sich partout nicht darauf ein.

Während Silvie die kriminellen Zusammenhänge zu erfassen sucht, denkt Simon über die Höhe des Selbstbehaltes nach.

»Was soll das Liebling? Der hilft uns bestimmt nicht weiter«, greift er dann ins Gespräch ein.

»Sorry, do you know where the police is?«, fragt Simon. Sie müssen jetzt als Allererstes auf die Polizeistation und Anzeige erstatten, um der Autovermietung etwas vorlegen zu können. Prayer wird das ganze Gespräch jetzt etwas zu heiß, und er sagt total erregt – als hätte Simon gerade vorgeschlagen, IHN zur Polizei zu bringen: »No no no no no!«

Von dem hier ist echt keine brauchbare Information zu bekommen. Simon sucht jetzt nach einem Menschen, der ihm sagen kann, wo sich die nächste Polizeistation befindet. Silvie fotografiert währenddessen die Straßenschilder und den Tatort. Als sie Prayer fotografieren will, schreit der wieder auf: »No! No! No! No!«

(**Apropos:** Zusammen mit den Car Guards prägen die Sicherheitswärter, die vor jedem Gebäude und vor jedem privaten Parkplatz stehen, das Bild und die Atmosphäre der Stadt. Diese absolvieren oft 16-Stunden-Schichten im Stehen, haben keine Arbeitsrechte, und gehen zum Schluss – wenn sie Glück haben – mit 15 Euro Lohn nach Hause. Man kann ihnen also nicht verübeln, wenn sie unter diesen Umständen nicht die Straßenpolizei spielen.)

Die beiden biegen die Dorp Street links hoch, und auf der Jordaan Street, parallel zu dem Weg, wo sie ihr Auto abgestellt hatten, fällt ihnen ein hagerer Mann mit verschmierten Hosen und einer hohen Stimme auf. Er steht vor der geöffneten Motorhaube eines uralten roten Toyota und zeigt einer jungen Frau – vermutlich der Besitzerin des Wagens – einen kleinen schwarzen Plastikdeckel und sagt immer wieder: »You see, sisi! You see!« Die junge Frau sieht nicht gerade überzeugt aus. Jedenfalls scheint dieser Mann ein Einwohner von Bo-Kaap zu sein, und Simon und Silvie gehen schnurstracks auf ihn zu.

»Hello!«, begrüßt ihn Simon. Es tue ihm leid, ihn bei seiner Unterhaltung zu unterbrechen, aber die zwei hätten ein Problem.

»NOO problem, NOO problem«, sagt der Automechaniker des Viertels. »I'm *Boet*, brother.«

Silvie erzählt Boet nun in einer sprunghaften Reihenfolge, dass es einen Zeugen gebe, der aber behaupte, er habe nichts gesehen. Dass sie ihr Auto nicht wiederfinden könnten. Boet möchte wissen, wo das alles passiert sei. Er lässt das Mädel an der offenen Motorhaube stehen und schreitet eiligen Schrittes mit Simon und Silvie zur Buitenkant Street. Kaum sind die beiden um die Ecke gebogen und also in dem Augenblick, in dem der Sicherheitswächter Simon und Silvie erblickt, senkt er die Augen und tut so, als sei er in sein Handy vertieft.

Da ruft Boet auf einmal: »Ah, hier ist es!«

Silvie versteht zuerst nicht, dreht sich dann aber zu Boet um und sieht, wie der eine Türklinke vom Straßenrand aufhebt und hochhält. Verdammt, denkt Simon, die haben uns echt am helllichten Tage das Auto geklaut!

Nun ist Silvie sicher. Der Sicherheitswächter hat seine Hände im Spiel! Aber Boet sagt: »Nah, er weiß nichts.« Silvie fragt ihn, warum er das mit solcher Gewissheit behaupten kann. Boet erklärt ihr, dass er das ganze Viertel kennt. Jeder kennt jeden. Und jeder hat auch schnell herausgefunden, wer was gestohlen hat. Aber ihr Auto sei vermutlich schon längst in einem Township und in alle Einzelteile zerlegt. Die Einzelteile ließen sich dann schnell und ohne Risiko verkaufen. Das sei so ein Geschäft, das hier so laufe, weil die Straße kaum beaufsichtigt wird.

Silvie und Simon sind sprachlos. Boet sagt noch ein mitfühlendes »I am very sorry for your loss!«, obwohl es hier sicher viel schlimmere Verluste zu beklagen gibt, als Simons und Silvies Mietwagen. Die beiden lassen sich noch den Weg zur Polizeistation, der South African Police Station, erklären, die Gott sei Dank nicht allzu weit entfernt ist. Silvie packt das Beweisstück, die Türklinke, vorsichtig in eine Plastiktüte, und los geht's in die Pepper Street!

Der Eingang im roten Backstein-Häuserkomplex ist kaum zu übersehen. Rund um den Block sind Dutzende Polizeifahrzeuge geparkt. Bisher hat sich Silvie nirgendwo sicherer und aufgehobener gefühlt. Die beiden kommen in einen Empfangsraum. Fünf Personen stehen darin und warten, während der einzige zuständige Polizist an einem Tisch sitzt und die Personalien eines mutmaßlichen Kriminalitätsopfers aufnimmt. Der Mann mittleren Alters redet sehr, sehr viel, und der Polizist, der seinen Kopf auf seiner Hand abgelegt hat, sagt nur alle zehn Sätze »yes yes«. Silvie hat den Eindruck, dass der Polizist gleich wegschnarcht, so wie der dasitzt. Alle paar Minuten unterbricht der Polizist den redefreudigen Mann, um irgendetwas auf seinem Fragebogen auszufüllen. Dann steht er auf und kehrt erst nach gefühlten zehn Minuten mit weiteren Dokumenten zurück. Vor Silvie und Simon stehen noch weitere fünf Personen, aber es ist, als existierten die für den Polizisten nicht.

Viele andere Polizisten gehen ein und aus zu Gängen und Räumen hinter dem Empfangsbereich, aber niemand setzt sich an einen der freien Tische und Schalter, um die Anzeigen der Wartenden aufzunehmen. Es vergeht unendlich viel Zeit, in der Silvie abwechselnd vom müden Polizisten zum Präsidentenbild, das über ihm hängt, stiert. Die fünf Südafrikaner und afrikanischen Immigranten, die auch Anzeige erstatten wollen, fangen ein Gespräch an. Einer entschließt sich dann Gott sei Dank zu gehen, sodass nur noch vier Personen vor Silvie und Simon dran sind.

Als die beiden endlich an der Reihe sind, sprudelt Silvie in ihrem deutsch-englischen Akzent die ganze Geschichte herunter, bevor der Polizeibeamte sie irgendetwas fragen kann. Hier die Fotos, sagt sie und zeigt ihm nervös Fotos auf ihrem Handy. Hier das Beweisstück, sagt sie und hält ihm die Plastiktüte mit der Türklinke hin, selbstverständlich ohne diese anzufassen. Dann nimmt sie ein Stück Papier von einem Stapel auf dem Tisch und zeichnet etwas, das den Straßenverlauf von Bo-Kaap darstellen soll. Dann sagt sie: »Da ist auch ein Zeuge! Wir haben auch einen Zeugen!«, und skizziert ein X in ihre Zeichnung, ungefähr auf der Höhe, wo Prayer stand. Der Polizist hört ihr zugegebenermaßen ebenso geduldig zu wie den anderen fünf vor ihr. Silvie spricht und spricht und spricht und wiederholt sich, sodass auch Simon bald ermüdet und am liebsten seinen Kopf auf dem Tisch ablegen würde, wie der Polizist bald auch ...

Nun ist sie fertig. Der Offizier schaut endlich hoch und sagt: »Auto gestohlen?«

Silvie nickt und sagt jetzt nichts.

Dann sagt der Polizist: »Sie müssen mit Detective Adams sprechen. Aber er ist gerade nicht hier. Setzen Sie sich.«

Als es schon so langsam dunkelt, haben Simon und Silvie endlich das Schriftstück, das sie der Autovermietung vorlegen müssen. Detective Adams wirkte sehr kompetent und aufgeschlossen, wenngleich er mitnichten so aussah, als ob ihn dieser kriminelle Vorfall zu sehr beschäftigen wird.

Und so verlassen die beiden die Polizeistation, ohne dass Silvie wirklich weiß, ob Detective Adams Prayer jemals zu dem Fall befragen wird.

(**Apropos:** Die Ausbildung eines einfachen Polizeibeamten dauert in Südarika gerade einmal drei Monate; das Einstiegsgehalt liegt bei 300 Euro. Polizisten riskieren in Südafrika für einen Apfel und ein Ei Kopf und Kragen. Zudem müssen sie bei den hohen Kriminalitätsraten und den vielen ernsten Fällen Prioritäten setzen.)

Zu guter Letzt haben Silvie und Simon Glück im Unglück – die Versicherung des Autovermieters kommt für den Verlust auf. Die beiden trauen sich aber nicht, den genervten Angestellten um einen neuen Wagen zu bitten – und huschen stattdessen ein paar Gebäude weiter in das Büro einer anderen Autovermietung, von denen es in Kapstadt Gott sei Dank eine Menge gibt ... Als sie einen neuen Autoschlüssel in der Hand halten, sind sie wahnsinnig, wahnsinnig erleichtert – denn in nur wenigen Stunden beginnt der zweite, vermutlich recht spektakuläre Teil der Reise!

19 ROAD TRIPPIN'

AUF ACHSE

Oh mein Gott – dieser Stau hört ja gar nicht mehr auf! Simon und Silvies letzter Eindruck von Kapstadt sind zwanzig Kilometer resignierter Autofahrer-Gesichter. Sie können nur von Glück reden, dass sie nicht auch im Gegenverkehr feststecken. Acht Uhr ist offensichtlich ein denkbar schlechtes Timing, um sich auf einen schnellen Kaffee in der Stadt zu verabreden, wenn man in einem der vielen Kapstädter Vororte residiert.

(**Apropos:** Da die meisten Kapstädter in den Vororten wohnen, aber in der Innenstadt arbeiten, herrscht wochentags zwischen 7–9 und 17–19 Uhr auf allen Autobahnen Verkehrskrieg – morgens immer stadteinwärts und abends stadtauswärts. Die Staus rühren noch von der grandiosen Städteplanung des Apartheidsregimes; die Innenstadt galt als Gewerbegebiet und die Vororte, getrennt nach Rassen, als Wohngebiete. In den »Northern Suburbs« leben traditionell eher Afrikaaner, in den wohlhabenderen und teureren »Southern Suburbs« Anglo-Südafrikaner, in denen von der Innenstadt am weitesten entfernten »Townships« schwarze Südafrikaner und in den »Cape Flats« dazwischen farbige Südafrikaner und Gangster. In den letzten 25 Jahren ziehen Kapstädter je nach finanzieller Lage kreuz und quer – farbige und junge Anglo-Südafrikaner in den Norden, Schwarze in die Innenstadt und die Cape Flats, Kongolesen in die Townships. Trotzdem kann man die klassischen Wohntrends immer noch ausmachen: Das Viertel ***Observatory***, das in der Nähe der auch unter Apartheid sehr liberalen und gemischtrassigen »University of Cape Town« liegt, ist nach wie vor ein bunt gemischtes Alternativviertel, Studenten und indisch-stämmige Südafrikaner bevorzugen ***Rondebosch***, die meisten moslemischen Cape Malays haben ihre Häuser in ***Bo-Kaap***, ***Sea Point*** ist bei Juden äußerst beliebt und ***Vredehoek*** bei deutschen Einwanderern.)

Nach weiteren zwanzig Kilometern gibt es keinen Stau, aber auch keinen Überholstreifen mehr. Simon wird etwas nervös, weil ihm ein Geländewagen mit einer Fahrerin total dicht auffährt. Was will die denn – es gibt halt nur eine Spur!

Keine fünf Minuten später führt sich Simon selbst auf wie die Hausfrau von eben, weil er auf einem Berg hinter zwei quasi rückwärts wieder zurückrollenden Tankern fast zum Stehen kommt. Netterweise weichen die sperrigen Gefährte auf den Seitenstreifen aus, damit er überholen kann, ohne in die Spur des Gegenverkehrs ausweichen zu müssen. Okay, okay ... Simon durchschaut allmählich das Überholsystem. Er macht nun auch seinerseits für die schnelleren Verkehrsteilnehmer auf dem Seitenstreifen Platz und bekommt dafür viele *Danke* via Warnblinkanlage. Silvie findet diese Kommunikationsform so nett, dass sie für den Rest der Fahrt wie versessen die Warnblinkanlage betätigt.

ÜBERHOL-ETIKETTE

Südafrikaner behandeln den Ersatzstreifen als Ausweichspur. Durch das nahe Auffahren geben Autofahrer zu verstehen, dass sie überholen möchten. Wenn es die Straßenverhältnisse erlauben, weicht man kurz auf die Notspur aus. Der Überholer bedankt sich via Doppel-Warnblinker, der Überholte flackert mit seinen Nebelscheinwerfern als »gern geschehen«.

Die R62 schlängelt sich durch grüne Täler, imposante Bergmassive und unberührte Fynbos-Felder. Man hat das Gefühl, in einer überbelichteten Fotografie mit maximalem Farbkontrast zu stecken – rote Erde, strahlender Himmel, knusprige Farben. Der Plan der beiden ist, auf dem Weg von Kapstadt an zwei »besonders interessanten Orten« und in Johannesburg zu halten, wo Simon wegen einer kleinen Arbeitsverabredung zwangsläufig hinmuss.

FERNSTRASSEN

R steht im Übrigen für ***Route*** (Landstraße) und ***N*** für ***National Road*** (Autobahn). Die 13 südafrikanischen National Roads verlaufen quer durchs Land und verbinden die großen südafrikanischen Städte miteinander. Die N1 führt vom südwestlichsten Punkt Südafrikas (Kapstadt) über Johannesburg an die Nordost-Grenze des Landes nach Mosambik, die N2 führt von Kapstadt die gesamte Ost- und Südküste entlang bis nach Durban und die N3 verbindet Durban an der Ostküste mit Johannesburg. Mit der Route 62 haben sich Simon und Silvie eine der schönsten und zugleich am wenigsten bekannten und befahrenen Reiserouten in Südafrika ausgesucht.

Der erste Halt ist der Ort *Oudtshoorn.* Simon hat noch nie etwas von diesem Ort gehört; Silvie hat diesen Stop eingeplant.

»Schatz, was ist noch einmal das Besondere an Oudtshoorn?«

»Es ist im Reiseführer als ›Must-Do‹ markiert.«

»Liegt es am Meer?«

»Nein.«

»Was wollen wir dann da?«

»Wir schauen uns dort Straußenfarmen an.«

»Strauße?« Aha. Na super, er kann es gar nicht abwarten, dort anzukommen.

Um Simons Vorfreude noch weiter zu steigern, liest ihm Silvie noch ein bisschen aus dem Reiseführer vor: »*In dieser verschlafenen Kleinstadt kommt man als Tourist am Thema Strauß nicht vorbei. Überall am Straßenrand oder in den Geschäften bieten Frauen, Kinder oder Händler Federn an – Staubwedel, Federboas oder Straußen-*

eier, bemalte und unbemalte. Touristen werden durch die Straußenfarmen geführt, wo sie in Vorträgen alles Wichtige über diese tollen Tiere erfahren.«

Silvie regt sie sich zunehmend darüber auf, dass Simon mit 160 km/h über die Landstraße rast – und er regt sich zunehmend darüber auf, dass die beiden »keine Zeit« für einen kurzen Stop in Jeffreys Bay haben, dem Surferparadies schlechthin, aber Zeit, um zwei Tage lang Straußenstaubwedel anschauen.

Auf dieser Fernstraße sind im Übrigen verdammt viele Fußgänger unterwegs. Äußerst rätselhaft ist, wo die alle hinsteuern, denn oftmals sind kilometerlang vorher, aber auch kilometerlang später weder Dörfer noch Häuser noch Baracken zu sehen. Die meisten marschieren völlig einsam vor sich hin, ein paar andere auch gemütlich in Grüppchen nebeneinander her. Dabei funktionieren sie nicht nur den Seitenstreifen, sondern auch die halbe Autofahrbahn zum Bürgersteig um – die Fahrbahn, auf der Autos mit mindestens 100 Sachen angerollt kommen, wohlgemerkt!

(**Apropos:** Auf Südafrikas Fern- und Landstraßen sind außer Autos auch Fußgänger, Radfahrer, Paviane, Rinder, Antilopen, Schildkröten, Betrunkene und spielende Kinder unterwegs – alles Verkehrsteilnehmer, die einem vom Autobahnfahren in Deutschland nicht vertraut sind, die an den unwahrscheinlichsten Stellen und den unwahrscheinlichsten Einöden auf einmal am Horizont erscheinen und oftmals unbekümmert mitten auf der Fahrbahn spazieren. Besonders gefährlich ist das Ganze nachts, weil die Schnellstraßen nicht beleuchtet sind und man schwarze Menschen in der Dunkelheit noch schwieriger erkennt als eine hellhäutige Person. Deswegen muß man auf Südafrikas Schnellstraßen sehr aufmerksam fahren. Fußgänger benutzen die Schnellstraßen, weil es in der Regel keine andere Alternative gibt. Oftmals müssen sie unglaublich lange und mühselige Märsche auf sich nehmen, um zur Arbeit, zur Schule oder einfach nur irgendwo zum Einkaufen zu gelangen.)

Ein paar dieser einsamen Wanderer winken Simon und Silvie zu. Silvie überkommt bei dem Anblick so viel Mitleid, dass sie am liebsten jeden Einzelnen von ihnen auf den Rücksitz packen würde.

(**Apropos: Das is**t keine gute Idee, vor allem wenn man als Frau allein unterwegs ist. In bestimmten Gebieten in Südafrika – wie Johannesburg – sollte man sich davor hüten, irgendwo zu stoppen. Eine gängige Bandenmasche ist, Autopannen oder Anhalter zu simulieren, um Autofahrer zum Halten zu bewegen – und sie dann am Straßenrand auszurauben. Am gescheitesten ist es deswegen, gar kein Risiko einzugehen und niemanden, den man nicht kennt, in sein Auto einsteigen zu lassen – egal wo.)

Zwei Kinder auf Fahrrädern steuern schnurstracks auf Simon und Silvies Auto zu. Gott sei Dank kann Simon noch schnell auf die Gegenverkehrsbahn ausweichen. Man muss ja hier wirklich äußerst aufmerksam fahren, wenn man niemanden ummähen will!

Die Route führt durch ein paar Kleinst-Städtchen, in denen die Zeit dem Anschein nach stehen geblieben ist. Hier auf dem Land sieht man interessanterweise auch kaum Weiße, sondern vornehmlich farbige Südafrikaner. Auf der Hauptstraße des kleinen Dorfes befinden sich drei Kirchen: »Dutch Reformed Church«, »Methodist Church« und ganz schlicht und einfach die »Church of Jesus«.

An einer besprayten Wand steht »Jesus is King« und »Jesus saves«, auf dem großen Sticker an dem alten roten Toyota an der Ampel »Jesus Christ is the Lord«. Südafrikaner scheinen recht religiös zu sein. Dabei dachte Simon immer, die gehen hier ihren Ahnenkulten nach?

Circa fünf Kilometer, nachdem Simon und Silvie den Ort hinter sich gelassen haben, fällt ihnen ein abgestellter Wohnwagen – ebenfalls mit Jesussprüchen – auf. Und was Silvie und Simon danach sehen, gleicht eher einer Filmszene aus Mel Gibsons »Passion Christi« als wahrer Tatsachen. Da spaziert ein bleicher dünner Typ mit langem offenem Haar, nacktem Oberkörper, menschengroßem Kruzifix auf dem Rücken und ohne Schuhe den 50 Grad heißen Asphalt entlang.

RELIGIONEN IN SÜDAFRIKA

In Südafrika gilt totale Religionsfreiheit. Etwas anderes ließe sich in so einem so bunt gemischten Land auch gar nicht umsetzen. So vielfältig wie die unterschiedlichen kulturellen Kreise des Landes sind auch die unterschiedlichen Glaubensrichtungen, die in Südafrika praktiziert werden.

Die Bantus aus Zentralafrika brachten ihre animistischen Kulte, Holländer und Deutsche diverse protestantisch-reformierte Glaubenslehren, die französischen Hugenotten den Calvinismus, die Iren den Katholizismus, die Briten den Anglikanismus, die Malays den Islam, die Inder den Hinduismus, die Chinesen den Buddhismus und die Juden das Judentum ans Kap.

Heutzutage gehören circa zwei Prozent aller Südafrikaner dem moslemischen, zwei Prozent dem hinduistischen Glauben, eine kleinere Minorität dem Judentum und circa 70 Prozent einer der vielen unterschiedlichen christlichen Religionen an. Es gibt neben den traditionellen Kirchen etwa 4.000 »Schwarze Unabhängige Kirchen«, wie zum Beispiel die populäre »Zionistische Christliche Kirche«, die ihren Mitgliedern erlaubt, ihre traditionellen Kulte parallel zu ihrer christlichen Religion zu pflegen.

Die meisten Buren gehören einer der calvinistisch geprägten Glaubensgruppierungen der Niederländisch-Reformierten Kirche an und sind sehr religiös. Der altertümliche calvinistische Glaube der Afrikaaner, dass es von Gott »Auserwählte« und »Nicht-Auserwählte« gibt, dass die Kirche die Politik eines Landes bestimmt und Rassen voneinander »rein« gehalten werden müssen, hat bei der Apartheidsideologie der Afrikaaner eine große Rolle gespielt. Viele Buren waren von der Richtigkeit dieser Dogmen überzeugt.

Die meisten Anglo-Südafrikaner gehören dem katholischen und anglikanischen Glauben an. Die südafrikanische Diözese der Anglikanischen Kirche ist eine der liberalsten und fortschrittlichsten weltweit! Der Friedensnobelpreisträger Desmond Tutu war von 1986 bis 1996 ihr Oberhaupt.

Religion ist im südafrikanischen Alltag sehr präsent. Junge Leute in der Stadt gehören unabhängigen Bibelgruppen an, sonntags versammeln sich schwarze Südafrikaner in bunten Kirchengewändern zum Tanzen, Singen und Beten, in Bo-Kaap ruft fünf Mal am Tag der Muezzin zum Gebet auf, und in den südafrikanischen Kleinstädten sieht man die Einwohner sonntags in ihre Kirchen strömen. Sonntag gilt als Kirchentag – daher ist auch der Verkauf von Alkohol an Sonntagen in ganz Südafrika verboten.

Bis auf die vereinzelten Häuschen, die mitten im Nichts stehen, die Handvoll Dörfer und die riesigen Weinfelder ist im Landesteil Karoo nicht so viel los. Silvie ist völlig begeistert, diese untouristische Seite von Südafrika kennenzulernen, und sogar Simon findet diese Fahrt zunehmend interessant.

An einer Abzweigung ist sich Simon nicht mehr sicher, ob er dem Straßenverlauf folgen oder nach rechts einbiegen soll. Beide Schilder sagen ihm nichts. Auch die Karte sagt ihm nichts, weil er nicht weiß, auf welcher Höhe er sich befindet. Und auch die zwei Tankwarte der nächstgelegenen Tankstelle können ihm diesbezüglich nichts sagen.

»Sorry, is this the road to Oudtshoorn?«

Der angesprochene Tankwart schaut völlig ratlos und für Simon steht augenblicklich fest, dass er seinen Weganweisungen keinesfalls Vertrauen schenken kann. Der Tankwart fragt seinen Kollegen, der draußen vor dem Tankhäuschen auf einem Klappstuhl in der Sonne entspannt – doch auch der hat keine Ahnung.

(**Apropos:** Man sollte sich auf Rundreisen keinesfalls darauf verlassen, Wegweisungen unterwegs einholen zu können. In der Regel ist es extrem mühselig, eine zuverlässige Wegbeschreibung zu bekommen. Und da es aus kulturellen Gründen als rüde gilt, nicht zu antworten, kann es sein, dass man von einem höflichen Südafrikaner in die exakt falsche Richtung geschickt wird.)

Während Simon versucht, Informationen zu bekommen, schaut Silvie in dem kleinen angeschlossenen Geschäft nach einer Zeitung – es gibt nur eine zur Auswahl, und die ist in Afrikaans. Unglaublich, es gibt ja hier keine englischsprachige Zeitung und auch kein einziges englischsprachiges Magazin! Und dabei dachte Silvie, Englisch sei die Hauptsprache in Südafrika!

(**Apropos:** Stimmt, Englisch ist die am weitesten verbreitete Verkehrssprache, allerdings befinden sich Silvie und Simon gerade in der Karoo, dem Herzland der Afrikaaner.)

DIE KAROO

Die Karoo (gesprochen: *Karuu*) ist eine Halbwüstenlandschaft auf den Hochebenen im Zentrum des Landes mit heißen Sommern und kalten Wintern. Mit einer Ausdehnung von etwa 500.000 Quadratkilometern umfasst die Karoo fast ein Drittel des südafrikanischen Territoriums! Ihre Begrenzungen sind nur vage definiert. Die Karoo unterteilt sich in die Kleine und Große Karoo. Auf vielen Karten ist meist nur die »Kleine Karoo« in der Nähe der Garden Route eingezeichnet.

Bis 1800 durchstreiften nur Wildtiere und die Khoisan diese ausgedehnten Weiten. Die Khoisan nutzten dieses Gebiet zum Jagen und gaben ihm den Namen *»kurú«*, was soviel wie »trocken« oder »rau« bedeutet. Europäer und Bantus waren aufgrund der trockenen klimatischen Verhältnisse zunächst einmal nicht an diesem Stück Land interessiert, erst ab 1800 zogen Farmer hierher. Ihre Schafe grasten die silbrig schimmernden Gräser ab, die den Boden der Karoo vor der Austrocknung schützten. Die ursprüngliche Vegetation ist dadurch vielerorts verschwunden und die halbwüstenartigen Areale haben sich in den letzen Jahren verdoppelt.

Die meisten Karoo-Gemeinden sprechen Afrikaans als Muttersprache.

Noch dreimal hält Simon an. Das erste Mal winkt ein Arbeiter mit gelber Neonweste und roter Flagge in der Hand den beiden aus zunächst unerkenntlichen Gründen zu. Als Simon in letzter Sekunde anhält, sehen die beiden, dass die eine Fahrbahn wegen Arbeiten gesperrt ist und die andere wohl immer abwechselnd für den Verkehr und Gegenverkehr freigegeben wird.

Das zweite Mal wird Simon an einem Bahngleis angehalten. Zunächst denkt er, es handele sich wieder um so einen Verkehrsarbeiter und hält an. Der Mann tut auch tatsächlich so, als orchestriere er hier den Verkehr. Er schaut auf die Gleise und stoppt und winkt abwechselnd Autos durch – entpuppt sich allerdings beim genaueren Hinsehen als sturzbesoffener Landstreicher, der in einem lebensgefährlichen Verkehrspolizisten-Delirium steckt. Die Bahngleise sehen im Übrigen so aus, als wären sie die letzten dreißig Jahre nicht mehr in Betrieb gewesen.

Es wird schon langsam dunkel und Simon beschleunigt empfindlich.

(**Apropos:** ... und das, obwohl auf südafrikanischen Landstraßen maximal 100, auf Highways maximal 120 und in Ortschaften maximal 60 km/h erlaubt sind.)

Womit er nicht gerechnet hat, ist, dass es hier mitten in der unbewohnten Steppe auf einmal blitzt. Zu spät bemerkt er den Verkehrspolizisten, der auf dem weitläufigen Feld neben der Straße Fotos von Verkehrssündern schießt.

Ärgerlich! Und noch ärgerlicher, dass er einen Kilometer später von einem zweiten Polizeiwagen angehalten und zur Kasse gebeten wird.

»Sie sind 35 km/h zu schnell gefahren. Macht R700 bitte.«

R700!!! Nicht gerade zimperlich, die südafrikanische Polizei. Simon hat nicht die geringste Lust, hier so viel Geld zu lassen: »Ich habe hier R200 und brauche keine Quittung«, sagt Simon blinzelt dabei den Polizisten kumpelhaft an.

»Pardon?«

»Machen wir R200.«

(**Apropos:** Nicht anzuraten sind Versuche, Polizisten zu bestechen. Bestechliche Beamte gibt es, aber man riskiert mit solchen Experimenten eine Anzeige und ein weitaus höheres Bußgeld.)

»Nein, mein Herr, dies ist ein R700 Strafzettel. Wenn Sie ihn nicht zahlen möchten, können Sie uns gerne zur nächsten Polizeistation folgen. Kann ich Ihren Führerschein sehen?«

Simon hat nur den deutschen Führerschein dabei, glücklicherweise fragt der Officer nicht nach der internationalen Version.

(**Apropos:** Für Reisen nach Südafrika sollte man sich einen internationalen Führerschein ausstellen lassen und diesen zusammen mit der deutschen Führerscheinkarte mitbringen.)

Das hätte gerade noch gefehlt, nachdem sein kleiner Bestechungsversuch so gnadenlos in die Hose gegangen ist.

ROAD BLOCK

Warnt Sie ein Einheimischer vor einem »road block«, machen sie sich schon einmal auf eine gesperrte Fahrbahn, ein paar Polizeiwagen und eine kleine Kontrolle gefasst. Road blocks finden zu Verkehrsstoßzeiten im Stadtzentrum, aber auch mitten in der Wüste statt. Relativ häufig trifft man auf Road blocks freitags und samstags Nacht, wenn die Polizei hofft, ein paar betrunkene Partygänger zu erwischen.

Die Polizei kontrolliert ihren Führerschein und die *Licence Plate* an Ihrem Frontfenster. Bei Mietwagen organisieren die Vermieter eine gültige Licence Plate für Sie.

Vor Road blocks muss man ebenso viel Angst haben wie vor einer Polizeikontrolle in Bayern. Die südafrikanische Polizei ist äußerst nett, immer für einen kleinen Scherz zu haben und verursacht keinen Stress, wenn es keinen Grund dafür gibt. Auch hier sollte man nicht vergessen, dem Officer freundlich einen guten Tag zu wünschen und kurz nach seinem Befinden zu fragen.

Nervös –muss man nur werden, wenn man alkoholisiert hinter dem Steuer sitzt. Die Alkoholgrenze liegt in Südafrika bei 0,5 Promille. Wenn die Polizei den Verdacht hat, dass Sie darüber liegen, wird sie Sie für eine Blutentnahme mit auf die Polizeistation nehmen, was wahrlich kein Spaß ist! Oftmals muss man dort die ganze Nacht in der Zelle verbringen. Und: Deutsche Gefängnisse sind Fünf-Sterne-Hotels gegen südafrikanische Polizeistationen.

Außer den Road blocks gib es diverse Formen von *»speed traps«* (Radarfallen) – festmontierte, bewegliche, von Hand gehaltene. Die stehen auch überall (inklusive Hinterland), die südafrikanische Polizei ist in dieser Hinsicht sehr organisiert.

Abends sollte man besonders achtsam fahren. Da es in Südafrika keine öffentlichen Verkehrsmittel gibt, auf die man im betrunkenen Zustand ausweichen kann, um nach Hause zu kommen, sitzen überproportional viele Betrunkene hinterm Steuer.

Last, but not least erreichen die beiden schließlich Oudtshoorn. Simon und Silvie knurrt bereits seit Ewigkeiten der Magen und die zwei entscheiden sich daher für das erstbeste Restaurant. Es ist schon ziemlich spät und das Restaurant ist bis auf ein paar Einheimische, die an der Theke ihr Feierabendbier trinken, völlig leer.

Auf der Speisekarte finden die beiden viel Strauß und ebenso viel Wild. Silvie sucht vergeblich nach vegetarischer Pasta und griechischem Salat und entscheidet sich schließlich für eine Kombination der drei südafrikanischen Beilagenklassiker – *butternut* (Kürbis), *creamed spinach* (Rahmspinat) und *chips* (Pommes).

Ein bisschen beobachtet fühlen sich die beiden in dem Restaurant schon, tauen aber schnell auf, als sich Joost und Lieschen, ein total nettes Mittvierziger-Ehepaar, auf »einen« – sprich tatsächlich fünf – Drinks zu ihnen an den Tisch setzen und die beiden in eine längere Diskussion über deutsche Autos und das deutsche Bildungssystem verwickeln. Am Ende des Abends laden sie Simon und Silvie sogar zu einem »Braai« zu sich auf die Farm ein, denn »man könne keinesfalls aus Südafrika wegreisen, ohne ein Braai miterlebt zu haben.« Silvie nimmt die Einladung an und begräbt damit an dieser Stelle Simons stillen Traum vom Abstecher nach Jeffreys Bay.

(**Apropos:** Jeffreys Bay gilt als einer der zehn weltbesten Surfspots. Der kleine Ort liegt an der Ostküste Südafrikas in der Nähe von Port Elizabeth. Wenn einmal im Jahr das »Billabong Pro Surfing Festival« ausgetragen wird, versammelt sich hier jeder, der im Surfsport Rang und Namen hat.)

20 JOYRIDE

ZU BESUCH BEI VOGEL STRAUSS

Oudtshoorn, der Jugendstil und das Automobil – das ist schon eine fabelhafte Geschichte.

Seinen Anfang nahm alles am Ende des 19. Jahrhunderts, als in den Jugendstil-Salons von Europa Straußenfedern zum Modehit erklärt wurden. Ein paar Farmer um Oudtshoorn realisierten, dass sich mit den Federn viel Geld machen ließ, und begannen, den in der Karoo beheimateten Laufvogel zu züchten. Andere Farmer folgten ihrem Beispiel. Innerhalb kürzester Zeit war jeder in Oudtshoorn mit dem lukrativen Federhandel beschäftigt – und man kam der Nachfrage kaum nach.

Der Boom sprach sich bis nach Litauen herum, und so reiste eine Gruppe von 300 Juden den ganzen Weg von Litauen bis nach Südafrika, um von der europäischen Federobsession zu profitieren. Bald taufte man Oudtshoorn in »Jerusalem of Africa« um. Aus 80 Brutvögeln wurden eine Millionen, und Straußenfedern avancierten mit Gold, Diamanten und Wolle zum wichtigsten Exportschlager dieser Zeit.

Das Bauerndorf Oudtshoorn verwandelte sich in eine Welthauptstadt und seine schlichten Farmen in große Jugendstil-Paläste. Bis das Automobil kam. Und alles zerstörte.

Vor der Motorisierung der europäischen Hauptstädte steckte sich die Dame von Welt die Straußenfedern an den Hut. Nach einer Fahrt in den neuen, rasenden Karossen war der Hut allerdings zerzaust und, wenn überhaupt, nur noch mit Federkielen dekoriert. Als dann auch noch das offene Autoverdeck kam, passten die Damen mit ihrem pompösen Kopfschmuck nicht einmal mehr ins Gefährt hinein. Und so wurden Straußenfedern auf einen Schlag unmodern.

Ja, und dann hatte ganz Oudtshoorn auf einmal ein Problem ...

WARUM OUDTSHOORN?

- Strauße sind im südlichen, südöstlichen und zentralen Afrika zu Hause. Überall sonst auf der Welt, wo sie früher beheimatet waren – in Westasien, auf der arabischen Halbinsel und nördlich der Sahara – hatte man sie zu Beginn des 19. Jahrhunderts bereits ausgerottet. Auch in Südafrika ist der Strauß nur knapp seiner Ausrottung entkommen. Die Regierung stellte ihn allerdings 1822 unter Artenschutz.
- Strauße lieben warme, trockene Sommer, sonnenreiche Winter und offene Landschaften mit kurzem Gras und wenig Baumbestand – die Karoo bietet also die idealen Lebensbedingungen für sie. Sobald das Gras über einen Meter hoch gewachsen ist und sie keine optimalen Sichtverhältnisse mehr haben, ziehen sie davon.
- Oudtshoorn hält nach wie vor den »Straußwelthauptstadt«-Titel. 90 Prozent des Weltbestandes an Sträußen leben in der Karoo.

Simon hätte nicht gedacht, dass er sich für Straußangelegenheiten doch noch ein bisschen erwärmen kann. Nach dem ausgiebigen Stadtrundgang von heute Morgen und der Straußenfarm-Führung jetzt weiß er buchstäblich alles über die Vögel mit dem langen Hals, den großen Kulleraugen und den winzigen Köpfchen ohne Gehirn. Vielleicht kommt ihm das ja eines Tages bei einer Quizshow oder sonst wo noch zugute ...

Die Stadt Oudtshoorn hat durchaus ihren Charme, mit den Bergmassiven am Horizont, dem dörflichen Ambiente, der offenen weitläufigen Architektur, den breiten Straßen, den viktorianischen Villen ...

(**Apropos:** Die sogenannten »Straußenpaläste« von Oudtshoorn wurden von den reichen Federbaronen erbaut, die sich in der Zeit bis zum Ersten Weltkrieg dumm und dusselig verdient haben.)

… und den Kuriositätengeschäften, die wirklich alles anbieten, was man mit einem Strauß nur assoziieren kann:

Blätterteigtaschen mit Straußenfilet, Gürtel, Minikleidchen und Jacken aus Straußenleder, Straußenfeder-Schals, Lampen aus Straußenei, Gemälde auf Straußenei, Geldbörsen und Schmuck mit Straußenfedern, Staubwedel, Brautbedarf, Kunstartikel und so weiter und so weiter und so weiter.

(**Apropos:** Strauße werden heutzutage hauptsächlich für ihr Leder, ihre Eier und ihr Fleisch gezüchtet – Letzteres ist im Übrigen fast cholesterinfrei und sehr gesund!)

Nach der Farmbesichtigung darf der kleine angebotene Strauß-Spritzritt als abschließendes Highlight natürlich nicht fehlen. Vor Simon und Silvie ist allerdings erst noch ein amerikanisches Pärchen an der Reihe. Das Mädel will nicht, und dafür versucht sich jetzt tatsächlich ihr Freund, der wahrscheinlich nur mit Mühe und Not in seinen Flugzeugsitz gepasst hat, auf einen armen Vogel draufzuwuchten.

Klar vernehmbar »rutscht« Simon heraus: »Das arme Tier!«

Man sollte Gewichtsgrenzen für die Reiter einführen. Dieses übergewichtige US-Exemplar gehört nicht in einen Straußenstall, sondern in ein Fitnessstudio.

Die zwei anwesenden Züchter argumentieren, dass die Beinmuskulatur der Strauße stark genug sei, um das Gewicht eines Menschen zu stemmen, bemühen sich aber auch nicht wirklich aktiv darum, dem Ami hochzuhelfen.

(**Apropos:** Strauße halten schon etwas aus, schließlich werden die Weibchen, Hennen genannt, von den bis zu 135 Kilogramm schweren Männchen, den Hähnen, bestiegen, bis ihnen die Federn ausgehen. Dennoch ist es definitiv nicht tierfreundlich, seine überschüssigen Kilos einem armen Vogel aufzuladen. Gott sei Dank erlauben die meisten Farmen mittlerweile nur noch Kindern und leichtgewichtigen Menschen den Ritt.) Nach zwei missglückten Besteigungsversuchen findet dieser tierunfreundliche Slapstick sein Ende; der Typ gibt sich geschlagen und die Helfer atmen erleichtert auf.

So, nun ist Silvie an der Reihe. Sie klettert also in den abgetrennten Reitbereich hinein. So ganz aus der Nähe betrachtet, findet sie diese langen Viecher mit den zweizehigen Menschenfüßen doch ein bisschen unheimlich.

Da Silvie allerdings determiniert ist, die Punkte auf ihrer Südafrika »Must-Do«-Liste abzuhaken, wozu der Straußenritt eben auch gehört, kann sie jetzt unmöglich passen.

»Jetzt mach schon Schatz, ist doch nur ein Vogel«, ruft ihr Simon zu, der sich in einem plötzlichen Anfall von »Tierfreundlichkeit« auf der anderen Seite des Zauns versteckt. »Dir kann nichts passieren!«

»Mir nichts passieren? Der Amerikaner hat doch eben erzählt, dass die einen mit ihren Füßen tottrampeln können.«

(**Apropos:** Strauße wehren sich bei Bedrohung mit einem Fußtritt. Die Wucht ihrer Tritte und die scharfen, zehn Zentimeter langen Krallen können dabei zu schweren Verletzungen oder gar zum Tode führen. Man sollte sich deswegen nicht mit ihnen anlegen. Vor allem während der Brutzeit sind die Hähne sehr angriffsfreudig.)

»Nimm das Weibchen, Sisi!«, ruft ihr der eine Züchter zu.

Silvie schnappt sich in der ganzen Aufregung den nächstbesten Strauß.

»No, no, no! Das Weibchen, Sisi!«

(**Apropos:** Silvie hat bei dem Farmrundgang offensichtlich nicht aufgeschnappt, dass man Weibchen an ihrer »zierlicheren« Statur – sie sind immerhin nur um die zwei Meter hoch und 110 Kilogramm schwer – und erdbraunen Farbe erkennt. Die Männchen wachsen bis zu zweieinhalb Meter und besitzen ein schwarzes Gefieder.)

Die zwei Helfer flitzen zu Silvie herüber, wobei der eine den kleineren und helleren Strauß zu ihr hinzieht. Über seinen Kopf werfen sie ein Stück Stoff, sodass der arme Vogel nichts sehen kann. Witzigerweise schüttelt der das Tuch aber auch nicht ab. Da kommt wohl das fehlende Gehirn ins Spiel ...

Silvie nimmt ihren ganzen Mut zusammen und klettert die drei Holztreppenstüfchen hoch, die das Aufsteigen erleichtern sollen.

Die zwei Helfer halten derweil den Strauß davor fest, und Silvie versucht sich so schnell sie nur kann, auf den Rücken des Tieres aufzuschwingen ...

»Moment! Moment ...!«, rufen die Helfer ihr zu, Silvie ignoriert allerdings das Geschrei und setzt sich auf den Strauß, bevor er ihr wie bei dem Ami eben unterm Hintern abhauen kann. »WARTE, Sisi!«

Zu spät. Silvie sitzt schon auf dem Vogel. Noch bevor sie ihr Gleichgewicht richtig gewonnen hat, spürt sie, wie sich die kräftigen Flügel unter ihrem Hintern bewegen. Huch – was für ein eigentümliches Gefühl! Silvie verliert die Balance und kullert den Strauß rückwärts wieder herunter. Dort wartet Gott sei Dank auch schon der eine Helfer auf sie und verhindert einen allzu harten Aufprall.

»Warte, bis wir die Flügel heben. Und dann setzt du dich *unter* die Flügel!«

»Unter die Flügel? Und wenn der abhebt?«

(**Apropos:** Laufvögel fliegen nicht. Ihre Flügel erfüllen trotzdem mehr als nur dekorative Zwecke – die Vögel posieren damit bei der Balz, nutzen sie als Schattenspender und balancieren sich damit beim Laufen aus.)

Erst sagen alle nichts – dann brechen sie in schallendes Gelächter aus. »Keine Sorge, Sweetheart, der fliegt nicht. Der ist viel zu schwer zum Fliegen. Viel zu schwer!«

Okay. Also auf zum zweiten Versuch. Simon findet das ganze »Silvie auf Strauß«-Schauspiel derweil äußerst amüsant und filmt die ganze Szene mit seinem Handy vorsichtshalber mal mit.

Die zwei Helfer halten die Flügel des Vogels hoch. Silvie steigt widerstrebig auf das Tier und schwankt, weil sie nicht weiß, wo sie sich festhalten soll. Meine Herren, sieht das ulkig aus! So, jetzt schmeißt sich Silvie in eine Art Pferdereitposition. Die zwei Helfer rufen ihr zu, dass sie ihre Beine vorne unter den Hals des Tieres klemmen soll. Da Silvie sie nicht zu verstehen scheint, reißen sie ihr die Beine kurzerhand nach vorn. Silvie findet diese Sitzposition offensichtlich furchtbar ungemütlich. Jetzt soll sie sich an den Flügeln festhalten. Silvie schreit: »Oh no!« Der Strauß ruckelt los, also packt Silvie in der Not doch noch die Flügel. Der eine Helfer zieht den Strauß an seinem zwei Meter langen Hals hinunter und entfernt das Tuch, worauf der Strauß augenblicklich lossprintet ...

»Hilfe! Der läuft ja viel zu schnell!!!«

(**Apropos:** Strauße können bis zu 80 km/h schnell laufen! Eine Geschwindigkeit von 50 km/h halten sie sogar eine halbe Stunde lang durch. Der Strauß rettet sich meist durch Davonlaufen vor seinen Feinden.)

Simon lacht wie schon lang nicht mehr, Silvie schreit sich die Seele aus dem Leib und stolpert nach circa 30 Sekunden wieder von dem Vogel herunter.

»The end.« Sehr schön. Perfektes YouTube-Material. Gleich morgen geht der Link an alle Freunde heraus.

»Mein Gott, das war eine Erfahrung! Du hast voll was verpasst!« Jetzt im Nachhinein ist Silvie froh, dass sie den Straußenritt ganz mutig durchgezogen hat.

»Na Schatz, ich hab nichts verpasst. Ich habe hier alles auf Video.«

EIN PAAR INTERESSANTE FAKTEN ÜBER VOGEL STRAUSS

Der Afrikanische Strauß ist der größte Vogel der Welt.

Er wird bis zu 80 Jahre alt.

Strauße haben keine Zähne. Dafür schlucken sie bis zu anderthalb Kilogramm Steine am Tag, um ihre Nahrung damit im Magen zu zerkleinern. Wenn gerade keine Steine in der Nähe sind, weichen sie auf Wäscheleinen, Socken, Nägel und was sonst noch so herumliegt aus.

Ein Straußenei entspricht 30 Hühnereiern. Die Eier schmecken milder als die vom Huhn und brauchen eineinhalb Stunden, bis sie hart gekocht sind.

Strauße verbrüdern sich in der freien Wildnis mit Zebras und Gazellen und halten mit ihnen zusammen nach ihren Feinden, den Löwen und Leoparden, Ausschau.

Beim Schlafen halten sie ihre Hälse aufrecht und die Augen geschlossen. Nur während ihrer kurzen Tiefschlafphasen ruhen sie Hals und Kopf auf ihrem Rückengefieder aus.

Strauße sind äußerst raffiniert, wenn es darum geht, ihre Babys zu beschützen. Die Haupthenne oder »Ehefrau« brütet die Eier von den Affären ihres Hahns (»Nebenhennen«) in ihrem Nest mit aus. Dabei platziert sie ihre eigenen Eier in die Mitte. Wird das Gelege von Räubern angegriffen, werden meist nur die außen liegenden Eier der Nebenhennen geraubt – und ihre eigenen überleben. Später, wenn die Küken geschlüpft sind und sie ihren Eltern überall hinterherwatscheln, klauen die Straußeneltern die Küken von anderen Pärchen; dominante Strauße horten dabei manchmal einen ganzen Kindergarten und weniger dominante müssen ihre armen Kleinen abgeben. Es wurden Straußenpaare mit bis zu 380 Küken beobachtet! Der Sinn dahinter: Je mehr fremde Küken man hat, desto geringer ist die Chance, dass das eigene vom Raubtier angegriffen wird.

Am Ausgang fällt Silvie noch eine Sache ein, die sie die Züchter die ganze Zeit schon fragen wollte: Wann stecken Strauße eigentlich ihren Kopf in den Sand? »Strauße stecken ihren Kopf nie in den Sand.«

Der Südafrikaner hat keine Ahnung! Silvie kennt sich mit dem Thema zwar nicht wirklich aus, aber es gibt eine Sache, die jeder weiß – zumindest jeder deutschsprachige Mensch: Strauße stecken ihre Köpfe in den Sand.

(**Apropos:** Ein weit verbreitetes Gerücht besagt, dass der Strauß bei Bedrohung durch Feinde den Kopf in den Sandboden steckt. Tatsächlich aber rettet sich der Strauß, indem er so schnell er kann davonläuft. Redewendungen wie »Vogel-Strauß-Politik« und »den

Kopf in Sand stecken« beruhen auf einer optischen Täuschung. Im stark erwärmten Bodenbereich lässt eine vibrierende Luftschicht den häufig nach unten gerichteten Kopf des Straußes verschwinden.)

21 AFRIKA, AFRIKAANS, AFRIKAANSER

RUGBY & DIE GROSSE LIEBE

Simon hofft inständig, dass das mit der Einladung von Lieschen und Joost nicht nur eine Freundlichkeitsfloskel war. Man weiß ja nicht, wie das hier so gehandhabt wird. Fremde Länder, fremde Sitten.

Silvies Sorgen gelten dagegen eher dem Mitbringsel. Eine kleine Aufmerksamkeit muss schon sein. Gott sei Dank ist heute nicht Sonntag und man kann im Supermarkt zumindest einen Wein einkaufen – Silvie wüsste nicht, was sie Lieschen und Joost sonst schenken sollten. Die ganzen Weine sind im Übrigen so günstig, dass sie gleich zwei Flaschen in den Einkaufswagen packt.

Ein bisschen komisch finden die beiden es schon, dass das Braai schon so früh losgeht. Während der »straußfreundliche« Simon noch schnell einen Burger mit Straußenhack verputzt, nippt Silvie an einer Café Latte, um sich ihren Hunger für das Essen um 16 Uhr aufzuheben.

Simon begibt sich erst um 15:15 Uhr unter die Dusche, aber Silvie stresst ihn so sehr, dass er bereits eine Viertelstunde später angezogen und frisch rasiert vor dem *Bed & Breakfast* steht. Denn: »Zu spät kommen geht gar nicht!«

Wie sich herausstellt, liegt die kleine Farm von Lieschen und Joost gar nicht so immens weit weg vom Gästehaus, und so klopfen die beiden bereits um 15:45 Uhr an die massive Holztür.

(**Apropos:** Man kann sich ruhig Zeit lassen! Vor allem, wenn es sich um so ein weniger formelles Braai handelt, kann man ruhigen Gewissens 15 Minuten später aufkreuzen. Mehr zur African Time, siehe Kapitel 2.)

Silvie und Simon sind die ersten Gäste, was Simon überhaupt nicht überrascht. Nur die Gastgeberin guckt ein bisschen überrascht, heißt die beiden dann aber trotzdem sehr herzlich willkommen. Ihr Ehemann steckt wohl noch unter der Dusche – so wie Simon das jetzt wohl auch immer noch täte, hätte ihn Silvie da nicht quasi noch mit Shampoo im Haar herausgejagt.

Silvie überreicht Lieschen die Rotweinflaschen. Diese fragt gleich, ob die beiden ein Glas trinken möchten. Ehrlich gesagt hat Simon eher Lust auf ein Bier und Silvie auf einen Weißwein, da aber Lieschen nichts anderes anbietet, bejahen beide ihr Angebot. Lieschen holt zwei Gläser und schenkt ihnen aus ihrer eigenen Mitbringsel-Flasche ein. Interessante Sitten hier ...

(**Apropos:** Wenn man zu einem Braai eingeladen ist, bringt man sich normalerweise seinen ***»booze«***, Alkohol, selber mit. Die Gastgeberin hat wohl gedacht, Simon und Silvie mögen diesen Wein und haben ihn mitgebracht, um ihn selbst zu verzehren.)

Das Farmhaus ist recht rustikal eingerichtet, an den Wänden hängen Zeugnisse und Urkunden, und auf den Holzmöbeln stehen Trophäen und alte Familienporträts. Es scheint eine sehr alte Farm zu sein, die bereits seit Generationen von der Familie bewirtschaftet wird. Simon versucht als Mann der Runde das Gespräch ins Rollen zu bringen, bis der eigentliche Hausherr aus der Dusche kommt.

»Südafrika ist ein schönes Land.« Da Simon bei weißen Südafrikanern nie weiß, was er ansprechen darf und was nicht, weicht er jetzt am besten auf die verwandten Holländer aus. »Wir mögen auch Holland sehr. Deutschland ist ja quasi gleich nebenan. Die Holländer sind ein lustiges Volk! Wir fahren ziemlich oft nach Amsterdam. Holland ist echt schön, sehr entspannt. Besuchen Sie Holland oft?«

»Nein. Noch nie.«

»Sie waren noch nie in Holland? Sind Sie nicht holländisch?«

»Kann sehr gut sein, dass bei meinen Vorfahren auch Holländer dabei waren. Aber das ist schon so viele Generationen her. Unsere

Vorfahren sind ja schon vor hunderten von Jahren in dieses Land gekommen.«

»Ah, ich verstehe. Aber Ihre Abstammung ist holländisch?«

»Wir sind Afrikaans.«

»Aber Afrikaans, die Sprache, ist doch wie Holländisch, oder?«

(**Apropos:** Kommt nicht gut: Afrikaaner als Holländer und Afrikaans als »Dutch« oder gar »Kitchendutch« zu bezeichnen. Afrikaaner sehen sich genauso wenig als Holländer, wie sich Amerikaner als Iren sehen – und genaugenommen sind sie es ja auch gar nicht. Die meisten Buren sind eine Mischung aus Holländern, Franzosen, Deutschen und Portugiesen, die bereits vor 400 Jahren ins Land gekommen sind, und interessanterweise auch Schwarzafrikanern. Man hat in Genanalysen auf der DNA von Afrikaanern bis zu zehn Prozent Gene schwarzafrikanischer Herkunft entdeckt. Aber auch das sollte man einem Buren vielleicht nicht unbedingt als Erstes unter die Nase reiben.)

»Nein, son. Afrikaans ist eine eigenständige Sprache. Deutsch ist ja auch nicht Holländisch, selbst wenn sich die Sprachen ähneln.«

Simon findet es echt nett, sich mit der Gastgeberin zu unterhalten; aber dass sie solche Berührungsängste mit dem Holländischen hat, ist schon ein bisschen seltsam ...

AFRIKAANS

Südafrika hat elf offizielle Landessprachen und *Afrikaans* ist nach isi-Zulu und isiXhosa die drittmeistgesprochene. Afrikaans ist die Muttersprache aller Afrikaaner, aber – was man als Tourist oftmals nicht realisiert – auch der meisten farbigen Südafrikaner. Die meisten Afrikaans-Muttersprachler sind farbig, nicht weiß! Südafrikaner aller Rassen sind bis 1994 in der Schule mit Afrikaans gedrillt worden, und so beherrschen es die meisten Nicht-Muttersprachler in der Regel zumindest als Zweit- oder Drittsprache. Es gibt die unterschiedlichsten Afrikaans-Dialekte. Weiße Farmer im Nordosten des Landes reden ganz anders als ihre farbigen Brüder aus den Flachland-Vororten um Kapstadt (»Cape Flats«). Letztere sind unglaublich amüsante Gesprächspartner – scharfsinnig, schlagfertig und oftmals schockierend direkt.

Ja – es stimmt, dass Afrikaans dem Niederländischen entspringt und dass sich Holländer und Afrikaanser, also Afrikaans-Sprachler, in der Regel problemlos verständigen können. Aber nein – Afrikaans ist nicht das »antiquierte Holländisch des 17. Jahrhunderts«. Zum einen unterscheiden sich Schreibweise, Satzbau und Artikulation. Und zum anderen hat sich das Afrikaans aus dem bunten Kulturmix am Kap zu Beginn der europäischen Besiedlung entwickelt. Elemente aus den einheimischen schwarzafrikanischen Sprachen Khoikhoi und San, den Kolonialsprachen Holländisch, Deutsch und Englisch und den importierten Sklaven-Sprachen Malai und Kreolportugiesisch sind im Afrikaans absorbiert.

Das Afrikaans Wort *baie* (viel, sehr) stammt beispielsweise aus dem Malaiischen *banja, kaya* (Haus) wiederum aus dem Xhosa (khaya), Ausrufe wie *eina!* (au!) und *aitsa!* (schön gemacht!) sind aus dem Khoikhoi und Redewendungen wie *»Dit reen Katte en honde«* sind wörtlich aus dem Englischen (»It's raining cats and dogs«) ins Afrikaans übersetzt und übernommen worden.

Ein paar Vokabeln, an denen man nicht vorbei kommt ...

Man muss kein Afrikaans lernen, um sich in Südafrika zu verständigen. Afrikaanser sprechen auch Englisch. Afrikaans ist allerdings eine faszinierende Facette der südafrikanischen Multikulti-Lebensart, und für all diejenigen, die ein bisschen neugieriger sind, leicht zu lernen!

Ja/Nee	Ja/Nein
Hello/Totsiens	Hallo/Auf Wiedersehen
Wat is die nuus?	Was gibt's Neues?

Baie Dankie	Vielen Dank!
Asseblief	Bitte
Lekker	ist ein universelles Afrikaans-Wort. Passt eigentlich immer und überall, wo etwas schön, gut, prima, hübsch und/oder angenehm ist. *Lekker food* ist, im wahrsten Sinne des Wortes, ein leckeres Essen und ein *lekker day* ein wunderschöner Tag.
Jol	Spaß haben – oder eine Superparty.
Sies!	Ausdruck des Entsetzens und/oder Ekels
Jammer!	Das tut mir leid.
Antie	Eine ältere weibliche Respektsperson (wörtlich: Tante)
Anties	Große Busen (Beispiel: »Check die lekker anties op daai girl!«)
Bokkie	Kosenamen für Freundinnen wie Schatz, Liebling (wörlich: kleiner Bock)
Dop	Ein alkoholischer Drink
Farm Stall	Kiosk neben der Straße, der frische Farmprodukte verkauft
Kak	Schrecklich, ätzend, kacke, oder auch: sehr, verdammt: *»This girl is kak pretty.«* (»Dieses Mädchen sieht verdammt gut aus.«)
Smaak	Jemand sehr gerne mögen, lieben. Beispiel: *»I smaag you!«* (»Ich bin total in dich vernarrt.«)
Stompie	Zigarettenstummel
Tekkie	Sportschuh
Rooinek	»Rotnacken«, Afrikaans-Name für Engländer

Während Simon und Silvie in der Lounge stehen, bemerken sie, dass der Fernseher läuft. Sieht nach Fußball aus, was da gerade läuft ... aber nein! Es ist doch eine andere Sportart. Die Spieler rammen sich gegenseitig und werfen sich immer wieder übereinander auf einen Haufen.

»Bei denen läuft auch der Fernseher die ganze Zeit. Wie bei den Franzosen. Die schalten das Ding auch nie ab.« Silvie findet, dass Fernsehen verblödet, und hat sich deswegen auch noch nie einen zugelegt.

»Das liegt daran, dass wir viel zu früh dran sind. Der Mann saß wahrscheinlich noch gemütlich vorm Fernseher, als wir hier Sturm geklingelt haben«, sagt Simon.

»You can set a clock after a German, eh? Hahaha! Please excuse me, guys!« Joost, dieser Zwei-mal-zwei-Meter-Berg von einem Mann, betritt den Raum und das ganze Farmhaus vibriert. Er hat noch nasses Haar, steht barfuß da und sagt mit einem breiten Grinsen: »Vielen Dank fürs Kommen!«

(**Apropos:** Südafrikaner lieben es, Witze zu reißen, und alle, inklusive sich selbst, auf die Schippe zu nehmen! Viele haben eine messerscharfe Zunge. Bei sozialen Zusammenkünften reißen die Witze den ganzen Abend nicht ab. Es gilt: Auf keinen Fall Sachen persönlich nehmen.)

Alle leicht unangenehmen Gefühle sind sofort weggefegt. Silvie und Simon haben augenblicklich das Gefühl, hier wirklich herzlich willkommen zu sein. Joost reicht Simon die Hand und schüttelt ihn dabei einmal kräftig durch. Danach beugt er sich zu Silvie runter, die ihm in klassischer Münchner Art ein Busserl links und ein Busserl rechts geben will, doch Joost drückt sie fest an sich. Als sich Silvie dann zur anderen Seite rüberbeugt, hängt sie neben Joosts Hüfte in der Luft (so groß, wie der ist!), weil er sich schon wieder zurückgezogen hat. Also »bussi-bussi« ist hier nicht die gängige Begrüßungsart, soviel steht schon einmal fest.

(**Apropos:** Das südafrikanische Bussi-Bussi: Männer reichen sich, wenn es keine nähere freundschaftliche oder familiäre Beziehung gibt, die Hand. Frauen werden per kurzer einseitiger Umarmung begrüßt, oftmals inklusive einem kleinen Bussi davor. Frauen untereinander umarmen sich auch, wenn sie sich begrüßen.)

Nach so viel Zwielichtigem, was Simon über Südafrika und die Afrikaaner gehört hat, ist er so dermaßen positiv von diesem Land und diesen Menschen überrascht, dass er in Anbetracht dieses emotionalen Hochs seine Begeisterung auch kundtun möchte!

»Danke für die Einladung! Es ist echt toll, Einheimische kennenzulernen. Südafrika ist so ein extrem interessantes Land mit einer so bewegten Geschichte. Wir sind wirklich überrascht, wie schön es hier ist, nach der ganzen Apartheid und so. Klar, das mit den unterprivilegierten Schwarzen fällt schon auf – wir Europäer kennen diese Diskriminierung zwischen Menschen anhand ihrer Hautfarbe ja nicht so – aber bis auf diese Sache ist es hier total fantastisch!«

(**Apropos:** Seien wir mal ehrlich: Es ist letzten Endes schon etwas anmaßend, sich in einem Land als Moralapostel aufzuführen, das man selbst kaum (mit-) erlebt hat und von dem man die geschichtlichen, politischen und sozialen Zusammenhänge nicht kennt. Solche Aussagen spart man sich am besten, wenn man sein Gegenüber nicht unnötig beleidigen oder als unhöflich oder arrogant erscheinen möchte.)

Joost nickt, ohne wirklich zuzuhören. Seine Aufmerksamkeit gilt dem Fernseher, der hinter Simon steht. Während Simon spricht, positioniert sich Joost »ganz unauffällig« so, dass er sich ungehindert das Sportspiel anschauen kann. Immer wieder schreit er so laut und erbost, dass die Wände zittern ...

»*Send him off!*« – »*Offside, ref!*« – »*Penalty!*« – »*On the line, ref!*«

»GODDAMIT!«

Schließlich passiert während des Spiels etwas dermaßen Dramatisches, dass Joost Simon und Silvie ganz ungeniert stehen lässt und sich direkt vor den Fernseher stellt. Oh je, wenn das so weitergeht, schmeißt er die Kiste gleich aus dem Fenster!

»Der ist ja krass! Schon ein bisschen unhöflich, oder?« Silvie findet das mit dem Fernseher ehrlich gesagt etwas daneben.

(**Apropos:** Südafrikaner sind sportfanatisch. Es gibt mehrere große Sportsender, die alle großen und kleinen Sportevents live übertragen und unter der Woche schleifenweise wiederholen. Egal ob im Café, im Pub oder dem Fernseher in der Apotheke – überall laufen die Sportevents, allen voran Rugby, Cricket und Fußball.)

»Na ja, ein bisschen sportbesessen vielleicht. Aber nett ist der schon.«

»Ja, nett ist er auf alle Fälle! Lädt uns hier einfach so zum Essen auf seine Farm ein, ohne uns zu kennen. Also, ich hab noch nie einen Touristen, den ich zufällig im Hofbräuhaus kennengelernt habe, zu mir nach Hause eingeladen.«

Joost greift sich nun völlig entrüstet an den Kopf und dreht sich in dieser Körperhaltung zu Simon und Silvie um. Da er im Moment noch etwas zu aufgebracht für Smalltalk scheint, versucht Simon an das Gespräch anzuknüpfen: »Sehr interessant. War das American Football?«

(**Apropos:** Verwechseln Sie das bitte nicht. Sie werden einem Südafrikaner – insbesondere, wenn es dabei um einen männlichen, weißen, Afrikaans sprechenden Südafrikaner handelt – das Herz brechen. Niemand in Südafrika spielt ***American Football.*** Über American Football wird nicht einmal gesprochen. Für einen Südafrikaner ist Rugby Religion; American Football dagegen eine lächerliche Aberration. Hier die Unterschiede, damit Sie wissen, worum es geht: 1. Im Vergleich zu American Football ist Rugby ein flüssigeres Spiel. Nur nach Regelverstößen, nach dem Erzielen von Punkten oder dem sogenannten »Totlegen« wird das Spiel unterbrochen. Beim American Football findet dagegen jedes Mal, wenn der Ballträger zu Boden gebracht wird, eine längere Pause statt. 2. Vorwärtspässe sind beim Rugby – im Gegensatz zum American Football – nicht erlaubt. Man darf den Ball nur durch Tragen und Treten nach vorne bringen. 3. Rugby-Spieler tragen keine Schutzkleidung, American Football-Spieler sind dagegen stark ausgepolstert. 4. Beim Rugby darf der balltragende Spieler angegriffen werden – beim American Football nicht. 5. Während es beim Rugby verschränkte Formationen gibt, etwa das Paket oder das Gedränge, sind diese beim American Football verboten.)

Joost reagiert jetzt weitaus mitgenommener als eben angesichts Simons indirekter Rassismus-Vorwürfe. Er sagt lange gar nichts, bevor er ganz betroffen äußert: »Nein, Bru. Das ist Rugby.«

Daraufhin verschwindet Joost in Richtung Garten, um das Braai-Feuer anzuzünden.

(**Apropos:** Männer in Südafrika sprechen sich gegenseitig mit *bru, brew* oder *bro* an – alles Kurzvarianten für *brother.* Xhosas sagen manchmal auch *bhuti,* das Xhosa-Wort für Bruder.)

SÜDAFRIKANER & IHRE BEZIEHUNG ZU RUGBY

Südafrikaner sind total verrückt nach Rugby. Die Spiele an den Wochenenden sind immer ein soziales Event. Entweder versammelt man sich zum Schauen in einer Sports Bar oder zu einem Braai mit seinen Kumpels. Nach Möglichkeit fährt man ebenso gerne ins Stadion.

Die *Springboks*

Die südafrikanische Rugby-Nationalmannschaft heißt *Springboks,* auch *The Boks* (English), *AmaBokoboko* (Xhosa) und *Bokke* (Afrikaans) genannt. Samstags ist Rugby-Tag. Dann spielen entweder die regionalen südafrikanischen Mannschaften gegeneinander (»Currie Cup«, vergleichbar mit der Bundesliga), oder die fünf besten südafrikanischen Mannschaften (*Stormers* aus Kapstadt, *Bulls* aus Pretoria, *Sharks* aus Durban, *Lions* aus Johannesburg und *Cheetahs* aus Bloemfontein) spielen gegen die besten australischen und neuseeländischen Mannschaften (»Super 15« – so etwas wie die Champions League).

Einmal im Jahr findet der »Tri-Nations Wettbewerb« statt, bei dem die drei besten Nationalmannschaften der südlichen Hemisphäre gegeneinander antreten – die *Springboks* aus Südafrika, die *All Blacks* aus Neuseeland und die *Wallabies* aus Australien. Und dann gibt es noch alle vier Jahre die Weltmeisterschaft des Rugby, die die Boks bereits zweimal gewonnen haben (1995 und 2007).

Die Spielregeln

Rugby ist nichts für zarte Gemüter. Spieler schmeißen, drängen, schieben und attackieren sich ohne jeglichen Körperschutz, um an einen ellipsenförmigen Ball zu kommen. Das Spiel dauert 80 Minuten und ist in zwei Halbzeiten à 40 Minuten unterteilt. Rugby wird mit der Hand und dem Fuß gespielt. Jede Mannschaft hat 15 Spieler auf dem Spielfeld, von denen jeder eine ganz bestimmte Aufgabe zu erfüllen hat. Für Versuche *(tries)* und Erhöhungen *(conversions)* gibt es Punkte. Ein Versuch ist, wenn es gelingt, den Ball in das Feld hinter dem gegnerischen Tor zu legen. Nach einem erfolgreichen Versuch darf die erfolgreiche Mannschaft einen *Erhöhungsschuss* ausführen. Dabei wird der Ball mit dem Fuß auf das Tor gekickt. Fliegt der Ball zwischen den Torstangen hindurch (Rugby-Tore haben keine Latte), wird dies mit zwei weiteren Punkten belohnt. Drei Punkte erhält man, wenn man dasselbe im laufenden Spiel oder bei einem *penalty kick* schafft.

Weitere wichtige Regeln:

- Nach vorne darf nur mit dem Fuß gespielt, zur Seite oder nach hinten nur mit der Hand geworfen werden.
- Nur der gerade ballführende Spieler darf von den Spielern der gegnerischen Mannschaft umgeworfen werden.
- Liegt ein Spieler am Boden, muss dieser den Ball sofort freigeben.

Streitereien mit dem Schiedsrichter oder zwischen den Teams werden sehr strikt mit gelben Karten, Spielsperrungen und Geldstrafen geahndet – oftmals auch nach dem Spiel, wenn die Schiedsrichter die Videoaufnahmen vom Spiel studieren. Dadurch herrscht ein äußerst diszipliniertes Verhalten auf dem Feld und ein respektvoller Umgangston mit dem Schiedsrichter.

Die Geschichte und Bedeutung des Rugbys in der südafrikanischen Gesellschaft

Der Legende nach soll Rugby während eines Fußballspiels um 1823 in der englischen Stadt Rugby erfunden worden sein. Als der Mannschaft von William Webb Ellis eine Niederlage bevorstand, packte dieser einfach den Ball mit den Händen und legte ihn ins Tor des Gegners.

1861, knapp 40 Jahre nach der Erfindung des Rugby-Sports, lehrte Canon George Ogilvie das Spiel seinen Kapstädter Schülern. Das Spiel fand unter den jungen Gentlemen der Stadt Gefallen, und nur ein Jahr später wurde in Kapstadt das erste offizielle Spiel zwischen den Offizieren der Armee und einem Beamten-Team ausgetragen. 1889 fand das erste landesweite Turnier statt. Nicht nur die britischen Kolonisten, sondern vor allem die Afrikaaner nahmen das Rugby-Spiel in ihre Lebenskultur auf.

Man stelle sich vor: Während des zweiten Burenkrieges 1902 wurden die Kriegshandlungen zwischen den Buren und Briten unterbrochen, damit die beiden ein Rugby-Spiel austragen konnten.

Der Spitzname *Springboks* fiel das erste Mal 1904 und ist bis heute der symbolträchtige Name der Mannschaft geblieben. Die südafrikanischen Springboks etablierten sich schnell als eine der führenden Rugby-Nationen der Welt. Während der Apartheidszeit boykottierten allerdings die meisten Länder die Spiele mit den Südafrikanern – das Land wurde auch in sportlicher Hinsicht isoliert.

Im Jahr nach den ersten demokratischen Wahlen in Südafrika wurde die Rugby-Weltmeisterschaft nach Südafrika verlegt und Südafrika gewann! Nelson Mandela feuerte die Springboks an, überreichte am Ende des Spiels die Trophäe an seine Afrikaans Brüder – und schrieb

Geschichte. Es war eine seiner symbolträchtigsten Versöhnungsgesten, und er vereinte damit zu einer höchst prekären Zeit das ganze Land im Namen des Sports.

Afrikaaner & Rugby

Die Angelsachsen und die Inder bevorzugten lange das Cricket, die Schwarzen den Fußball und die Afrikaaner eben das Rugby. Als Nachkommen großer, stämmiger Farmer, die sich auf ihrer Suche nach einem neuen Leben durch Kriege, Konzentrationslager, Hitze und Dürre durchgekämpft hatten, sagte ihnen dieser taffe Sport besonders zu und wurde ein Teil ihrer Kultur und Identität. Und so spielen heute immer noch fast alle Afrikaans Jungs selbst Rugby, ob in der Grundschule, dem Gymnasium, der Uni oder im Verein.

Während Joost draußen die Niederlage der »Blue Bulls« aus Pretoria verdaut, unterhalten sich Silvie und Simon noch eine ganze Weile mit Lieschen über Südafrika, das Bildungssystem und die vielen Kinder, die in Armut aufwachsen. Erstaunlich, wie engagiert und besorgt Lieschen ist. Anscheinend finanzieren sie und Joost die Ausbildung der Kinder ihrer schwarzen Hausdame, damit diese später einen besseren Job ausüben können als ihre Mutter. Silvie hatte immer das Bild von diesen reichen weißen rassistischen Unmenschen ohne Mitgefühl und ohne Gewissen vor Augen, die sich um den armen Rest des Landes nicht scheren. Irgendwie ist sie auch über sich selbst überrascht, wie sehr sie die Menschen hier unterschätzt hat.

Mitten in diesen ernsthaften Gesprächen läutet die Tür und zwei weitere Pärchen kommen, Freunde von Lieschen und Joost. Aha – denkt sich Simon – wir hätten uns also auch 45 Minuten Zeit lassen können, und liegt damit auch gar nicht mal so falsch. Die Gastgeber stellen alle mit Vornamen vor; Simon und Silvie werden Schalk (sprich: Skalk) und Francois und deren Ehefrauen Yolandie und Heidi vorgestellt.

(**Apropos:** Man erkennt schnell am Wohnort, am Namen und am Akzent, ob man es mit einem Anglo-Südafrikaner oder einem Buren zu tun hat. Afrikaans-Namen klingen holländisch, altdeutsch oder französisch. Hier die Klassiker: Willem, Hendrik, Johan, Janie, Frikkie, Juan und Etienne für Männer; Liezl, Katrien, Annel, Antjie und Marietta für Frauen; und schätzungsweise die Hälfte aller Buren heißt Botha, Vorster, Burger, van der Merwe, van der Westhuizen oder Pretorius mit Nachnamen.)

Alle haben sie volle Taschen und Salatschüsseln dabei und packen ihr mitgebrachtes Fleisch in der Küche aus.

Oh Mann, fühlen sich jetzt Simon und Silvie schlecht, dass sie als Einzige nichts mitgebracht haben! Daran haben sie überhaupt nicht gedacht! Die anderen Gäste haben sogar Kühlboxen mit Bier, Wein und Cidre-Flaschen angeschleppt.

(**Apropos:** Sehr beliebt in Südafrika! Schmecken frisch, süß und fruchtig und sind eine gute Alternative zum Bier. Die gängigsten Marken sind »Savannah« und »Hunter's Dry«.)

Seltsam. Hat Lieschen sie darum gebeten, die ganzen Sachen mitzubringen? Würde in Deutschland definitiv etwas unverschämt rüberkommen, würde man seinen Gästen sagen, dass sie ihre eigenen Speisen und Getränke mitnehmen müssen.

(**Apropos:** In Südafrika ist es Sitte, dass man bei Einladungen fragt, ob man Fleisch und Alkohol mitbringen soll. Bei weniger formellen Einladungen und unter Freunden gilt es als Selbstverständlichkeit, seinen Alkohol und sein Fleisch selbst mitzubringen und gegebenenfalls auch einen Salat oder eine Nachspeise beizusteuern. Also: Einfach vorher den Gastgeber fragen.)

Aber das Schlimmste an dem Ganzen ist: Simon soll jetzt heimlich verschwinden und Fleisch holen, weil das Silvie hier sonst zu peinlich ist. Na super.

22 BRAAINATION

KULTURKODEX

Lieschen ist total schockiert, als sie die Haustüre öffnet und Simon mit einem abgepackten Steak vor sich stehen sieht. Bestürzt wiederholt sie bestimmt fünfzehn Mal hintereinander, dass sie mehr als genug Fleisch im Haus gehabt hätte, und dass er sich nie und nimmer so einen Stress hätte machen müssen – und wie er denn überhaupt auf so eine verrückte Idee gekommen sei?

Zu schade, dass sich Silvie gerade nicht in Hörweite befindet; sie sitzt stattdessen ganz entspannt in der Lounge und schenkt sich gerade ihr drittes Glas Rotwein ein. Simon folgt der Männerrunde auf die Veranda heraus. Dort fällt ihm auch als Allererstes der »Braai« im Garten auf – eine eingemauerte Feuerstelle, groß genug für ganze Baumstämme. Joost hat darin Holz geschichtet und bereits ein Feuer angezündet. Die drei Männer der Runde bauen sich rund um den Braai auf, und auch Simon stellt sich dazu. Die Frauen decken den Tisch und bereiten in der Küche das Fleisch und die Salate vor. Traditionelle Arbeitsteilung – findet Simon super. Silvie hält davon offensichtlich nicht soviel, denn statt in der Küche mitzuhelfen, gesellt sie sich zu den Jungs an den Braai und bemerkt: »Ah! Wir haben ein Barbeque!«

(**Apropos:** In ganz Südafrika gibt es exakt ein Wort für Grill und das ist das Wort *braai* aus dem Afrikaans. Ausgesprochen wird es übrigens wie *Brei. Braaivleis* heißt gegrilltes Fleisch und *braaiwoers* Grillwurst. Den Begriff *Barbeque* mögen die Südafrikaner mit ihrer langen und stolzen Braai-Tradition gar nicht. Außerdem ist Braai nicht gleich Barbeque! Siehe *Braai vs. Barbeque*)

»Nein, Liebling. Jetzt hast du mal ein richtiges südafrikanisches Braai.« Joost scheint diese Unterscheidung sehr wichtig zu sein.

Simon nickt zustimmend, obwohl er sicherlich auch nicht weiß, was der genaue Unterschied zwischen *braai* und *barbeque* ist: »Oh, ich liebe Braais! In Deutschland grillen wir im Sommer immer mit unseren tragbaren Braais im Park. Wenn man mit dem Grillen fertig ist, schmeißt man das ganze Ding einfach weg. Super praktisch und total easy! Wir grillen aber auch zu Hause sehr gern. Wir haben ein ganz modernes Braai, das man nur an den Strom anstecken muss. Kein Holz, kein Rauch, kein Stress, kein gar nichts! Ganz unkompliziert. Gibt's denn solche Braais hier in Südafrika noch gar nicht zu kaufen?« – Wahrscheinlich eher nicht, beantwortet sich Simon seine Frage selbst, sonst würde Joost als passionierter Braaimaster wohl nicht auf so einer altertümlichen Konstruktion grillen ...

(**Apropos:** Vorstellungen von Wegwerf-, Gas-, Elektrogrills oder Eigenkonstruktionen mit verrosteten Blechgrills, die im Park provisorisch über einer Holzkohleglut befestigt werden, jagen kalte Schauer über den Rücken jedes gestandenen südafrikanischen ***Braaimasters***. Absolut stillos und indiskutabel. Versuchen Sie bitte nicht, damit in Südafrika anzugeben!)

Als Simon seine deutschen Elekro- und Wegwerf-»Braai«-Geschichten fertig erzählt hat, fallen ihm die fünf halb amüsierten, halb entsetzten Farmer-Gesichter auf. Joost, der sich vom American-Football-Schlag von vorhin gerade erst zu regenerieren schien, erklärt Simon, dass seine Grillausflüge in Deutschland wohl doch eher Barbeques seien, und lockert die Situation mit einem brüllenden Lacher auf.

Die anderen Südafrikaner lachen auch. Und auch Simon zwingt sich ein etwas verwirrtes »Ha ha ha!« ab.

BRAAI VS. BARBEQUE

- Gas-, Elektro- und industriell hergestellte Grills sind bei einem Braai absolutes Tabu.

- So auch Holzkohle – bei einem richtigen Braai wird nicht geschummelt, sondern die Glut mit Holz hergestellt.
- Grillanzünder als Anzündhilfe sind dagegen durchaus zulässig.
- Foliengriller gibt es beim Braai keine – alles wird direkt geröstet!
- Und wenn man es ganz genau nimmt, kann man eh nur in Südafrika richtig braaien. Zu einem Braai gehören eben der südafrikanische Himmel, ein südafrikanischer *Braaimaster,* der das Fleisch ganz locker bis zur Perfektion grillt und die obligatorischen Cricket- und Rugby-Gespräche.

Alle gucken Joost ganz andächtig dabei zu, wie er ganz lässig das Holz aufschichtet, umschichtet und herumschiebt, ohne dabei seine »Windhoek«-Flasche aus der Hand zu legen.

(**Apropos:** Südafrikaner lieben Bier, in jedem Liquor Shop und Restaurant gibt es eine große Auswahl. *Windhoek* ist ein namibisches Bier, das in Südafrika ausgesprochen gerne getrunken wird. Sehr beliebt sind auch *Amstel* und *Heineken* und alle Biere der *»South African Breweries SABMiller« – Castle, Miller* und *Pilsner Urquell.* Der Johannesburger Brauerei Konzern ist im Übrigen nach Anheuser-Busch und vor Heineken das verkaufsstärkste Brauereiunternehmen der Welt! SABMiller kontrolliert zwei Drittel des afrikanischen Biermarktes und hat seine größten Absatzmärkte in Nordamerika und Osteuropa. In südafrikanischen Gaststätten steht meistens nur ein *draft/draught beer* (= gezapftes Bier) zur Auswahl. Der Rest wird aus der Flasche serviert.)

Nach über einer Stunde brennt das Feuer für Simons Erachten perfekt, aber Joost scheint immer noch nicht zufrieden. Er fügt mehr Holzklotze hinzu und arrangiert ein paar trockene Äste um.

Ehrlich gesagt können Silvie und Simon zum Braai-Gespräch gar nicht so viel beisteuern. Schalk, Francois und Joost unterhalten sich über das Rugby-Spiel von eben, und die Emotionen kochen dabei wieder völlig über. Die Entscheidungen des Schiedsrichters werden eingehend debattiert, wobei die drei »Blue Bull«-Fans jedes Mal auf den Schluss kommen, dass sich der *Referee* (Schiedsrichter) völlig parteiisch entschieden habe.

Absolut unglaublich, wie die Männer ein 80-minütiges Spiel so aus dem Stegreif rekapitulieren können! Simon wünscht dem armen Schiedsrichter nur eines – dass er diesen drei robusten Männern heute Abend nicht aus einer unglückseligen Fügung heraus über den Weg läuft.

Nachdem die vier Herren also wirklich jeden einzelnen Spielzug durchgekaut haben, reißen sie ein paar Witze über Joosts Nachbarn. Der ist wohl extra 1.500 Kilometer bis nach Namibia gefahren, um dort mit seinem neuen Geländewagen auf den Dünen herumzukurven, was ihm dann aber seine Frau vor Ort verboten hat. Mein Gott, sind die lustig! Der Afrikaanse Dialekt und der viele Rotwein auf den leeren Magen – Simon und Silvie liegen am Boden, und den Gastgebern macht es sichtlich Spaß, ihre deutschen Gäste mit den Geschichten ihrer Nachbarn zu unterhalten.

Inzwischen sind bestimmt zwei oder drei Stunden vergangen, und das Feuer ist in Joost Augen immer noch nicht reif fürs Fleisch. Simon schlägt vor, etwas Kohle in den Grill zu werfen, um das Ganze zu beschleunigen. Aber dieser Vorschlag kommt gar nicht gut an ...

(**Apropos:** Holzkohle ist nichts für einen richtigen Braai und hartgesottenen Braaimaster. Und auch »heiße Tipps« sind meistens recht wenig willkommen. Südafrikaner sind Meister des Grillens und Perfektionisten; niemals würden sie aus Eile handeln.)

Auch wenn Simon vieles hier nicht versteht – drei Dinge sind klar. Erstens: Zu einem Braai sollte man nicht hungrig kommen. Zweitens: Für einen Braai braucht man ausgesprochen viel Geduld. Und drittens: Hauptteil des Events ist nicht das Essen, sondern das Drumherum-Stehen und die Sport-, Frauen- und Auto-Diskussionen.

Nachdem Schalk, Francois und Joost jedes Detail des Rugbyspiels und der neuen Funktionen ihres 4x4-Geländewagens durchgekaut haben, kommt Cricket an die Reihe. Ständig fällt das Wort »Test«

und »Test Match«, sodass sich Simon nach einiger Zeit fragt, ob die Cricket-Mannschaften auch mal ernsthafte Matches gegeneinander spielen?!

(**Apropos:** »Tests« und »Test matches« sind ganz normale Wettkämpfe. Man nennt sie nur so, weil die bis zu fünf Tage langen Spiele ein Geschicklichkeits- und Durchhaltetest für die zwei Mannschaften sind.)

Simon ist die Cricket-Manie schon in Kapstadt aufgefallen, die haben das Spiel »Südafrika gegen Australien« gleich fünf Tage lang im Fernsehen wiederholt – und das den ganzen Tag in Schleife.

Wirklich schrecklich langweilig.

(**Apropos:** Simon hat einfach ein Spiel erwischt, das fünf Tage lang dauert. Als Laie versteht man das natürlich erst einmal nicht.)

CRICKET

Cricket ist in allen ehemaligen Commonwealth-Staaten populär, darunter insbesondere in Australien, Neuseeland, Indien, Pakistan, Bangladesh und Südafrika. Hier war es früher eher Domäne der Anglo-Südafrikaner und Südafrikaner indischer Abstammung. Mittlerweile ist es jedoch eine der beliebtesten und am meisten gespielten Sportarten in Südafrika – sogar in den Townships wird begeistert Cricket gespielt. Das südafrikanische Nationalteam gehört mit Australien und Neuseeland zu den drei weltbesten und trägt den Namen der südafrikanischen Nationalpflanze Protea. Die »Proteas« erkennt man an ihren grünen Trikots – alle anderen Nationalteams tragen weiße.

Cricket ist ein äußerst komplexes Spiel – sogar, wenn man die Spiele jahrelang verfolgt, lernt man ständig neue Regeln und Feinheiten dazu. Zwei Mannschaften mit jeweils elf Spielern treten in fünf Tage dauernden »Test Matches« oder »One Day Matches« gegeneinander an. »Test-Matches« sind Kräftetests zwischen zwei Nationalmannschaften. Südafrikaner verbinden die zeitintensiven Cricket-Events gerne mit einem Braai oder machen daraus einen Tagesausflug zum Stadium.

Worum geht es?

Hier die grundsätzlichen Regeln und Begriffe, damit Sie sich am Braai nicht ganz so kulturlos vorkommen:

- Beim ersten Durchgang *(Inning)* ist ein Team »Schläger« *(Batting Team)* und das andere Team auf dem Feld *(Fielder)*. Auf dem Feld befinden sich zwei Spieler vom Schlagteam und die elf Spieler des Feldteams. Das Schlägerteam versucht Punkte durch Runs zu erzielen, während das Feldteam versucht, das Schlägerteam davon abzuhalten.
- Zwei *Batsmen* vom *Batting Team* stehen sich auf der *Pitch* gegenüber, einem circa 20 Meter langen, rechteckigen Streifen. Genau hinter ihnen steht jeweils ein Holzgebilde *(Wicket)*. Ziel des Spieles ist es, mehr Läufe *(Runs)* zu erzielen als das gegnerische Team. Ein *Run* wird erzielt, wenn es den zwei Schlägern gelingt, die Position zu tauschen, beide also einmal über das *Pitch*-Feld rennen.
- Die andere Mannschaft, die Fielder, versuchen dafür zu sorgen, dass einer der zwei Schläger/Batsmen ausscheidet. Sobald ein Batsman ausscheidet, muss der nächste Spieler seiner Mannschaft dessen Position einnehmen. Haben alle elf Mannschaftsmitglieder einmal ihre Position als Batsman eingenommen und sind ausgeschieden, endet das Inning und die Teams wechseln die Rollen.
- Der Werfer *(Bowler)* der Feldmannschaft wirft *(bowlt)* von dem einen Ende der *Pitch* den Ball auf den gerade am anderen Ende der *Pitch* befindlichen *Batsman*.
- Nach jedem *Over* (= sechs Würfe) wird der Werfer der Feldmannschaft gewechselt, und es wird vom anderen Ende der *Pitch* aus *gebowlt*.

- Die Mannschaft, die in ihrem *Inning* mehr *Runs* erzielt und es schafft, die gegnerische Mannschaft einmal bzw. zweimal ausscheiden zu lassen, gewinnt das Spiel.
- Um das Spiel zu gewinnen, muss man aber nicht nur mehr Runs als das gegnerische Team zu erzielen, sondern man muss, wenn man das Feld/Werfer-Team ist, Batsman (Schläger-Spieler) aus dem Spiel werfen. Das kann man machen, indem man mit dem Ball a) entweder das sogenannte Wicket (Holzgebilde hinter dem Schläger) trifft, b) mit dem Ball den Spieler am Körper trifft oder c) den abgeschlagenen Ball ohne Bodenkontakt direkt aus der Luft fängt.
- Wenn es nicht gelingt, zehn von elf Schläger-Spieler jeweils zweimal aus dem Spiel zu werfen, endet das Spiel unentschieden (draw). Mühselige Ein-Tages-Spiele können also durchaus unentschieden enden.

Juhuu! Nach drei Stunden kommt endlich das Fleisch auf den Grill. Das ist offensichtlich das Highlight des Abends: Die Männer reden ganz aufgeregt durcheinander, und die Frauen dürfen mit ihren Riesentabletts das Männerterrain um den Braai betreten. Joost übernimmt alle Grillarrangements. Niemand traut sich, bei seinen Fleisch- und Wurstanordnungen auf dem Grill dazwischenzufunken oder diesen gar zu widersprechen.

EINE KLEINE BRAAI-KUNDE

Karoo lamb chops	Lammkoteletts
Boerewors	Eine zur Schnecke geringelte Grill- bzw. Bratwurst aus Rind- und/oder Schweinefleisch. Das Wort stammt aus dem Afrikaans und heißt »Bauernwurst«. Boerewors ist recht fetthaltig

	und wird mit Salz, Essig, Thymian, Koriander, Muskat und Worcestersoße gewürzt.
Sosaties	Marinierte Curryspieße aus Kalb oder Rind. Oftmals werden mit dem Fleisch getrocknete Aprikosen aufgespießt. Sosaties kommen aus der kapmalaiischen Küche. Das Wort selbst stammt aus dem Afrikaans, der Muttersprache der Kapmalaien, und ist eine Mischung aus *»saus«* (würzige Soße) und *»sate«* (aufgespießtes Fleisch).
Kebabs	Spieße mit Warzenschwein-Fleisch, Hühnchen, Strauß oder anderem Fleisch
Steaks	Können vom Rind, Schwein, Strauß, Huhn, Kudu, Springbock oder anderem Wild sein.
Sausages	Würste unterschiedlicher Geschmacksrichtung und Durchmesser.
Crayfish	Langustenart, die vor Südafrikas Küsten gefangen wird. Heißt auf Afrikaans kreef. Crayfish findet man vor allem an südafrikanischen Küstenorten auf dem Braai, ansonsten in guten Restaurants überall auf dem Speiseplan.

Simon hat sein Steak in der Küche abgegeben, weil Lieschen darauf bestanden hat, es zu marinieren. Er erkennt es unter den hundert übereinandergestapelten Steaks, Würsten und Spießen nur mit Mühe und Not wieder.

Auf dem Rost sind die abenteuerlichsten Sachen dabei, und Simon verfolgt mit Argusaugen, wie sein Stück Steak hin- und hergeschoben wird.

Am liebsten würde Simon sein Fleisch ja selbst grillen, er traut sich da aber nicht wirklich ran. Joost lagert irgendwann und ohne zu fragen Simons Steak einfach vom Grill auf den Teller um. In diesem Moment der Stille platzt es aus Silvie, die sich ansonsten nicht so sehr um Fleischangelegenheiten schert, heraus: »Du magst doch dein Steak lieber durchgebraten, oder?«

Während sie noch spricht, schnappt sie sich die nächstbeste Gabel und schiebt damit Simons Stück Fleisch wieder auf den Braai zurück.

BRAAI BENIMM-CODE

- Fleisch wird »kollektiviert«. Manchmal landet das mitgebrachte Steak zum Schluss auf dem eigenen Teller, häufiger jedoch kriegt jeder von jedem ein bisschen was ab. Auf sein kleines Stück zu bestehen, kommt sehr unsportlich rüber. Am besten entspannt man sich und freut sich darauf, dass man die ganzen Würste und Spießchen ausprobieren kann.
- Bei jedem Braai wird ein Mann zum *Braaimaster* (auch *braaier* oder *tong-master*) auserkoren. Nur er ist zuständig für das Fleisch und sonst niemand. Niemals greift man ohne Absprache auf den Grill und bringt das Werk des Braaimasters durcheinander! Der Braaimaster ist nicht immer der Gastgeber. Meistens hat sich über die Jahre in jeder Freundesrunde jemand Bestimmtes als besonders begnadeter Grillherr hervorgetan, der dann bei allen Anlässen für den Braai zuständig ist.
- Für Südafrikaner jeden kulturellen Backgrounds hat eine Frau nichts am Braai verloren. Auch heiße Tipps sind tabu. Und über Rumfuchteln und Eingreifen brauchen wir gar nicht erst zu diskutieren!

Die Rolle der Frau beim Braai

Frauen *dürfen*

- *das Fleisch dem Kühlschrank entnehmen* und, falls der Mann schon mit dem Feuer beschäftigt ist,

- *das Fleisch vormarinieren.* Desweiteren dürfen Frauen
- *das Fleisch auf Tellern und Tabletts an den Braai tragen.*

Damit hört aber auch die weibliche Einmischung in den Braai auf. Alle weiteren Grillangelegenheiten sind Männersache. Dafür widmen sich die Frauen den Salaten, Broten und dem Tisch-Eindecken, denn die Männer dürfen das Feuer selbstverständlich niemals verlassen – es sei denn, sie holen sich ein Bier.

Lieschen, Heidi und Yolandie haben sich wieder in die Küchendomäne zurückgezogen, und da Silvie merkt, dass ihr Input am Braai nicht willkommen ist, schließt sie sich den Damen an. Silvie hat sich allerdings zu früh über einen Gesprächsthemawechsel in der Küche gefreut, denn die Damen unterhalten sich ebenfalls gerade über Rugby und Cricket, wenn auch über die Schulspiele ihrer Söhne.

(**Apropos:** Sport wird in Südafrika großgeschrieben. Bereits im Kindergarten werden Cricket und Rugby gespielt, wenn auch in alterstauglicher Form. Schüler müssen während ihrer gesamten Schullaufbahn an Gruppensportarten teilnehmen, und die Schulen und später Universitäten spielen auf hohem Niveau in Wettbewerben gegeneinander. Es gilt als großes Prestige, im A-Rugby- oder A-Cricket-Team der Schule aufgestellt zu werden. Aus diesen Mannschaften werden unter anderem die Spieler für die *Springboks* und *U21-Springboks* rekrutiert.)

Silvie wird von den Damen der Runde allerdings eh gleich wieder mit einem Gitter, in dem Käsebrote festgeklemmt sind, an den Braai zurückgeschickt. Mit Schock und Horror beobachtet Silvie, die Hardcorevegetarierin, wie Joost die blutige Fleischgabel in die vegetarischen Sandwiches rein sticht, um diese auf das Braai-Gitter umzudisponieren. Oh no ...

Nein, zu genau nehmen sie es hier mit ihrem Besteck nicht. Aber Silvie hält sich diesmal gerade noch zurück.

Es dauert ein weiteres Jahr, bis Fleisch, Würste, Brote und Kartoffeln fertig gegrillt sind und das Essen offiziell losgeht. Das lange Warten hat sich jedoch gelohnt – das Fleisch schmeckt absolut vortrefflich. Mittlerweile durchschauen Simon und Silvie auch, warum die Einladung so früh angesetzt war – damit sie noch alle am selben Tag zum Essen kommen.

Nachdem der Grillrost vom Braai genommen wurde, feuert Joost das Feuer noch einmal so richtig an und gibt ein paar weitere Witze und Nachbarsanekdoten zum Besten, während sich alle am Feuer aufwärmen.

Simon und Silvie fühlen sich herzlichst aufgenommen. Und dabei hat sich Silvie die Buren immer irgendwie streng und hart vorgestellt. Aber nein, sie sind ausgesprochen warmherzig, witzig – und total rugbyfanat.

DER BRAAI FÜR DEN SÜDAFRIKANER

Das Grillen unter freiem Himmel ist nicht nur »Erfindung« der Buren und Lieblingsbeschäftigung aller Südafrikaner, sondern auch ein Stück gesamtsüdafrikanischer Identität und Kultur.

In den Townships versammelt man sich am Wochenende an einer zentralen Grillstelle, jeder bringt sein Bier und sein Fleisch mit und man tanzt zu Kwaito-Musik, die aus den Lautsprechern der Autos herausschallt. Bei gutem Wetter unternehmen viele Großfamilien Tagesausflüge zu den vielen eingemauerten Braais in den Naturschutzparks von Südafrika. Oder man startet das Feuer im eigenen Gartenbraai und gibt Freunden und Nachbarn Bescheid, die dann mit ihrem Fleisch und Bier dazustoßen. Geburtstagsfeiern finden in der Regel in Form von Braais statt, man grillt während wichtiger Sportevents oder um sich auf einen Partyabend einzustimmen.

Es ist nahezu unmöglich, einen Südafrikaner zu finden, der es nicht liebt, mit Bier und Grillzange an einem Feuer zu stehen. Man findet nicht nur in fast jedem Garten – egal ob Haus oder Wohnblock – aber auch an nahezu jedem geeigneten öffentlichen Bereich Braaiplätze. Braai ist so beliebt in Südafrika, dass man sogar in Städten auf Bürgersteigen auf grillende Menschen trifft. Unterkünfte mit Selbstversorgung werden in Südafrika nicht ohne einen eigenen Braai-Platz vermietet.

Braai ist in Südafrika so ein lebendiges, allgegenwärtiges und wichtiges Stück Kultur, dass es sogar einen arbeitsfreien »nationalen Braaitag« gibt, an dem Südafrikaner die Braai-Saison einläuten können. Der *National Braai Day* wird zusammen mit dem *Heritage Day* am 24. September gefeiert.

23 ZEITREISE

CHAKALAKA IN COFFEE BAY

In den sieben Autostunden zwischen Oudtshoorn und dem Eastern Cape ändert sich die Landschaft dramatisch – von Ödland zu fruchtbarem Ackerland zu tropischen Wäldern, dann wieder zu Dornbuschsavannen und nun zu satten hügeligen Graslandschaften.

Silvie und Simon halten irgendwo zwischen Oudtshoorn und ihrem nächsten Reiseziel Coffee Bay im kleinen geschäftigen Örtchen Butterworth an, damit Silvie im SPAR ein paar Drinks und Snacks besorgen kann.

(**Apropos:** SPAR-Märkte sind in Südafrika typische Nachbarschaftsgeschäfte, die man im Gegensatz zu den großen südafrikanischen Supermarktketten Woolworths und Pick 'n' Pay auch im kleinsten Örtchen findet.)

Vor dem Eingang des Supermarktes verkaufen einheimische Frauen an den kreuz und quer aufgestellten Ständen Früchte, riesige Getreidepackungen und Säfte, aber Silvie schlängelt lieber sich durch den chaotischen Menschenauflauf in den Supermarkt hinein.

Das Schwarz-Weiß-Verhältnis liegt hier bei 1000:1. Wie sich herausstellt, hat der Butterworther SPAR nichts mit den gleichnamigen Supermärkten in Kapstadt gemein. Er sieht mehr nach einem lange nicht mehr aufgestockten Tante-Emma-Laden als nach einem Supermarkt im klassischen Sinn aus, und Silvie findet darin auch keinen Pausensnack, der sie wirklich anspricht.

Trotzdem sehr aufregend, in so einem völlig untouristischen Ort inmitten von Afrika zu stecken! Silvie zieht als einzige Touristin und einzige hellhäutige Person alle Aufmerksamkeit auf sich – und steigt dann deswegen doch wieder ziemlich schnell ins Auto.

Einige Kilometer weiter sieht man schon die ersten runden Lehmhütten auf den Hügeln. Das also ist das traditionelle Afrika. Und inmitten dieser Busch-Landschaft steht irgendwo im Nichts eine riesengroße High-Tech-Tankstelle mit angeschlossenem Fast-Food-Restaurant, Bankomaten, modernen Toiletten, einem Tankstellengeschäft mit super Produktauswahl und sogar einem Hotel.

Simon und Silvie decken sich hier mit Drinks, Snacks, Benzin und Bargeld ein, denn Gott weiß, ob sie vor Coffee Bay, dem kleinen Xhosa Dorf am Ozean, das sie als Nächstes ansteuern, noch einmal die Gelegenheit dazu haben werden. Und unmittelbar nach der Hotel-Tankstelle deutet ein kleines Schild endlich nach *Coffee Bay* und auf einen unbefestigten Schotterweg. Dort beginnt auch schon das nächste Verkehrsabenteuer: Simon muss nicht nur Riesenschlaglöchern, sondern nun auch Kühen, Ziegen, Hühnern und diversem Wild ausweichen.

Während sich Simon hinter dem Lenkrad abmüht, liest ihm Silvie aus dem Reiseführer vor, woher Coffee Bay seinen Namen hat. Also: Kaffee gibt es hier wohl keinen. Oder zumindest: nicht mehr. Anscheinend strandete 1893 vor Coffee Bay ein Frachtschiff, das säckeweise Kaffeebohnen geladen hatte. Die Bohnen wurden ans Land gespült, einige schlugen sogar Wurzeln und wuchsen zu kleinen Kaffeesträuchern heran. Wegen des salzhaltigen Bodens hatten die Pflanzen allerdings keine langfristige Überlebenschance, und so sucht man heute vergebens nach Kaffeebäumen in Coffee Bay ...

(**Apropos:** Hier noch ein paar interessante Fakten zu Coffee Bay: Die Regierung von Coffee Bay – und den meisten kleinen Gemeinden im Eastern Cape – basiert auf dem traditionellen Stammessystem. Die Regeln des Zusammenlebens werden vom Stammesgesetz reglementiert, und ortsansässige Dorfoberhäupter, *Headmen*, und Häuptlinge, *Chiefs*, klären Missstimmigkeiten in Stammesgerichten.)

Oh – am Ende der Straße bemerkt Silvie jetzt schon die kleine Herberge. Juhuu, endlich da!

Nachdem beide in der Herberge eingecheckt haben, stürzt sich Simon mit seinem Surfboard sofort an den Strand von Coffee Bay. Das Wasser ist so schön warm. Und die kleinen Buchten unberührt und atemberaubend: Am liebsten würde er für den Rest des Urlaubes einfach nur hier bleiben.

Silvie entspannt sich derweil ein bisschen in der Herberge und kommt mit einem waschechten Coffee-Bayer ins Gespräch, der wie der jüngere, dünnere und schüchterne Bruder von Usher aussieht, dem berühmten amerikanischen Rapper. Sein Name ist Blessing (*Segen*) und er trägt ganz rappermäßig weite Hosen und ein falsch herum aufgesetztes Käppi. Wow. Der amerikanische Großstadt-HipHop hat also sogar den afrikanischen Busch erreicht.

(**Apropos:** Amerikanischer HipHop ist durchaus angesagt bei jungen Südafrikanern. Noch lieber hört man allerdings den selbst gebrauten afrikanischen HipHop-House-Mix Kwaito, siehe Kapitel 16. Traditionelle Xhosa Musik besteht nur aus Gruppengesang und Klatschen. Schwarze Südafrikaner lieben zudem den von den christlichen Missionaren importierten Chorgesang und Gospel. Die meistverkauften Platten in Südafrika sind auch heutzutage Gospelplatten!)

»Blessing, arbeitest du hier?«

»Nein, ich habe mein eigenes Business.«

»Ah. Und was ist dein Business?«

»Trommeln.«

Blessing legt eine bedeutungsvolle Pause ein, und sagt dann: »Du kannst mich buchen, wenn du willst. Wir suchen einen passenden Baum. Fällen ihn. Und bauen eine Trommel daraus. Dauert drei Tage und kostet R300.«

Silvie ist beeindruckt von dieser auf den Ort perfekt zugeschnittene Geschäftsidee! Bis auf die kleine Herberge und die wenigen Rucksacktouristen, die sich hierher verirren, gibt es in Coffee Bay arbeitstechnisch wahrscheinlich nicht sonderlich viel zu tun.

»Wo lebst du eigentlich?«

Blessing deutet auf eine Lehmhütte, die ganz oben auf einem Hügel steht.

Silvie starrt ihn ganz ungläubig an – dieser lässige Typ in Hip-Hop-Look wohnt in einer Lehmhütte?

»Wenn du willst, kannst du heute zum Abendessen kommen.«

Silvie nimmt die Einladung sofort enthusiastisch an. Was für eine einmalige Gelegenheit! Simon ist sicherlich begeistert.

Als Simon einen Stunde später vom Surfen zurückkommt, denkt er, Silvie macht mit dem Abendessen in der Lehmhütte nur Scherze. Silvie wiederum denkt, Simon macht schlechte Scherze, denn er behauptet, dass ihm eine besonders aggressiv aussehende Kuh am Strand den Weg zur Herberge versperrt hätte.

Ehrlich gesagt hätte Simon absolut nichts dagegen einzuwenden gehabt, mit den anderen Surfern und einer Flasche Bier am Strand zu chillen, aber Silvie hat sich komplett auf ihr »Einheimische-Treffen-und-Recherchieren«-Projekt eingeschossen.

Blessing taucht wie versprochen eine gute Stunde später an Silvie und Simons Herberge auf, um seine Gäste abzuholen. Als Begleitung hat er einen anderen jungen Mann dabei, den er als »Opinion (*Meinung*), my brother« vorstellt.

Silvie mustert den viel kleineren und viel helleren Bruder. »Unglaublich. Verrückt! Ihr zwei schaut euch ja überhaupt nicht ähnlich!«

(**Apropos:** Das ist ein typisch europäisch-afrikanisches Missverständnis, das auf den zwei unterschiedlichen Interpretationen des Terminus »Familie« beruht. Wenn man im Westen von Familie spricht, meint man Vater, Mutter, Kind. Diese Kleinfamilie existiert für einen Afrikaner nicht, so wie auch das Wort Cousin nicht existiert. Ein Cousin ist ein Bruder, da wird nicht unterschieden. Und auch Nicht-Blutsverwandte sind Mütter, Brüder, Väter, so wie auch in der Alltagssprache der Xhosa deutlich wird.)

Blessing und Opinion gucken Silvie etwas komisch an, gehen aber nicht weiter auf ihren Kommentar ein.

Die zwei Jungs schreiten Simon und Silvie voran. Es geht über ein paar Hügel, ein paar kleine Nebenflüsschen und an den ganzen Nachbarshütten vorbei. Unglaublich faszinierend alles! Mein Gott,

Silvies Mädels werden ihr kaum glauben, was sie hier alles gesehen und erlebt hat.

Eine bunt gekleidete Frau mit einem turbanförmigen Tuch auf dem Kopf erscheint aus einer der Bergspalten und grüßt die zwei Jungs von Weitem.

(**Apropos:** Xhosa-Frauen erkennt man oft an den gewickelten Stoffen oder Wollschals auf ihrem Kopf. Zu der typischen Xhosa-Tracht gehören auch die bunten Decken mit den aufwendigen Stickereien, die von Frauen wie auch Männern als Umhang oder Schal getragen werden.)

Während sich die Frau mit den Jungs unterhält, schießt Silvie mit Simons Handy »heimlich« ein Foto von ihr.

(**Apropos:** Menschen ungefragt zu fotografieren gilt auch am anderen Ende der Welt als unhöflich. Fragen Sie doch lieber einfach, ob Sie ein Foto machen dürfen.)

Die Frau bemerkt das allerdings und fängt an, auf Xhosa zu schimpfen. Blessing erklärt Silvie, dass die Frau wegen des Fotos wütend ist – gleichzeitig versucht er, die Frau zu beruhigen, aber die ist wirklich sehr aufgebracht. Opinion und Blessing entschuldigen sich bei der Frau, ohne Silvie die Beschimpfungen im Detail zu übersetzen.

Zwei ältere einheimische Frauen, die Silvie wohl von Weitem gesichtet haben, kommen jetzt auf sie zugerannt. Beide packen vor ihr ein kleines Tuch mit handgefertigtem Muschel-Schmuck auf dem Boden aus. Sie verkaufen die Kettchen zum Spottpreis und Silvie kauft schließlich beiden etwas für jeweils einen Euro ab.

(**Apropos:** Definitiv eine gute Sache, die Menschen vor Ort auf diese Weise zu unterstützen! Nicht empfehlenswert wäre dagegen, Einheimischen – inklusive Kindern! – Geld in die Hand zu drücken und damit eine Bettelkultur zu fördern, die den Einheimischen langfristig schadet und sie davon abhält, eine zukunftsfähige und unabhängige Existenz aufzubauen.)

Wow, hier oben also wohnt Blessing! Als Erstes zeigt er Silvie und Simon den großen Gemüsegarten mit Mais, Tomaten, Spinat, Kohl, Kartoffeln und allem Möglichen mehr. Hinter dem Garten, auf der

Spitze des Hügels, stehen zwei Rundhütten oder *Rondavels*, wie man sie hier nennt. Blessings Familie sitzt draußen auf dem Gras. Südafrikaner scheinen es generell zu lieben, gemütlich in Grüppchen auf dem Boden zu sitzen. Simon sind schon in Kapstadt die ganzen auf den Grünflächen und mitten auf den Bürgersteigen sitzenden Menschen aufgefallen.

Silvie hat sich auf ein »privates« Essen mit Blessings Mutter und Vater in deren Rondavel eingestellt, aber auf die beiden wartet wohl eine größere Familienveranstaltung. Eltern, Schwestern, Brüder, Kinder, Tanten, Nachbarn und Großeltern – alle sind dabei.

Silvies Aufmerksamkeit gilt sofort dem kleinen Baby von Blessings Schwester, das mit den vielen Zöpfchen und bunten Haargummis, die ihr wie kleine Antennen vom Kopf wegstehen, wirklich zum Anbeißen aussieht! Silvie läuft zu dem kleinen Mädchen rüber, um es ein bisschen zu tätscheln.

(**Apropos:** Älteren Menschen Respekt zu zollen wird in der Xhosa-Kultur großgeschrieben. Im Alltag heißt das: Ältere werden immer zuerst gegrüßt; wenn jemand Älteres spricht, wird von den Jüngeren erwartet, dass sie still sind; beim Essen bekommen die Älteren am Tisch das Essen zuerst gereicht usw.)

Zwischen den ganzen äußerst entspannt aussehenden Familienmitgliedern laufen Kühe, Ziegen, Schafe, Pferde, Katzen und Hühner frei herum. Offensichtlich ist Blessings Familie eine der wohlhabenderen hier im Dorf.

Nur Zäune sind nirgendwo zu sehen. Simon fragt sich schon die ganze Zeit, zu wem die ganzen Kühe gehören, die hier sprichwörtlich überall – auch dem Strand! – auf eigene Faust unterwegs sind. Haben die keine Besitzer? Und: Ärgert sich Blessings Familie nicht, wenn ihnen eine Kuh auf diese Weise abhandenkommt?

(**Apropos:** Blessings Familie würde sich schwarz ärgern, wenn die Kuh auf einmal weg wäre. In der Xhosa-Kultur bedeuten Kühe Wohlstand. Auch wenn die Tiere in der Transkei frei herumlaufen, wissen die Einheimischen erstaunlicherweise immer ganz genau, wem welche Kuh gehört!)

Schon rührend, wie nett die hier alle sind. Blessings 20-köpfige Großfamilie hat sich mittlerweile in einem Halbkreis um Simon und Silvie versammelt. Silvie sagt ein »Molo!« in die Runde, aber alle bleiben um sie herum stehen, als warten sie auf etwas ... Silvie weiß allerdings nicht wirklich auf was.

BEGRÜSSUNGSETIKETTE DER XHOSA

Die Begrüßung spielt für Xhosas eine außerordentlich wichtige Rolle, weil man damit seinen Respekt und seine guten Absichten zum Ausdruck bringt. *Ukuhlonipha*, Respekt zu zeigen, ist eine der wichtigsten kulturellen Gepflogenheiten der Xhosa. Ihr Miteinander basiert auf der Lehre des *uBuntu*, dem Imperativ, sich anderen gegenüber menschlich zu verhalten. Es reicht nicht, kurz »Hallo« zur Begrüßung zu sagen. Man sollte sich immer auch über das Befinden des Gegenübers erkundigen.

Eine Begrüßung folgt immer diesem festgelegten Ablauf:

Molo [moh-loh] – Hallo.

Molo. Unjani? [moh-loh. uun-dsah-nee] – Hallo. Wie geht's?

Ndiphilile, nkosi. [in-di-pi-lee-ly, in-koh-si] – Mir geht's gut, danke. *Unjani wena. [un-djah-ni wey-nah]* – Wie geht es dir?

Ndiphilile, nkosi. [in-di-pi-lee-ly, in-koh-si] – Mir geht's gut, danke.

Generell gilt: Jüngere Personen müssen ältere immer als Erstes begrüßen! Wenn es keinen nennenswerten Altersunterschied gibt, grüßt die Person als Erstes, die ankommt. Das Gleiche gilt auch für die Verabschiedung – die Person, die geht, verabschiedet sich zuerst. Zur Verabschiedung sagt man *Hamba kakuhle* (Gehe wohl) oder *Sala kakuhle* (Bleibe wohl).

Wenn man jemand Älteres grüßt, sollte man bei Frauen als Respektbekundung *Mama* (Mutter) und bei Männern *Tata* (Vater) sagen. Bei

Gleichaltrigen fügt man *Sisi* (Schwester) oder *Bhuti* (Bruder) dazu. Personen, die im Großelternalter sind, spricht man mit *Tat'omkhulu* (Großvater) und *Makhulu* (Großmutter) an.

Blessing nimmt Gott sei Dank die ganze Sache in die Hand und stellt Simon und Silvie jedem einzelnen Familienmitglied vor. Er beginnt bei den Großeltern und arbeitet sich zu den jüngsten Nichten, Neffen vor. Mein Gott, Blessing hat wirklich extrem viele Brüder und Schwestern!

Silvie versucht, zunächst etwas ungelenk, Blessings Großvater zu umarmen – so wie bei Joost auf der Farm – aber Blessings Opa streckt ihr stattdessen die Hand entgegen.

(**Apropos:** Xhosas reichen ihren Gästen zur Begrüßung die Hand. Bussi-Bussi und Umarmungen kennt man hier weniger.)

Simon ist unschlüssig, ob er es komisch, steif oder albern finden soll, so von Person zu Person durch die Runde zu gehen und zwanzig Mal das ganze »Hallo« – »Hallo« – »Wie geht es dir?« – »Gut. Danke. Und wie geht es dir?« – »Mir geht es gut. Danke«-Prozedere zu wiederholen, erwärmt sich aber schließlich etwas dafür, weil er am Ende mit jedem Einzelnen auf diese Weise zumindest ein paar Worte ausgetauscht hat. Und alle freuen sich, weil Simon und Silvie zwei, drei Worte Xhosa sprechen.

Während Blessings Vater, ein wirklich sehr freundlicher und würdevoller kleiner Mann, mit seinem alten Anzug und dem Hut zu Simon über die Jugend des Ortes und die fehlenden beruflichen Zukunftsperspektiven in Coffee Bay spricht, versucht Silvie einen Blick auf das Innere der zwei Rondavels zu erhaschen. Gar nicht so klein. Hinten steht so eine Art Küchenzeile und rund um die Wände Matratzen und Betten.

Silvie will unbedingt ihren Freunden so ein Rondavel von innen zeigen und knipst wieder mit Simons Handy »schnell und unauffällig« – und ohne zu fragen – ein Foto.

(**Apropos:** Man sollte im Privatbereich der Familien nicht einfach herumfotografieren, auch wenn die Gastgeber aus Höflichkeit nichts dagegen einwenden.)

Allerdings ist alles zu dunkel auf dem Foto – Mist! Die Fenster sind nicht sehr groß und statt elektrischem Licht brennen zwei Kerzen. Badezimmer sieht Silvie keines. Wo gehen die alle hin? In die Büsche?

(**Apropos:** *In der Tat.* Und waschen kann man sich am Fluss, am Meer oder mit einem Eimer Wasser bei sich im Garten.)

Auf einmal steht Blessing hinter ihr. Silvie verwickelt ihn gleich in ein Gespräch über die runden Hütten – sie möchte sich das alles noch etwas genauer anschauen. »Blessing, woraus baut ihr eigentlich eure Rondavels?«

»Die Backsteine werden aus Erde, Gras und Kuhmist gebrannt, das Dach ist aus Stroh und der Boden komplett aus Kuhmist.«

Silvie glaubt ihm kein Wort, aber Blessing sagt: »Kein Scherz! Du glaubst gar nicht, was wir alles aus Kuhmist machen! Kühe sind sehr wichtig in der Xhosa Kultur.«

Der meint das also tatsächlich ernst. Folglich steht sie gerade auf Kuhmist. Silvie wechselt schnell das Thema: »Und warum sind eure Häuser rund?«

»Die Häuser bleiben aufgrund der runden Form im Sommer schön kühl und im Winter halten sie besser warm. Ich erzähl dir gleich mehr, ich muss nur schnell Wasser holen. Simon, magst du mit einem Eimer mitkommen?«

Oh. Fließendes Wasser gibt es hier also auch nicht ...?

Simon begleitet Blessing und seine Schwester *Sweetness* (Süße) zum zentralen Wasserhahn des Dorfes. Der Weg führt wieder über ein paar Hügel, die Aussicht ist zwischendurch absolut ergreifend. Auf jedem Hügel stehen ein paar Lehmhütten, sodass alle einen 360-Grad-Blick auf ihre Nachbarn haben. Unten im Tal haben sich die jungen Männer des Dorfes versammelt und spielen Fußball. Freunde, Familie und Fans sitzen auf den Hügeln und feuern die Jungs an. Was für ein Gemeinschaftsgefühl! Und wie friedlich hier alles ist ...

SOCCER

Der mit Abstand populärste Sport in Südafrika ist Soccer (Fußball). Es gibt neben der professionellen Liga unzählige Schul-, Uni- und Betriebsmannschaften, die gegeneinander spielen. Während bei der weißen Bevölkerung Rugby und Cricket hoch im Kurs stehen, ist Fußball bei der schwarzen Bevölkerung Sportart Nummer eins. Südafrikas Nationalmannschaft heißt ***Bafana Bafana***, was auf Zulu so viel wie »unsere Jungs« bedeutet. Zwei Millionen Menschen spielen in Südafrika Fußball – mehr als jede anderer Sportart – und unzählige Anhänger bevölkern jede Woche die Stadien. Auch im Fernsehen erzielt dieser Sport die mit Abstand höchsten Einschaltquoten. Man kann sich gar nicht vorstellen, was für eine Euphorie die Austragung der Fußball-Weltmeisterschaft 2010 in Südafrika ausgelöst hat.

Als Blessing, Simon und Sweetness die zentrale Wasserstelle erreicht haben, werden die drei leeren Eimer gefüllt und verteilt. Sweetness stellt den glitschigen Wassereimer auf ihren Kopf und balanciert dieses 20 Liter schwere Ding mühelos den ganzen hügeligen Weg zurück.

Blessings Familie sitzt nun in großer Runde um ein Feuer. Silvie erzählt ganz aufgeregt dass ihr Blessings Mutter gezeigt hat, wie man mit zwei großen Steinen die Maiskörner zu Mehl mahlt. Blessings Mama und zwei seiner Schwestern (Cousinen?) tischen für alle das Abendessen auf und verteilen die Teller. Silvie will kein großes Aufhebens daraus machen, dass sie Vegetarierin ist – die Verständigung hier ist eh sehr mühsam, da bis auf Blessing, Opinion und die zwei Schwestern niemand Englisch spricht – und sagt einfach »No, thank you«, als ihr Blessings Mama einen Teller mit undefinierbarem Inhalt reicht.

(**Apropos:** Das sollte man keinesfalls imitieren, wenn man bei Xhosas zum Essen eingeladen ist. Als Gast Essen abzuweisen ist eines der unhöflichsten Dinge, die man in der Xhosa-Kultur machen kann.)

Eine total erhitzte Diskussion bricht daraufhin los, in die sich bis auf Blessings Großvater alle einmischen. Sie reden wie wild auf Silvie ein und versuchen sie davon zu überzeugen, dass sie das Essen probieren *muss*.

Nach dem ganzen Aufruhr, den Silvie durch ihr Abweisen des Tellers in der Familienrunde ausgelöst hat, steht völlig außer Frage: Egal, was auf dem Teller ist – Silvie muss es tatsächlich essen beziehungsweise so tun als ob.

Jetzt hat Silvie Angst.

Sie hat große Angst vor diesem Teller, denn ihre Freundin Claudia hat ihr von den *Smileys* (gekochten Schafsköpfen) und *Walki-Talkies* (gebackenen Hühnchenfüßen) erzählt.

(**Apropos:** Beides gibt es tatsächlich, gehört allerdings keineswegs zur klassischen Xhosa Küche oder dem Essen, das man Gästen aufträgt. Also keine Sorge!)

Blessing sieht wohl die Angst in ihr Gesicht geschrieben und erklärt ihr, was die Sachen auf ihrem Teller sind:

KLASSIKER DER XHOSA-KÜCHE

- *Umngqusho* oder auch *Samp* ist der Kohlenhydrat-Klassiker der Xhosa Küche. Dieses Gericht bereitet man aus grobem Maismehl, Bohnen, Öl und Gewürzen zu.
- Zu besonderen Anlässen werden verschiedene Gemüse wie Spinat, Süßkartoffeln, Kürbis und rote Beete zusammen gekocht, mit Maismehl verdickt und als *Gemüse-Samp* serviert.
- Alternativ dazu wird *Pap* oder *Mielie-Pap* serviert, ein weicher Brei aus Maismehl, Wasser, Salz und etwas frischer Milch.
- Der Brei wird mit *Chakalaka* serviert, einem würzigen Gemüse-Relish aus Tomaten, Paprika, Zwiebeln, Chili und Ingwer.

Chakalaka wird in Südafrika zu allem serviert – Brot, Pap, Fleisch. Die würzige Soße ist eine wahre südafrikanische Spezialität und hat ihren Ursprung in den Townships von Johannesburg. Chakalaka kann warm oder kalt gegessen werden.

- *Amasi*, einer sauren Dickmilch, die der Schärfe des Chakalaka etwas entgegenwirkt.
- *Fleisch* – meistens von Rind, Ziege oder Lamm – wird nur zu besonderen Anlässen serviert. Silvie reicht ihr kleines Hühnchenbruststück an Simon weiter – somit ist das Thema schnell vom Tisch.
- Zu dem Ganzen wird dann noch *Dombolo*, gedämpftes Brot, gereicht.

Silvie ist total begeistert über ihre ganzen vegetarischen Beilagen. Nur die saure Dickmilch überzeugt sie nicht ganz.

Blessing fragt seine zwei Gäste, ob sie *Umgomboti*-Bier oder lieber *Ijinja*-Ingwerlimonade zu dem Essen trinken möchten. Simon lässt sich selbstverständlich etwas von dem afrikanischen Bier einschenken. Blessings Familie guckt ihm ganz gebannt dabei zu.

Er nimmt einen Schluck und muss sofort würgen. Das Gebräu schmeckt wie saure Grütze mit Körnern darin und hat einen eigenartigen Wein-Bier-Mix Nachgeschmack.

Die Familie bricht in lautes Gelächter aus, Simon lacht auch mit. Die wissen wohl, dass saures afrikanisches Hirse-Bier doch ein bisschen anders schmeckt, als ein Heineken. Silvie entscheidet sich für die nichtalkoholische Ingwerbier-Option. Definitiv die bessere Wahl, es schmeckt an sich wie eine normale Limo mit intensiverem Geschmack.

Nachdem alle mit dem Essen fertig sind und Blessing seinen zwei Gästen ein paar Dinge über Coffee Bay erzählt hat, wollen Blessings Eltern wissen, ob Simon und Silvie verheiratet sind.

Oh je. Simon will die Frage mit einem kleinen Witz auflockern: »Oh, nein, nein. Ehe ist nichts für mich. Da haben meine Eltern wohl keinen so guten Job geleistet.«

Simon lacht, aber Blessing scheint unschlüssig, ob/wie er das jetzt seinen höchst gespannten Eltern auf Xhosa wiedergeben soll ... Was auch immer Blessing schließlich übersetzt: Seine Familie findet das nicht so witzig und das Thema wird schnell gewechselt.

(**Apropos:** Abfällige Bemerkung über die eigene Familie oder die Institution Familie im Allgemeinen finden Südafrikaner – egal ob Zulu, Xhosa oder Afrikaaner – nicht so lustig. Die Familie spielt in der südafrikanischen Kultur eine außerordentlich wichtige Rolle.)

Simon und Silvie finden das beide wirklich überwältigend, so inmitten einer afrikanischen Großfamilie zu sitzen, Xhosa Hauskost zu essen und bis spät in die Nacht das aufgeregte Xhosa-Geklicke zu hören. Hätten sich beide niemals ausgemalt, dass sie so etwas in diesem Urlaub miterleben ...

Als sie ein bisschen später schließlich aufbrechen, ist sich Silvie nicht sicher, wie sie sich bei Blessings Familie für die großzügige Einladung bedanken kann. Sie überlegt kurz, Blessings Mama bei der Verabschiedung etwas Geld in die Hand zu drücken, entscheidet sich dann aber dagegen – das könnte nämlich auch völlig falsch verstanden werden.

(**Apropos:** Besser: Ein kleines Gastgeschenk mitbringen, und wenn man ganz besonders engagiert ist, an Initiativen spenden, die die Gemeinde konstruktiv unterstützen.)

UBUNTU

Das Wort *uBuntu* beschreibt eine alte afrikanische Lebensphilosophie und kommt aus den südafrikanischen Bantusprachen. Wörtlich übersetzt heißt es: »Ich bin, weil ihr seid, und ihr seid, weil ich bin« oder anders ausgedrückt: »Ein Mensch ist durch andere Menschen ein Mensch«.

uBuntu umfasst unsere westlichen Begriffe von Menschlichkeit, Nächstenliebe und Gemeinsinn und schreibt vor, dass man seinen

Mitmenschen Respekt und Anerkennung zollen muss. Da man Teil eines Ganzen ist, ist es unabdingbar, dass man sich um seine Mitmenschen sorgt. Das Wohlergehen der Gemeinschaft, und damit das eigene Wohlergehen, hängt davon ab.

uBuntu ist moralischer Grundsatz und Überlebensstrategie zugleich. Diese Lebensphilosophie spiegelt sich nicht nur im Alltag der Südafrikaner wieder – wie zum Beispiel dem respektvollen Umgang mit Älteren, Gästen, Passanten –, sondern auch im Lauf der südafrikanischen Geschichte.

Südafrika ist eine der wenigen Nationen, in dem 350 Jahre Fremdherrschaft nicht im Blutbad, sondern einem demokratischen Miteinander geendet haben. Statt für Gerichte im Stil der Nürnberger Prozesse entschied man sich nach dem Fall des Apartheidsregimes Anfang der Neunziger für eine »Wahrheits- und Versöhnungskommission«, die *Truth and Reconciliation Commission* (TRC), in der Straftäter ihre Taten zugaben und um Vergebung baten – und die Opfer verziehen. Die fürchterlichen Menschenrechtsverletzungen, die während der TRC zutage kamen, lösten nicht einen Sturm an Racheakten aus, sondern Trauer, Betroffenheit, Anteilnahme und den Ruf nach nationaler Versöhnung.

Das oberste Prinzip des uBuntu ist, nicht zu richten oder zu bestrafen, sondern die Balance in der Gesellschaft wiederherstellen. Der Versöhnungswille der Südafrikaner und die für Europäer oftmals schwer nachzuvollziehende Toleranz und Bereitschaft, auf Recht und Strafe zu verzichten, haben ihren Ursprung im uBuntu, der südafrikanischen Tradition und Lebensphilosophie, die das Land nicht nur vor einem Bürgerkrieg bewahrt hat, sondern zu dem gemacht hat, was es jetzt ist – einem weitestgehend versöhnten Land, das nach vorne schaut.

24 GEISTER UND TOKOLOSHE

MUTHI FÜR SILVIE

Während Simon seinen letzten Tag am Meer genießt, zieht Silvie ihr Kulturprogramm weiter durch. Heißt: Bei glühender Hitze macht sie einen Wanderausflug in die Höhlen von Coffee Bay, um 10.000 Jahre alte Felsenmalereien der San zu besichtigen.

Die Wanderung zu den Höhlen ist sehr schön, aber wahnsinnig anstrengend. Silvie ist von den Zeichnungen zunächst etwas enttäuscht – allesamt sehr mickrig und verblasst.

Der Führer aber rekonstruiert aus ihnen ganze Geschichten über den Alltag und die Kultur der San: Die Menschen mit den Böcken stellen die San bei der Jagd dar. Die dicke Frau, die drei Mal so breit skizziert ist wie die jagenden Männer, neben den Böcken sei wohl schwanger und die Ministrichmännchen ihre Kinder. Und die Frauen dahinter, die eine komische Haltung eingenommen haben, versuchen durch das pantomimische Nachahmen des *Elands* dieselben Kräfte zu gewinnen. Die Strichmännchen im Kreis, tanzende Figürchen, feiern wohl eine Party, während die *Sangoma*, eine Heilerin, die anscheinend zu viele Drogen genommen hat, durch die Luft fliegt.

ELENANTILOPE

Das ***Eland*** ist eine in Südafrika beheimatete Antilopenart und mit ihren bis zu tausend Kilogramm und drei Metern die größte Antilope, die es gibt! Die Elenantilope ist zwar so groß wie ein Rind, sieht aber wesentlich schlanker aus. Im Süden von Afrika leben sehr viele Antilopenarten, darunter der *Impala* [Schwarzfersenantilope], der *Kudu*, das *Wildebeest* [Gnu], der *Springbok* [Springbock], *Bushbock* [Schirrantilope] und *Duiker* [Ducker].

Also doch höchst interessant die ganzen Strichfiguren und Symbole! Man kann die Bedeutung fast direkt entnehmen und sich lebhaft vorstellen, wie die San genau hier vor 10.000 Jahren gelebt haben.

Wenn man ganz nah an die Zeichnungen herangeht, erkennt man sogar unterschiedliche Farben – rot, gelb, braun, schwarz und weiß. Wahnsinn, dass die vor so vielen Jahrtausenden schon so eine Farbpalette zur Verfügung hatten!

(**Apropos:** Rot, Gelb und Rotbraun wurden aus gemahlenem Ocker gemischt. Dem Ocker fügte man Wasser, Blut und Pflanzensäfte hinzu. Die winzigen Ockerpartikel verbanden sich mit der Steinfläche und sorgten so für die extrem lange Haltbarkeit. Schwarze Farbe gewann man aus Holzkohle und weiße aus Lehm. Diese beiden Farben haben allerdings keine ganz so lange Lebensdauer wie die Ockermischungen.)

Die Gruppe bewegt sich zum nächsten Felsen vor, Silvie bleibt aber zurück, um mit Simons Handykamera ein Foto von den Jagd- und Sangoma-Szenen zu schießen. Oh je, von den Zeichnungen ist auf dem Foto fast nichts zu sehen. Die Auflösung der Handykamera ist einfach zu schlecht, und die Zeichnungen heben sich nicht großartig vom Felsen ab.

Vielleicht hilft ein wenig Wasser, um die Zeichnungen deutlicher hervorkommen zu lassen? Silvie benetzt kurzerhand die Zeichnung mit ein bisschen Wasser aus ihrer Flasche. Und tatsächlich: Nun kann man die Zeichnungen zumindest ein wenig auf dem Foto erkennen.

»Hast du die Zeichnung gerade nass gemacht?« Der Führer, der eben noch an dem Felsen weiter vorne einen Vortrag gehalten hatte, steht jetzt auf einmal mit weit aufgerissenen Augen neben Silvie.

»Nein.«

»Aber die Zeichnung ist auf einmal nass.«

»Ich habe nichts gemacht.«

Stille.

Am Gesicht des Führers erkennt Silvie ganz genau, dass er ihr kein Wort glaubt.

Silvie kommt sich total kindisch vor, sie hat eben vor lauter Schreck »Nein« gesagt und kann dies jetzt auch nicht mehr zurücknehmen. Außerdem, was passiert, wenn sie die Gemeinde von Coffee Bay verklagt, weil sie ein so wertvolles Stück Kulturerbe zerstört hat? Herrje ... was für ein Start in den Tag! Die Bemalung hat 10.000 Jahre überlebt, bis Silvie K. aus München hier an einer Fremdenführung teilgenommen und sie vernichtet hat.

»Können bitte alle kurz hierher kommen!«

Silvie will in den Höhlenboden versinken.

»Sehen sie, was hier passiert ist? So etwas darf man unter keinen Umständen machen! Nie, nie, niemals dürfen solche Felsbemalungen mit Flüssigkeiten in Berührung kommen. Die Flüssigkeit zieht Salz aus den Steinen. Die Salzkristalle dehnen sich dann aus und die bemalte Fläche bröselt. Sogar Handschweiß richtet bereits Schaden an, daher bitte auch niemals anfassen! Jegliche Flüssigkeit zerstört diese unglaublich wertvollen Exemplare menschlichen Erbes.«

Oh je, beim Abendessen in der Herberge werden heute alle auf sie zeigen und erzählen: Das ist das fremde Mädel, das unser Kulturerbe kaputt gemacht hat.

Silvie ist heilfroh, als die Führung zu Ende ist und alle zur Herberge zurücklaufen. Dort sieht sie Opinion draußen auf einer Bank sitzen. Super Gelegenheit, um ihn kurz über die komisch behangene Frau von gestern Abend zu befragen! Opinion hatte Silvie gestern nur ganz kurz erklärt, dass die Tante von Blessing eine *Sangoma* sei und deswegen so ungewöhnlich gekleidet.

»Opinion, was ist eigentlich eine Sangoma?« Silvie hat das Wort noch nie vorher gehört.

»Sie ist eine traditionelle Heilerin. Zu ihr geht man, wenn man krank ist, Rat braucht oder wissen will, was in der Zukunft passieren wird.«

SANGOMAS UND SÜDAFRIKA

Sangoma nennt man in Südafrika traditionelle Heiler/innen, die ihre Patienten durch einen Mix aus Medizin, Kräuter, Ahnenbefragung und Weissagung heilen.

Sangomas spielen in der Kultur der Zulu, Xhosa, Ndebele und Swazi eine außerordentlich wichtige Rolle. Die Menschen suchen sie auf, um von körperlichen Beschwerden geheilt zu werden, aber auch, um sich in persönlichen, psychologischen, religiösen und sozialen Angelegenheiten beraten zu lassen. Oder auch um beispielsweise herauszufinden, wohin sich eine Kuh verlaufen hat oder ob der Ehemann fremdgeht. Sangomas kennen die Gruppendynamik ihrer Gemeinde, sowie auch jeden Einzelnen darin sehr gut, und so macht es durchaus Sinn, dass sie diese vermittelnde Rolle einnehmen.

Bei einer Umfrage gaben 84 Prozent der Südafrikaner an, mindestens dreimal im Jahr eine Sangoma zu konsultieren.

Insgesamt praktizieren 200.000 traditionelle Heiler/innen im Land – sieben Mal mehr als die 30.000 Schulmediziner. Südafrikaner aller sozialen Schichten lassen sich von Sangomas beraten. Zum Beispiel holen Zulu-Konzernbosse millionenschwerer Unternehmen bei wichtigen Entscheidungen den Rat ihrer Sangomas ein. Südafrikas ehemaliger Präsident Jacob Zuma war ebenso ein prominenter Anhänger traditioneller Heilkunde. Interessanterweise glaubt auch ein hoher Prozentsatz weißer Südafrikaner an Sangomas und lässt sich von ihnen beraten, wenn auch nicht annähernd so regelmäßig wie ihre schwarzen Landsmänner.

In manchen Bereichen sind die traditionellen Heiler den Schulmedizinern des Landes sogar gleichgestellt. Sangomas dürfen Patienten krankschreiben und in den Krankenhausabteilungen für traditionelle

Heilkunde arbeiten. In keinem anderen Bereich des südafrikanischen Alltags manifestiert sich die Ko-Existenz von Moderne und Tradition, aber auch von afrikanischer und westlicher Weltanschauung so deutlich. In den südafrikanischen Zeitungen liest man immer wieder solche Geschichten, in denen der westliche Lifestyle und der des Buschs miteinander kollidieren. Im Oktober 2009 gab es zum Beispiel einen Gerichtsstreit zwischen einer Luxushotelkette und der südafrikanischen Wäschefrau Zolelwa Mpofu. Der Streitfall begann, als sich Zolelwa aufgrund gesundheitlicher Beschwerden für einen Monat krankschreiben ließ, »um dem Ruf ihrer Ahnen zu folgen«. Als sie die Arbeit nach dieser Pause wieder antrat, trug sie um den Kopf, den Hals, die Arme, die Hand- und Fußgelenke lange weiße Perlenketten (charakteristisch für Sangomas in der Lehrlingsphase). Zolelwa erklärte ihrem britischen Personalchef, dass sie die Ketten nicht abnehmen könne, weil dann ihr Leben auf dem Spiel stehe. Der wiederum wies darauf hin, dass ein internationales Luxushotel keine Ausnahme bei seiner Kleiderordnung machen könne, und kündigte schließlich Zolelwa, weil sie sich trotz wiederholter Verwarnungen weigerte, die Ketten unter ihrer Kleidung zu verstecken.

Es entbrannte eine Diskussion darüber, was in dem Fall zu tun sei, weil die südafrikanische Verfassung die Diskriminierung aufgrund des Glaubens – und sei es der Glaube an die Ahnen – verbietet.

Diese Tante von Blessing war nämlich Silvie gestern als Allererstes aufgefallen, obwohl sie bis auf die Begrüßung kein Wort mit ihr gewechselt hatte. Ehrlich gesagt hat sie sich ein bisschen vor ihr gefürchtet, denn sie war mit dem eigenartigsten Zeug ausstaffiert: kiloweise Perlen an Hand- und Fußgelenken, einen Behälter mit Knochen um den Hals, Ziegenhaut um die Schultern, einen Kuhschwanz in der Hand – und dann dieses komische Ding, das ihr hinten am Rücken heruntergebaumelt ist. Silvie konnte bis zum Schluss nicht erkennen, was das eigentlich war. Also fragt sie jetzt Opinion. Und Opinion sagt: »Eine Gallenblase.«

Eine Gallenblase? Igitt!

(**Apropos:** Sangomas erkennt man an ihrer weißen, schwarzen oder roten Kleidung und/oder den oben genannten Gegenständen, die sie mit sich führen, weil sie durch diese den Kontakt zu ihren Ahnen herstellen.)

Opinion lacht. So ein lustiges Gesicht wie Silvies, als er »Gallenblase« gesagt hat, hat er schon lange nicht mehr gesehen. »Ist doch bloß die einer Ziege.« Ah. Na ja, dann.

Opinion meint, dass Blessings Tante sicherlich auch Silvies Ahnen kontaktieren könne, wenn sie das wollte.

Na, um Gotteswillen. Silvie sagt sofort und kategorisch »Nein«. Erst einmal glaubt sie an so etwas gar nicht und zweitens fürchtet sie sich vor der Tante.

Nach einer halben Stunde hat sie sich das allerdings anders überlegt. Silvie kann sich diese einmalige Gelegenheit, sich von einer richtigen südafrikanischen Sangoma die Karten, Knochen oder was sonst auch immer legen zu lassen nicht entgehen lassen. Nachher bereut sie das noch ...! Als Silvie sich wieder zu Opinion heraus setzt und auf einmal behauptet, dass sie »unbedingt« zur Tante will, lacht er.

Also spricht Opinion mit Blessing, Blessing mit seiner Tante, und nur eine Stunde später steht Silvie mit den Jungs tatsächlich vor der Hütte der Dorfheilerin.

So im Tageslicht und aus der Nähe besehen, sieht die Tante an sich sehr nett und nicht mehr ganz so gruselig wie gestern Abend aus. Dafür ist ihre Hütte äußerst gewöhnungsbedürftig. An den Wänden hängen ein Antilopenschädel und die Haut einer Python. Der Raum ist voller Regale, die mit Glasbehältern, Plastikflaschen, Schalen, Dosen und diversen Pflanzen, Wurzeln, Kräuter und Gräsern vollgestopft sind. Blessing deutet auf ein Glas und flüstert Silvie zu: »Zerstampfter Tierknochen.«

Wäre Blessing nicht zum Übersetzen dabei, würde sie jetzt schreiend aus der Hütte rennen!

Die Luft ist voller Rauschschwaden und riecht nach ungewohnten Räucherstäbchen – sehr ungewohnten Räucherstäbchen. Die eine Seite der Hütte ist mit bunten Tüchern und Decken verhängt. Oh weh. Das ist wohl die »Praxis« – und das hier vorne die angeschlossenen »Apotheke«.

(**Apropos:** Es kann durchaus sein, dass Blessings Tante hier ihre Heilkräuter und Gräser verkauft. Dann handelt es sich tatsächlich um eine traditionelle südafrikanische Apotheke!)

Die Tante bittet Silvie und Blessing hinten in den abgetrennten Bereich. Alle setzen sich auf Kissen auf den Boden. Es brennt eine Kerze, die zusammen mit dem ganzen Rauch alles in ein surreales Licht hüllt.

Die Sangoma fragt Silvie, was sie wissen möchte.

Silvie fragt, ob sie herausfinden könne, ob Simon der Richtige für sie sei ... – revidiert dann aber schnell die Frage, denn schließlich will sie kein »Nein« hören, weil dann der Rest des Urlaubes für sie hin wäre.

Sie sollte wohl besser etwas Unverfänglicheres fragen. Also will sie wissen, ob sich ihr Vater beizeiten von seiner schrulligen Freundin trennen wird.

Die Sangoma legt ihren Kopf nach hinten und fängt an, komische Geräusche von sich zu geben. Wie so ein irres Gurren hört sich das an ... Dann wird sie ganz ruhig, schaut Silvie in die Augen und sagt lange nichts.

Plötzlich bricht sie die Stille und sagt mit einer tiefen und vertrauenerweckenden Stimme: »Ich kann fühlen, wie unglücklich du bist. Du bist nicht glücklich mit deinen Eltern. Die Beziehung ist gestört.«

Die Sangoma greift jetzt in eine Holzschale mit Knochenstücken und schüttelt die Knochen wie wild in ihren Händen. Dabei hält sie die Augen geschlossen und zuckt am ganzen Körper, so ungefähr, wie wenn jemand einen epileptischen Anfall hat, nur tausendmal – tausendmal – gruseliger. Silvie weiß an sich gar nicht, wie sie das beschreiben kann, sie hat etwas Derartiges noch nie gesehen.

»Oorgg... oorgg... oorgggg.«

Oh je, jetzt geht das Gurren schon wieder los! Wenn die nicht bald aufhört, erstickt sie noch.

Und dann, auf einmal, schmeißt die Tante die Knochen mit voller Wucht auf den Boden. Silvie springt vor Schreck hoch und reißt dabei fast die ganzen Vorhänge herunter. Blessing zieht sie wieder zurück auf das Kissen und gibt ihr zu verstehen, dass sie sich ruhig verhalten muss.

SANGOMAS: WIE WIRD DIAGNOSTIZIERT?

Sangomas holen sich ihre Informationen von den Ahnen des jeweiligen Patienten. Kontakt zu den Ahnen können sie folgendermaßen aufnehmen: ***1. Besessenheit:*** Indem der Ahne in sie hineintritt und durch sie spricht. Dazu bringt sich die Sangoma in einen Trance-Zustand, damit der Geist in sie eindringen kann, ohne dass ihr Ego im Weg steht. Der Patient spricht dann sozusagen direkt mit dem Geist. Prädikat: besonders gruselig. ***2. Träume:*** Die Sangoma zieht anhand ihrer Träume und/oder der Träume ihres Patienten ihre Schlüsse. ***3. Werfen von Knochen oder anderen Gegenständen:*** Die Sangoma oder der Patient wirft die Knochen. Die Ahnen beeinflussen, wie diese fallen. Die Sangoma kann dann daraus die Nachricht der Ahnen lesen. Andere kommunizieren über ganz andere Dinge mit den Ahnen. Eine Sangoma kann zum Beispiel über den Zustand einer Pflanze Schlüsse über die Krankheiten ihrer Patienten ziehen – je nachdem, welche Blätter absterben, wird eine Diagnose gestellt. *Neverdie Mushwana,* einer der berühmtesten Sangomas der afrikanischen Geschichte, kommunizierte über eine Python-Schlange mit den Vorfahren. Die unwahrscheinlichsten Gegenstände werden von Sangomas zur Diagnose, sprich der Kommunikation mit den Ahnen, genutzt.

Blessings Tante fängt an in Xhosa zu sprechen und hört erst nach fünf Minuten wieder auf. Blessing fasst alles danach folgendermaßen zusammen: »Mama Nomthandazo hat zu deinen Ahnen kurz Kontakt aufnehmen können. Die Beziehung zu deinem Vater ist gestört. Diese Frau ist nicht gut für ihn und deswegen haben sich seine Ahnen von ihm abgewendet. Deswegen versteht ihr zwei euch nicht. Meine Tante wird dir etwas *Muthi* für dich und deinen Vater geben, damit ihr das Gleichgewicht wiederfindet. Du wirst sehen, wenn er das Muthi nimmt, wird er selbst bald klar sehen können, und eure Beziehung wird wieder gut. Du wirst glücklich und er wird glücklich.«

»Muthi?«

»Muthi ist deine Medizin.«

MUTHI

Südafrikanische Sangomas behandeln ihre Patienten durch Hellsehen, Zaubersprüche und pflanzliche Arzneimittel, wobei – anders als bei den meisten anderen Naturvölkern – der Schwerpunkt auf den Arzneimitteln, dem sogenannten *Muthi*, liegt. Muthis sind Mischungen aus Kräutern und Tierprodukten, denen spirituelle Kräfte zugeschrieben werden. Es gibt Muthis gegen körperliche, psychische und geistige Beschwerden, gegen soziale Disharmonie, Spannungen und gegen spirituelle Probleme, die sich als Fehlen von Liebe und Glück niederschlagen.

Muthi gibt es in den unterschiedlichsten Formen – es kann zum Trinken, Rauchen, Inhalieren, als Kurbad oder als Salbe verschrieben werden. Sangomas haben eine sehr genaue und sehr umfangreiche Heilkräuter-Kenntnis, die sie sich penibel über die Jahrhunderte angeeignet haben. Es gibt in Südafrika kaum eine Pflanze, die nicht von einem Heiler als Muthi eingesetzt wird; neu gefundene Pflanzen werden sofort auf ihren gesundheitlichen Nutzen untersucht. Zulu Sangomas haben ein Repertoire von circa 750 Pflanzen, die sie regelmäßig verwenden.

Muthis werden nach zwei Prinzipien verschrieben. Das *erste Prinzip* »Gleiches ruft Gleiches hervor« unterscheidet sich nicht von dem der Homöopathie. Beispiel: Wollte ein Magier Regen machen, verbrannte er stark rauchende Pflanzen. Die Ähnlichkeit des dunklen Rauches mit Regenwolken sollte den Regen herbeirufen.

Das *zweite Prinzip* basierte auf der Vorstellung, dass zusammengehörige Teile einen Einfluss aufeinander ausüben. Beispiel: Ein Magier kann mit Hilfe von Haaren Macht über den Menschen erhalten, dem das Haar gehört. In der Pflanzenmedizin bedeutet das: Pflanzen, die äußerlich eine Ähnlichkeit zu bestimmten Krankheiten aufweisen, werden gegen diese Krankheiten verschrieben. Sangomas sehen sich als Homöopathen, die Körper und Geist als Einheit verstehen und behandeln. Einige ihrer Präparate werden inzwischen auch in der Schulmedizin verwendet.

Die Sangoma nimmt eine leere Plastikflasche aus der Ecke, in der sich eine rote Flüssigkeit befindet, füllt noch ein paar getrocknete Kräuter hinein und schüttelt das Ganze.

»Und was ist das?«

»Fruchtsaft mit Kräutern. Es wird dich von innen reinigen.«

Oh je. Silvie will gar nicht wissen, wie lange das Zeug da schon herumlag. Ist das hier überhaupt hygienisch? Dann holt die Tante drei Gläser aus den Regalen. Der Inhalt des einen sieht nach Dornen aus und das andere nach kleinen Steinchen. Sie mischt eine Handvoll von beidem mit ein paar exotischen Gräsern, wickelt den Mix in ein Stück Zeitung und reicht ihn an Silvie. Die dazugehörige Instruktion: Ihr Papa und sie sollen jeden Morgen davon ein Glas trinken. Und Silvie solle sich mit dem Dornenzeug einreiben, jedes Mal, bevor sie mit ihrem Vater spricht. Eines ist klar: Wenn sie ihrem Papa das erzählt, wird er sich vermutlich schreckliche Sorgen um ihre geistige Verfassung machen.

»Ah. Okay.« Silvie ringt sich für die Heilerin ein Nicken ab. Und zu Blessing sagt sie: »Ehrlich gesagt glaube ich nicht, dass mir das hilft. Das kommt mit schon ein bisschen extrem weit hergeholt vor.«

(**Apropos:** Der Glaube und das Vertrauen in den Heiler spielen eine wichtige, wenn nicht sogar entscheidende Rolle. Zudem ist es unhöflich, jemanden, der in seiner Gemeinde so geachtet ist, vor anderen Mitgliedern infrage zu stellen.)

Blessing sagt dazu nichts, packt aber Silvies Muthi trotzdem für sie ein. Silvie verabschiedet sich von der Tante und bedankt sich herzlich für ihre Zeit und ihren Rat. So seltsam die Tante auch ist – irgendwie geht eine ganz positive Ausstrahlung von ihr aus, wenn sie nicht gerade versucht, zu Silvies verstorbenen Urgroßmüttern Kontakt aufzunehmen.

Alle stehen kurz etwas still und unschlüssig herum, schließlich sagt Blessing: »Okay, ich bringe dich zurück.«

(**Apropos:** So wie auch klassische Arztbesuche und Medizin, kosten auch Sangoma-Sitzungen und Muthis etwas. Silvie hätte am Ende der Sitzung die Tante fragen sollen, was sie ihr für die Beratung und das Muthi schuldig ist.)

Auf dem Weg zurück in die Herberge fragt Silvie Blessing, warum in der Hütte seiner Tante die Matratze auf Backsteinen stand. Das ist ihr nämlich gestern im Rondavel seiner Eltern auch schon aufgefallen. Die Konstruktionen sehen total labil und ungemütlich aus.

Blessing lacht, antwortet aber nicht.

Also fragt Silvie noch einmal.

»Um uns zu beschützen.«

»Zu beschützen? Vor was? Kakerlaken? Schlangen?«

Blessing lacht noch einmal verlegen. Er scheint nicht wirklich mit der Sprache herausrücken zu wollen. »Dem bösen Geist.«

Silvie läuft es ein kalter Schauer den Rücken hinunter. Es gibt böse Geister? Was aber hat das mit den Betten zu tun?

»Der Tokoloshe erreicht dich nicht, wenn dein Bett hoch ist«, flüstert ihr Blessing zu.

»Wer?!«

»Wir sollten ihn nicht rufen, sonst kommt er noch.«

Ganz schön gruselig heute alles ...

(**Apropos:** Manche Südafrikaner, die an den Tokolosh glauben, vermeiden es, seinen Namen auszusprechen, weil sie befürchten, er könnte daraufhin erscheinen. Das Thema sollte man sicherheitshalber aussparen, es ist unter Xhosa und Zulus definitiv kein Diskussionsfavorit.)

VORSICHT TOKOLOSHE!

Tokoloshe sind böswillige, gefährliche, zwergenhafte Geister, deren Existenz unter Xhosas und Zulus als real angesehen wird. Das Xhosa Wort *uTikoloshe* bedeutet wörtlich übersetzt »kleiner Geist« oder »kleiner Teufel«.

Um den Tokoloshe ranken sich viele Mythen. Allen gemein ist, dass der Tokoloshe ein zwergenartiges Wesen ist, nicht viel größer als ein Pavian, jedoch ohne Schwanz und dicht behaart mit schwarzem Fell auf schwarzer Haut. Sein Penis sei so groß, dass er ihn über der Schulter tragen muss. Seine Hände und Füße sähen denen eines Menschen ähnlich, niemand aber hat ihn jemals sprechen hören. Tokoloshe meiden das Tageslicht. Die bösen Gnome werden von Zauberern gerufen, um Menschen zu schaden. Man sagt ihnen nach, sie seien grenzenlos grausam und rachsüchtig. Einige Mythen behaupten, sie könnten sogar Menschen umbringen.

Da man glaubt, dass sich der Tokoloshe gerne unter dem Bett versteckt und im Schlaf angreift, erhöhen Menschen in dörflichen Gebieten Südafrikas ihre Betten mit Backsteinen, um sich vor ihm zu schützen. Nur Kinder erzählen, den Tokoloshe auch wirklich gesehen zu haben. Gegenüber Kindern zeigt er oftmals Güte und baut manchmal sogar Freundschaften zu ihnen auf.

Tausende Frauen in Südafrika und vereinzelt auch Männer behaupten, nachts von Tokoloshen vergewaltigt zu werden. Belästigt werden anscheinend insbesondere Haushalte, in denen Ahnenkult betrieben wird und in denen Hexen und Sangomas leben. Es gibt aber auch diverse Berichte über Sichtungen und Überfälle von Tokoloshen von Südafrikanern europäischer Abstammung. Es gibt nur eine einzige Möglichkeit, sich vor Tokoloshen zu schützen: durch einen *N'angas* (Schamanen). Man sagt, nur er habe die Kraft, einen Tokoloshe zu vertreiben.

Silvie ist heilfroh, als sie wieder in der Herberge ist. Sie muss diese ganzen Informationen und Erlebnisse jetzt erst einmal verdauen. Simon sitzt bereits in seinem Neoprenanzug an der Bar und trinkt seinem Singsang nach zu urteilen sein bestimmt viertes Bier.

Blessing stellt Silvies verranzte Plastikflasche mit dem roten Saft und den darin schwimmenden Gräserchen auf den Tisch und sagt: »Vergiss nicht dein Muthi, Sisi!« Danach geht er an die Bar, um sich ebenfalls ein Bier holen.

Simon hört seine Freundin und Blessing und beäugt fragend die Flasche. »Was hat der gerade gesagt?«

»Er hat gesagt, ich solle meine Medizin nicht vergessen.«

»Was für Medizin?«

»Die Kräutermischung in dieser Flasche hier. Blessings Tante ist eine Heilerin und hat mir die Sachen hier verschrieben.«

»Verschrieben gegen was?«

»Damit ich mich mit meinem Vater wieder besser verstehe.«

»Wie bitte?«

Nein, das ist Silvie jetzt zu anstrengend, alles zu rekapitulieren, was sie da heute erlebt hat. Erst braucht sie selbst ein Bier.

Als Blessing wiederkommt, fragt ihn Simon, wie seine Tante zur Heilerin geworden sei und warum sie denke, Silvie müsste diesen Trank zu sich nehmen.

Blessing erklärt, dass sie von den Ahnen berufen wurde, so wie es immer bei Sangomas der Fall sei.

Dann fragt Simon, wie sie sicher sein kann, dass sie dazu berufen ist.

Blessing erzählt, wie seine Tante viele Jahre lang sehr krank gewesen sei – so krank, dass sie fast gelähmt war – und kein Arzt erklären konnte, was mit ihr los war. Außerdem hatte sie ständig diese Visionen – und erst als sie ihren Visionen und Stimmen gefolgt und Sangoma geworden ist, haben sich ihre Beschwerden gebessert, und sie konnte sogar auf einmal wieder ohne Krückstöcke gehen.

(**Apropos:** Die meisten Sangomas geben an, an starken und unerklärlichen körperlichen Beschwerden gelitten zu haben, die erst nachließen, als sie ihrer Berufung gefolgt sind. Es gibt mehr weibliche als männliche Sangomas. Das sind oftmals Menschen, die ganz normalen Jobs nachgehen, keineswegs nur Xhosas aus ländlichen Gebieten. Menschen aus der ganzen Welt, die sich berufen fühlen, kommen jedes Jahr nach Südafrika, um hier bei einer erfahrenen Sangoma »in Lehre« zu gehen. Das Training dauert in der Regel mehrere Jahre, während denen der Sangoma-Lehrling *(Twaza)* als »Sozialarbeiter« in einer Gemeinde dient. Während dieser Initiationsphase durchläuft der/die Twaza die unterschiedlichsten Riten, zum Beispiel werden den Ahnen Ziegen geopfert, in deren Blut der Sangomalehrling baden muss. Die Ziegengalle, die Sangomas auch später bei sich tragen, ist die Gallenblase ihrer Initiationsziege.)

Simon ist, milde ausgedrückt, skeptisch. Eine ganz schön andere Welt hier. Manchmal könnte man das alles fast glauben. Aber eines ist klar: Die Wahrscheinlichkeit, dass Silvies Vater diesen komischen Zauberdrink zu sich nimmt, liegt bei 0,0000 Prozent. Wird aber sicher extrem lustig, wenn Silvie versucht, ihm das zu verklickern. Das darf er dann keinesfalls verpassen.

DAS WELTBILD DER ZULU & XHOSA

Die meisten schwarzen Völker des südlichen Afrika, darunter auch Xhosas und Zulus, glauben, dass ihre verstorbenen Ahnen als Geister weiterexistieren und sie aus dem Jenseits führen und beschützen. Die Ahnen belohnen die Lebenden, wenn diese sie nach dem Tod adäquat verehren, und bestrafen sie, wenn sie sie vernachlässigen. Sie kommunizieren mit den Lebenden über Sangomas, Träume, Krankheiten und indem sie Glück oder Unglück bringen.

Einfache Krankheiten wie Erkältungen oder Bauchschmerzen werden auf natürliche, also körperliche, Gründe zurückgeführt, ernsthaftere Erkrankungen dagegen auf einen Fluch (Hexerei) oder einen verärgerten Ahnen. Deswegen wenden sich schwarze Südafrikaner bevorzugt an traditionelle »ganzheitliche« Heiler statt an Schulmediziner – weil diese die wirklichen Ursachen für die Krankheit herausfinden können.

Xhosas und Zulus glauben an einen großen Gott und Weltschöpfer, der sich im übergeordneten Zusammenhang um sie kümmert. Allerdings ist Gott – auch der »Große Ahne« genannt – entfernt von der Welt und dem Alltag der Menschen. Die verstorbenen Ahnen sind dafür da, um sich um die alltäglichen Bedürfnisse der Menschen zu kümmern: Ernte, Vieh, Krankheiten. Sie sind das Bindeglied zwischen Gott und Sangoma, und die Sangomas wiederum sind das Bindeglied zwischen Mensch und übersinnlicher Welt.

Die meisten Xhosa und Zulus kombinieren ihre traditionellen Glaubensansichten mit dem Christentum. Europäer haben in Südafrika früh und intensiv missioniert, und einige christliche Kirchen haben ihre unterdrückten Gemeinden während der Apartheid stark unterstützt. Vor allem methodistische Glaubensrichtungen sind unter schwarzen Südafrikanern sehr populär.

25 GOLDRAUSCH

JOBURGETIC

Schweren Herzens fahren Silvie und Simon von der schönen Ostküste Richtung Inland weiter. Und von Coffee Bay, dem Paradies, geht es ausgerechnet schnurstracks nach Johannesburg, in »die Hölle« (Zitat Silvie). Simon hat sich breitschlagen lassen, einem potenziellen Kunden in Johannesburg seine Agentur zu präsentieren, und außerdem liegt *Jo'burg*, wie die Einheimischen die Stadt nennen, eh auf dem Weg zum abschließenden Urlaubshighlight – dem Paul Kruger National Park.

Johannesburg nennt man auch *Jo'burg, Jozie, eGoli* (*isiZulu* für »Stadt des Goldes«) und *iRhawutini (isiXhosa)*. Man sagt, die Stadt sei nach den zwei Beauftragten getauft, die die ersten Goldfunde in der Gegend offiziell bestätigten, dem Buren Christaan Johannes Joubert und dem niederländischen Immigranten Johannes Rissik. Wahrscheinlicher ist, dass der damalige Präsident der Region, Paul Kruger *(Paul Kruger,* Kapitel 25*)*, die Stadt heimlich nach der portugiesischen Johannis-Königsdynastie João (Johannes) getauft hat. Paul Kruger hatte enge Verbindungen zu den Portugiesen. Diese adelten ihn 1884 mit dem »König Johannes Ritterorden der Unbefleckten Empfängnis«, wofür Kruger sich mit dem Stadtnamen Johannesburg erkenntlich zeigte. Aufgrund seiner strengen Abkommen mit den Briten – Erzfeinde der Portugiesen zum Zeitpunkt der Stadtgründung – konnte Paul Kruger seine Sympathien für die Portugiesen, und somit auch den wahren Ursprung des Stadtnamens, nicht öffentlich machen.

Das ganze Johannesburg-Intermezzo sorgt bereits auf dem Weg dorthin für Kontroversen.

Silvie ist heilfroh, den Südafrika-Urlaub unbeschadet überlebt zu haben – na ja, und ehrlich gesagt war die ganze Sache mit der Kriminalität doch weniger dramatisch, als sie dachte – aber Johannesburg? Johannesburg ist die Stadt, in der die deutsche Fußball-Nationalelf ursprünglich Schutzwesten tragen wollte. Das muss man sich einmal vorstellen!

Hundert Kilometer vor Johannesburg muss Simon an einer Raststelle anhalten, damit Silvie gemäß einschlägiger Reiseführer-Sicherheitstipps alle Wertgegenstände in den Kofferraum packen kann.

(**Apropos:** Durchaus empfehlenswert! »Smash-and-Grab«-Überfälle sind in Johannesburg durchaus an der Tagesordnung. Dabei schlagen zwei oder drei Diebe blitzschnell die Scheiben eines geparkten oder an der Ampel stehenden Autos ein und schnappen sich die darin liegenden Wertgegenstände schneller als man schauen kann. Daher: Portemonnaies, Handtaschen, Handys und Fotoapparate sollte man in den Kofferraum einsperren.)

Silvie stellt sich schon einmal auf die ganzen Kriminellen ein, die an jeder Ecke lauern, und die Gangsterzonen, die man so schnell wie möglich durchfahren muss, um unter dem Kugelhagel zu überleben. Für den nicht allzu unwahrscheinlichen Fall, dass die beiden in die Hände von gewissenlosen Kriminellen fallen und alles abliefern müssen, versteckt Silvie ihr Bargeld unter der Autofußmatte und im BH.

Simons schaut amüsiert dabei zu, wie Silvie ganz aufgeregt herumwurschtelt, als führen die beiden geradewegs in eine Mischung aus Gefängnis und Kriegsgebiet ...

Zugegebenermaßen, so einen kleinen Adrenalinkick verpasst Silvie das schon, den großen, dunklen, undurchschaubaren Namen Johannesburg auf den Straßenschildern zu lesen. Sie ist ja nicht völlig sensationslustlos.

»Du weißt, wie wir fahren müssen, oder?«

»Wir haben ja das Navi.«

»Aber das Navi hat die ganze Fahrt hierher nicht funktioniert ...«

»Das ist die größte Stadt Südafrikas, hier funktioniert es sicherlich.«

»Du weißt also nicht, wo wir hinfahren?«

Schweigen.

(**Apropos:** Speziell in Johannesburg sollte man immer wissen, wo man hinfährt und wie man da hinkommt, bevor man sich auf den Weg macht, um ungewollte Umwege über gefährliche Pflaster zu vermeiden.)

Mein Gott, hat der Nerven! Fährt völlig ins Blaue hinein, ohne überhaupt das Navi vorher zu testen. Silvie drückt auf alle möglichen Tasten – und irgendwann springt das GPS auch tatsächlich an. Es hat sie auch schon gleich lokalisiert! Silvie fällt ein Stein vom Herzen.

Die Autobahn weitet sich indes auf fünf Spuren *one-way* aus. Johannesburg kann gar nicht mehr so weit sein. Ohne die digitalisierte Stimme wäre Simon zugegebenermaßen ganz schön aufgeschmissen, denn »Johannesburg Centre« oder »Sandton«, der Stadtteil, in dem ihr Hotel liegt, ist nirgends angeschrieben. Die ganzen Orte und »Boulevards« auf den Schildern – *Boksburg, Sunninghill, Roodepoort, Marloboro* – sagen ihm gar nichts.

EIN ÜBERBLICK ÜBER JOHANNESBURG

Downtown

Johannesburgs Innenstadt erkennt man schnell an den vielen Hochhäusern. Bis vor circa zehn Jahren hatten die meisten großen Firmen hier ihren Hauptsitz. Das Innenstadtleben hat sich aber mit dem Ende der Apartheid drastisch verändert. Einwohner aus den umliegenden Townships und afrikanische Immigranten aus anderen Ländern zogen in die Innenstadt, da es ihnen lange verwehrt war, hier zu leben. Sie besetzten Lagerhallen, verfallene Gebäude und leer stehende Bürokomplexe. Die Kriminalität in der Innenstadt nahm explosionsartig zu, und die meisten Unternehmen flohen in den Norden der Stadt. Sogar die Johannesburg Stock Exchange (JSE), die größte Börse Afrikas, zog von der Innenstadt nach Sandton. Aus einem modernen Wirtschaftszentrum wurde eine Geisterstadt mit teils leer stehenden, teils illegal belagerten Gebäuden; ein in eine Großstadtkulisse verlegtes Township. Auf den Straßen von Johannesburg stellte jeder willkürlich seinen Stand auf, und das Geschäftsleben verlagerte sich von innen nach außen.

Die Stadtverwaltung versucht seit einigen Jahren gezielt und erfolgreich mit der Straßenkriminalität aufzuräumen und das Wirtschafts- und Nachtleben der Innenstadt wiederzubeleben. Werbeagenturen, Künstlerateliers und vereinzelte Unternehmen sind wieder in die Innenstadt zurückgezogen, vor allem Newtown ist mit seinen vielen alternative Läden, Bars, Theatern und Galerien zum In-Viertel avanciert. Die Sicherheitsmaßnahmen der Stadt beginnen langsam zu greifen und alte verlassene Bürokomplexe werden in teure Lofts umgebaut. Die an die Innenstadt angrenzenden Viertel *Hillbrow, Joubert Park* und *Berea* sind dagegen nach wie vor von Arbeitslosigkeit, Armut und der damit einhergehenden Kriminalität geprägt. Als Tourist sollte man diese Gegenden meiden.

Norden: Die grünen »Northern Suburbs« waren von Anfang an das Zuhause wohlhabender Johannesburger. Im Norden liegen die luxuriösen Vororte *Parktown, Parkhurst, Saxonwold, Hyde Park, Melrose, Sandhurst* und *Houghton* mit ihren großen Grundstücken und stattlichen Villen – und auch *Sandton,* das neue Wirtschafts- und Finanzzentrum der Stadt.

Westen: Im Westen liegen die studentischen In-Viertel *Auckland Park* und *Melville.* In *Auckland Park* befindet sich die Johannesburger Universität, auch die *SABC (South African Broadcasting Coopera-*

tion) hat hier ihren Sitz. Das angrenzende Alternativ-Viertel *Melville* ist ein lebendiges und nachtaktives Viertel mit Restaurants, Cafés, Antiquitätenläden, Boutiquen, Buchläden und Nachtclubs.

Osten: Östlich der Stadt befindet sich das gemischtrassige und kosmopolitische Viertel *Yeoville,* in dem sich viele interessante Theater, Bars und Rockclubs befinden.

Süden: Früher war es die Arbeiterklasse, die hier gewohnt hat. Diese Gegend ist weniger dicht besiedelt als der Norden und aufgrund seiner vielen freien grünen Flächen mehr Wohn- und Rekreationsgebiet als Ausgehviertel.

Die Autobahnführung ist ja ganz schön komplex. Viele Schilder tauchen erst in der letzten Minute auf. Sogar mit Navi schafft es Simon oftmals nur im letzten Moment, auf die richtige Autobahn rüberzuwechseln. Nicht nur die Schnellstraßen sind hier drei Mal so breit wie in Kapstadt – auch alles andere scheint größer, schneller und voller. Riesige Reklametafeln säumen den Highway und machen Werbung für Whiskey, den neuen Audi und die Stripclubs der Stadt. Und alle rasen! Ausnahmslos. Von den 80er-Schrottkisten, die Kapstadts Straßen bevölkern, ist hier weit und breit nichts zu sehen. Nur die gefürchteten Minitaxen quetschen sich mit noch mehr Dreistigkeit zwischen die »GP«-gekennzeichneten Neuwagen.

(**Apropos:** GP steht für Gauteng Province, die Region, in der Johannesburg liegt. Kapstädter übersetzen das »GP« als »Gangster's Paradise«.)

Am Horizont taucht die Skyline von Johannesburg auf. Die Autobahn führt an einer tristen und lang gezogenen Wohnsiedlung mit Hunderten komplett gleich aussehenden Streichholzschachtelhäuschen vorbei. Die Bauherren waren ja nicht gerade kreativ bei diesem Immobilienprojekt. Silvie fragt sich, wer hier wohl freiwillig hinzieht.

RECONSTRUCTION AND DEVELOPMENT (RDP) SIEDLUNGEN

Was die beiden da sehen, sind vom Staat subventionierte Billighäuser, die Südafrikanern zur Verfügung gestellt werden, die bisher in Wellblechhütten ohne Strom und Wasser auskommen mussten. Diese Siedlungen stehen meist in der Nähe von Townships. Bisher hat die Regierung im Rahmen ihres *Reconstruction and Development Programmes* (Wiederaufbau- und Entwicklungsprogramm) 2,6 Millionen dieser Häuser bauen lassen. Andere Entwicklungsmaßnahmen sind der Anschluss von Township-Hütten und Dörfern an das nationale Stromnetz und die Versorgung mit sauberem Wasser. RDP-Häuser sind heiß begehrt. Die Häuser sind kostenlos, haben einen Wasseranschluss und Sanitäranlagen. Zuweisung beantragen können nur südafrikanische Staatsbürger, deren monatliches Einkommen 3.500 Rand (200 Euro) nicht übersteigt. In den Townships brechen immer wieder Streitereien darüber aus, wer wann wo einziehen darf. Die Stadtverwaltungen führen lange Listen, anhand derer die Verteilung stattfindet. Oftmals werden solche Häuser illegal besetzt. Die Nachfrage ist immens und mit jedem Jahr melden mehr und mehr Familien Bedarf an.

Wenn man weiter Richtung Norden schaut, sieht man hinter den Hochhäusern in dichtes Grün getauchte Stadtteile. Sieht schön aus, Silvie hatte sich Johannesburg immer ganz anders vorgestellt, eher grau und trostlos.

(**Apropos:** Johannesburg besitzt den größten von Menschenhand geschaffenen Wald der Welt! Der zweitgrößte liegt auch in Südafrika, *Graskop* in Mpumalanga. Die ersten Bäume von Johannesburg wurden im 19. Jahrhundert gepflanzt, um die Minenindustrie mit Holz zu versorgen. Der Deutsche Hermann Eckstein war für die Waldländereien um Johannesburg verantwortlich und nannte diese »Sachsenwald« und schuf damit den Vorgänger des heutigen Stadtteils »Saxonwold«. Die ersten Einwohner von Saxonwold im Norden von Johannesburg pflanzten noch mehr Bäume. Mittlerweile werden diese leider wieder teilweise gefällt, um Platz für Immobilienprojekte zu gewinnen.)

Auf einmal meldet sich das Navi zu Wort: »Biegen Sie links in die Ausfahrt.«

Nur 200 Meter weiter führt auch eine Ausfahrt tatsächlich links heraus. Auf dem Schild steht weder »City« noch »Sandton«, sondern »Alexandra«. Simon biegt trotzdem ab.

»Schatz bist du sicher?«

»Ja.«

»Sicher?«

»Genau die Ausfahrt hat das Navi angezeigt.«

»Siehst du, was ich sehe?«

Simon schaut nach links aus dem Fenster und sieht ein Meer an dicht gedrängten, wild kreuz und quer stehenden Dächern, Pappbauten und Wellblechstapeln.

»Ich glaube da vorne ist ein Township!«

»Kann nicht sein. Das ist genau die Ausfahrt, die mir das Navi angezeigt hat.« Simon überlegt. »Wahrscheinlich werden wir hier auf eine andere Schnellstraße umgeleitet.«

(**Apropos:** Man sollte vor allem in Johannesburg immer einen Stadtplan dabei haben oder alternativ eine detaillierte Wegbeschreibung von einem Einheimischen. Das Navigationssystem sucht immer die schnellste Route aus, und die kann unter Umständen mitten durchs Township führen.)

Aber das Navi sagt einfach nur: »Folgen sie dem Straßenverlauf« und der Straßenverlauf führt – jetzt steht es außer Zweifel – schnurstracks ins Township!

»Du fährst gerade mitten in ein Township!!!«

»Das sehe ich auch Schatz. Aber das ist nun einmal der Weg.«

»Oh mein Gott!« Silvie hyperventiliert.

Simon wird auch ganz anders, aber er versucht zumindest nach Außen die Ruhe zu bewahren, bevor seine hysterische Freundin völlig durchdreht.

»Das wird nicht gut ausgehen!«

»Schatz, jetzt beruhige dich bitte. Ich kann das Navi nicht hören, wenn du so rumkreischt.«

»Das Navi zeigt uns den falschen Weg! Verstehst du das denn nicht?« Woraufhin das Navi wiederholt: »Folgen sie dem Straßenverlauf.«

»Nein, dreh sofort um!«

Simon kann beim besten Willen nicht umdrehen. Die Straße hat sich zu einer einzigen Fahrbahn verengt, die er sich jetzt mit dem Gegenverkehr teilt. Es fahren so viele Autos in beide Richtungen, dass er weder anhalten noch wenden kann. Oh, und hier fahren ja auch wieder Klapperkisten à la Kapstadt herum. Allerdings sitzt hier keine einzige nicht-schwarze Person hinterm Steuer.

»Simon du musst umdrehen.«

»Ich muss dem Navi folgen. Wir haben keinen anderen Anhaltspunkt.«

»Und was, wenn das GPS falsch ist?«

»Folgen sie dem Straßenverlauf ...«

Die Menschen laufen hier kreuz und quer über die Straße und man muss höllisch aufpassen, dass man niemanden umfährt. Links und rechts von den beiden stehen aus Schrott zusammengestellte Baracken, unverputzte Ziegelsteinbauten mit kleinen Fenstern und unglaublich viel Müll und Gerümpel. Im Hintergrund stechen ein paar knallbunte Wohnblöcke aus diesem Chaos heraus, die wie diese RDP-Häuser von eben am Highway aussehen. In der Luft liegt ein fauliger Geruch. Die Minitaxifahrer hupen auch hier wie die Irren. Zwei süße Jungen in Schuluniform winken Silvie zu.

Zwischen den Häusern sind Wäscheleinen gespannt. Ein Mann zerhackt vor seinem Haus Fleisch, ein anderer putzt sich am Flussufer die Zähne. Die Hütten am Flussbett sehen so aus, als könnten sie jeden Augenblick hineinplumpsen. An einer Baracke ist ein rotes Coca-Cola-Schild angenagelt, auf die Wand daneben hat jemand »Hair Saloon« draufgepinselt. Hinter den Hütten am Rand stehen ein paar Reihen Dixie-Klos – sollen die paar Toiletten die ganzen Massen hier versorgen? Ein wirklich trostloses Pflaster!

An einer Kreuzung kurbelt Simon ganz vorsichtig sein Fenster herunter und fragt zwei Frauen, ob das der Weg nach Sandton ist.

Während Simon vergeblich versucht, den beiden eine Information zu entlocken, bildet sich Silvie ein, dass sie zwei Jugendliche auf Fahrrädern verfolgen. Könnten Gangster sein! Was machen die sonst hier am helllichten Tage? Überhaupt lungern hier extrem viele junge Männer einfach so am Straßenrand herum – mitten in der Woche.

(**Apropos:** Die Arbeitslosigkeit in Alexandra liegt, wie in vielen anderen Townships, bei deprimierenden 65 Prozent.)

Simon steigt schließlich aus dem Auto, um den Minitaxifahrer hinter sich nach dem Weg nach Sandton zu fragen.

(**Apropos: Falls** man sich ins Township verfährt: zügig durchfahren. Und am besten gar nicht erst den Weg über Alexandra nehmen. **Alex** ist gefährlich, speziell für Touristen.)

Der mustert Simon von oben herab und deutet nach vorne.

»Sagte ich doch. Wir sind richtig.«

»Das nennst du ›richtig‹? Mitten durch den gefährlichsten Ort der Welt zu fahren?«

ALEXANDRA

In *Alexandra* oder *Alex*, der »kleinen vernachlässigten Schwester« von *Soweto,* leben auf acht Quadratkilometer gedrängt eine halbe Million Menschen. Alex, das ärmste Viertel Johannesburgs, liegt im Nordosten der Stadt und irrwitzigerweise nur vier Kilometer von Sandton entfernt, dem wohlhabendsten Viertel. Seinen Namen hat das Township von *Papenfus,* seinem ehemaligen Besitzer. Der benannte dieses Stück Land nach seiner Ehefrau Alexandra. Alex wurde 1912 zum Wohnviertel für Schwarze deklariert und blieb auch während der Apartheidszeit eines der wenigen Viertel im Innenstadtbereich, in dem schwarze Südafrikaner Land kaufen durften. Die Grundstücke waren ursprünglich um die 500 Quadratmeter groß und erlaubten die komfortable Unterbringung einer Familie. Die ersten Häuser von Alex erkennt man an ihrer relativ guten Qualität und ansehnlichen Größe. Die Infrastruktur wurde so ausgelegt, dass sie die ursprünglich angesetzte Menge an Haushalten versorgen konnte. Über die Jahrzehnte ist Alexandra allerdings aus allen Nähten geplatzt. Die Grundstücksbesitzer haben in ihre Gärten bis zu sechs weitere Hütten aufgestellt, um diese an Arbeiter zu vermieten, die vom Land und anderen afrikanischen Ländern nach Johannesberg strömten. In jedes dieser Ein-Zimmer-Bauten ist eine ganze Familie eingezogen, sodass Alexandras Infrastruktur mittlerweile um das mindestens Zehnfache von dem beansprucht wird, wofür sie eigentlich ausgelegt war. Da diese ganzen illegalen Gartenhütten auf Abwasserrohren, Leitungen und Einstiegsschächten stehen, ist es ein Ding der Unmöglichkeit geworden, die Infrastruktur von Alexandra instand zu halten, ohne rund 20.000 »provisorische« Hütten niederzureißen.

Nichtsdestotrotz unterteilt sich auch Alex in arme und wohlhabende Gegenden. Im Westen stehen die meisten Armenhütten, im Osten die meisten Backsteinhäuser, in denen Familien der Mittelschicht wohnen. Die Regierung investiert viel Geld in die Aufwertung der Gegend. Erste Resultate sieht man bereits in Form von Bäumen, einer neu gebauten Schule, einer Einkaufspassage und einer Bücherei.

Von einem Ausflug nach Alexandra ist trotzdem abzuraten! Man sticht als ortsunkundiger Tourist sofort heraus. Alexandra ist mit Hillbrow eines der gefährlichsten und kriminellsten Viertel der Stadt.

Silvie ist immer noch auf Alarmstufe rot. Je weiter die beiden fahren, umso ansehnlicher werden die Häuser von Alex allerdings. Ganz am Ende stehen sogar Einfamilienhäuser mit Garten. Und auf einmal sehen die beiden geradeaus vor sich, in unmittelbarer Nähe, die Hochhäuser von Sandton! Man kann sogar die »Sandton City«-Aufschrift von hier lesen.

Beide sind unglaublich, unglaublich erleichtert. Simon kann wieder richtig durchatmen und Silvie jetzt dann hoffentlich ihren Puls herunterfahren ...

SOWETO

Soweto (*So*uth *We*stern *To*wnships) ist ein Zusammenschluss von etwa 30 kleineren Gemeinden und das größte und bekannteste südafrikanische Township. Es liegt südwestlich von Johannesburg, 15 Kilometer vom Zentrum entfernt. Knapp 40 Prozent aller Johannesburger leben hier. In konkreten Zahlen heißt das: 1,7 Millionen Menschen wohnen auf einer 106 Quadratkilometer großen Fläche, und es kommen immer mehr, die im angrenzenden Johannesburg Arbeit suchen. Soweto ist das bevölkerungsreichste Gebiet südlich der Sahara, und die Zeitung *The Sowetan* (Der Sowetoer) das auflagenstärkste Tagesblatt Südafrikas.

Zu traurigem Ruhm gelangte Soweto durch die Schülerproteste im Jahr 1976, als Sicherheitskräfte auf 10.000 friedlich protestierende Schüler das Feuer eröffneten und dabei 566 von ihnen töteten. Soweto ist – wenn auch ein vornehmlich schwarzes Wohnviertel – sehr multikulturell. Alle elf südafrikanischen Sprachen werden hier gesprochen! Und auch der wirtschaftliche Aufschwung macht sich in Soweto stark bemerkbar. Die Kriminalität hat abgenommen, das Nachtleben floriert und immer mehr Touristen kommen zu Besuch. Soweto ist äußerst interessant, und ein »must see«. Allerdings sollte man nur mit einer ortskundigen Person oder im Rahmen einer Townshiptour hierher kommen. Für Touristen empfiehlt es sich nicht, auf eigene Faust hier Entdeckungstouren zu veranstalten. Neben diversen Pensionen eröffnete 2007 sogar ein Vier-Sterne-Hotel in Soweto!

Soweto ist kein Elendsareal. Nelson Mandela und Desmond Tutu haben hier schon gelebt. Es gibt sehr arme, slumähnliche und extrem gefährliche Ecken, aber genauso gibt es teure Villenviertel und Gegenden, in denen die schwarze Mittelschicht lebt und die zu den sichersten Gebieten in ganz Johannesburg zählen. Die Einwohner Sowetos haben sich in Nachbarschaften organisiert, um sich vor Kriminellen zu schützen. Es gibt Parks, Tennisplätze, Golfplätze, Grünflächen, asphaltierte Straßen, Schulen, Krankenhäuser (das *Chris Hani Baragwanath Hospital* bei Soweto gilt im Übrigen als das größte der Welt) und sogar eine große moderne Shopping Mall.

Der Staat hat viel Geld in die Entwicklung von Soweto investiert – Hunderttausende Zwei-Zimmer-Häuser wurden gebaut, damit Menschen aus ihren Wellblechbaracken darin einziehen können. Soweto ist ein Lichtblick, der zeigt, wie gut sich Townships entwickeln können, wenn in die Infrastruktur investiert wird und die Bevölkerung Zugang zu Arbeit hat.

Auf einmal stecken Silvie und Simon wieder mitten zwischen teuren Schlitten, noblen Bauten und der Hochmoderne. Ihr Hotel liegt gleich gegenüber von »Sandton City«. Die zwei legen nur ganz schnell im Hotel ab und fahren gleich zu dieser großen, überdachten Passage herüber – und »Sandton City« erweist sich riesiger als jedes Einkaufszentrum, das Silvie und Simon jemals gesehen haben.

In der Mitte der Passage sind zwanzig Luxuskarossen ausgestellt. An jeder Ecke gibt es einen Juwelier. Sämtliche Designerläden, die man aus Europa kennt, haben hier ihre Filialen. Und das Erstaunliche ist: Alle sind voll! Hier laufen im Übrigen mindestens so viele schwarze wie weiße Familien durch die Gänge.

Also wirklich, der totale Flash! Silvie muss den krassen Kulissenwechsel jetzt erst einmal bei einem Stück Schokoladenkuchen verdauen. Simon dagegen leidet an keinen weiteren Adaptionsschwierigkeiten und ist von »Sandton City« hellauf begeistert. Absolut hochmodern hier alles – und so etwas mitten in Afrika!

SHOPPING MALLS & JOHANNESBURG

Johannesburgs gesellschaftliches Leben spielt sich hauptsächlich in seinen überdachten Einkaufs- und Unterhaltungskomplexen ab. In fast jedem Viertel steht eine Mall mit einer größeren oder kleineren Auswahl an Geschäften, Pubs, Restaurants und Kinos. Die videoüberwachten Malls sind nicht nur aus Sicherheitsgründen beliebt, sondern passen auch zum Wesen von Johannesburg. Johannesburg ist von jeher eine reiche, künstliche und sich extrem schnell verändernde Stadt. Menschen kamen wegen des Goldes und des Geldes hierher – nicht wegen seiner Naturschönheit oder tollen Lage, wie in etwa Kapstadt. Im Johannesburger Großstadtbereich, in dem sich heute schätzungsweise acht Millionen Menschen drängen, existierte vor 130 Jahren noch gar nichts. Nicht einmal ein größeres Gewässer fließt hier in der Nähe. Johannesburgs Stadtväter waren allesamt Spekulanten, die hier schnelles Geld machen wollten – und mit dem schnellen und vielen Geld kreierten sie sich ihre Umwelt und ihr Entertainment dann selbst.

Sandton City ist eine der größten Shopping Malls Afrikas. Der Komplex wurde 1973 eingeweiht. In dem Turm über der mehrstöckigen Einkaufs- und Freizeitpassage befinden sich Büros. An das 94.000 qm große Sandton City schließt sich das *»Nelson Mandela Square«* (16.000 Quadratmeter) an, eine zweite Shopping Mall mit einer großen »Piazza« im Freien, noch mehr Geschäften, Restaurants und einer sechs Meter hohen Bronzestatue von Nelson Mandela. In den zwei Zentren findet man alles, was man zum Leben so braucht: Supermärkte, Bekleidungs- und Schuhgeschäfte, Juweliere, Drogerien, Apotheken, Schreibwarenläden, Kinos, Ausstellungshallen, Büros, Bank- und Postfilialen, Cafés, Discos, Copy- und Internetshops, Friseure, Hotels und sogar ein Messegelände.

Im Norden von Johannesburg steht einer der beeindruckendsten und irrwitzigsten Vergnügungskomplexe der Welt – **Montecasino**. Die 38 Hektar große Anlage ist mit seinen gepflasterten Straßen, Springbrunnen, Piazzas, Häuserfassaden mit Fenstern, Vorhängen, Wäscheleinen und Hemdchen, die zum Trocknen ausliegen, einem toskanischen Bergdorf nachempfunden. Für den Bau wurden alte und abgetragene Steine benutzt, um einen möglichst originalgetreuen Eindruck zu erzeugen. Im dem Komplex befinden sich ein riesiges Casino, Restaurants, Geschäfte, »italienische« Cafés und Eisdielen, kubanische, mexikanische und lateinamerikanische Nachtlokale, Luxusunterkünfte und ein Theater mit 1.900 Sitzplätzen.

Nach einer kleinen Anpassungsphase ist auch Silvie aus dem Häuschen. Sie könnte eine ganze Woche hier drin verbringen! Sie hat ja dann morgen genug Zeit für einen ausgiebigen Bummel, wenn Simon zu seinem Arbeitsmeeting geht. Hier traut sie sich auch alleine hin, es fühlt sich alles sehr sicher an.

Als Simon und Silvie zu ihrem Auto wollen, dämmert es ihnen, dass sie überhaupt nicht aufgepasst haben, von welcher Seite sie hier reingekommen sind. Oh mein ... Wie sollen sie bei den 100 Parkhaus-Eingängen und dem absolut undurchschaubaren, verwinkelten Mehrere-Ebenen-System jemals ihr Auto wiederfinden?

Am Ende dauert es geschlagene zweieinhalb Stunden, bis sie mit der Hilfe von vier Angestellten, eines Autos und dreier Walkie-Talkies ihren Mietwagen wiedergefunden haben. Oh, Mann. Was für ein Stress!

Als sie aus Sandton City herausfahren, tobt draußen ein furchtbarer Sturm. Von 30 Grad Sonnenschein zu totaler Apokalypse! Silvie und Simon verkriechen sich eine Stunde lang in ihr Hotelzimmer, bis dann auf einmal und wie von Zauberhand alles wieder vollständig aufgeklart ist.

DAS JOBURG-WETTER

Während der *Sommermonate* (Oktober bis April) hat Johannesburg eine angenehme Durchschnittstemperatur von 26 Grad. Der Regen fällt im Gegensatz zu Kapstadt mit seinem mediterranen Klima hauptsächlich im Sommer. Nachts kühlt sich das Wetter in Johannesburg immer auf eine angenehme Temperatur ab. Einziges Sommerwetter-Manko (viele Johannesburger empfinden das übrigens gar nicht so) sind die extrem starken Gewitter und Regenschauer am Nachmittag. Dann zieht sich urplötzlich alles zu, es donnert und blitzt wie wild – und eine Stunde später ist alles wieder vorbei. Gewitter ziehen in Johannesburg unglaublich schnell auf. Die schwarzen Wolken in der weiten Ferne können nur zehn Minuten später eine kurze Sintflut verursachen. Während der Gewitter – die im Übrigen viel, viel stärker sind als das, was man von zu Hause so kennt – empfiehlt es sich, alle Elektrogeräte aus dem Stecker zu ziehen.

Im *Winter* (April bis September) schwanken die Tag- und Nachttemperaturen wesentlich stärker. Während man tagsüber bei bis zu 25 Grad mit kurzärmeligen T-Shirts herumlaufen kann, fallen die Temperaturen, sobald die Sonne sinkt, unter den Gefrierpunkt. Schnee fällt trotzdem kaum. Nur sechs Mal hat es in Johannesburg die letzten 100 Jahre geschneit; zuletzt am 27. Juni 2007, als der Verkehr kurzzeitig stillstand, weil die Menschen völlig entzückt auf die Straßen geströmt sind, um den Schnee anzufassen. Die Winter in Johannesburg sind herrlich sonnig mit strahlend blauem Himmel und ohne ein einziges Wölkchen am Horizont. Frühling und Herbst im europäischen Sinne gibt es in Johannesburg nicht.

Johannesburg liegt auf 1.753 Meter! Wer sich hier länger aufhält oder draußen Sport treibt, bekommt den Höhenunterschied zu Kapstadt und den Küstenorten zu spüren; man kommt in Johannesburg viel schneller aus der Puste.

Am Abend gehen Silvie und Simon ins »Barron« essen, das Restaurant, das ihnen ihre Rezeptionistin empfohlen hat. Die Stimmung ist großartig. Auch hier läuft auf großen Leinwänden Rugby. Das Publikum ist ziemlich durchmischt und überhaupt scheint hier in Johannesburg alles ein bisschen integrierter zu sein als in Kapstadt. Weiße Rentner betteln an den Ampeln und schwarze Buppies (südafrikanische Kurzvariante für *»black yuppie«*) brettern in deutschen Sportwägen über die Straßen – am Kap haben die beiden so etwas eher selten zu Gesicht bekommen.

(**Apropos:** Johannesburg ist das wirtschaftliche Zentrum von Südafrika. Hier haben die Unternehmen ihre Hauptsitze, hier gibt es die meisten und bestbezahltesten Arbeitsplätze, hier hat man die Chance, wirtschaftlich aufzusteigen – und hier finden die sozialen und gesellschaftlichen Veränderungen des Landes am schnellsten und sichtbarsten statt. Die südafrikanische Regierung hat ein Gesetzespaket verabschiedet, das Black Economic Empowerment oder BEE, das darauf abzielt, ehemals benachteiligte Südafrikaner in das Wirtschaftsgeschehen und den Wohlstand des Landes zu integrieren. BEE schreibt zum Beispiel vor, dass die Beschäftigten eines Unternehmens die demografischen Verhältnisse Südafrikas widerspiegeln müssen, das heißt, von zehn Arbeiternehmern sollen mindestens acht schwarz sein. Seit Jahren werden bei offenen Stellen schwarze Südafrikaner bevorzugt engagiert, in Johannesburg hat sich infolgedessen eine schwarze Mittelschicht herausgebildet. BEE schreibt auch vor, dass größere Unternehmen mehrheitlich in schwarzer Hand sein und Top-Manager-Positionen mit schwarzen Südafrikanern besetzt werden müssen. Südafrika hat eine neue reiche schwarze Elite, die sich auf Johannesburgs Straßen, in Restaurants und so langsam auch ehemals weißen Wohnvierteln bemerkbar macht – und das ist auch gut so.)

Später an der Bar lernen Silvie und Simon eine total nette Runde Südafrikaner kennen. Die zwei Geschwister sehen wie Griechen aus, haben griechische Zungenbrechernamen, sprechen und verstehen wohl aber kein Wort Griechisch und waren auch noch niemals in Griechenland. Ihre sehr deutsch und irgendwie vertraut aussehende Freundin wiederum behauptet, 100 Prozent Südafrikanerin zu sein, obwohl sie *Nicole Schmidt* heißt. Na, jedenfalls ist die ganze Runde sehr nett und nimmt Simon und Silvie zu einer Kunst- und Party-Veranstaltung im Hip-Viertel Melville mit.

Es ist ziemlich viel los auf der Straße und die Party findet in einer Art baufälligen Villa statt. Erstaunlich, dass man hier in Johannesburg doch auch draußen ausgehen kann – mit den vielen Menschen auf der Straße fühlt sich das auch gar nicht so bedrohlich an ...

Die Party stellt sich der die beste Erfahrung in Johannesburg heraus! An den Wänden hängen durchgeknallte Fotografien. Auf einer Bühne führen zwei Mädels eine stumme Performance vor. Und der Höhepunkt ist ein Breakdance-Wettbewerb auf der Tanzfläche in der Mitte. Fünf schwarze Jungs und ihr weißer Kumpel verbiegen sich, was das Zeug hält. Die junge Menge, ein bunter Kulturmix – bunter als alles, was man aus Deutschland kennt – feuert die Truppe an.

Wow. Hier brodelt es! Silvie und Simon fühlen sich irgendwie total high. Die Energie dieser Stadt ist total ansteckend! Johannesburg ist die Stadt der unbegrenzten Möglichkeiten und Silvie sehr froh, das hier nicht verpasst zu haben.

DER JOBURG-VIBE

Johannesburg ist das wirtschaftliche Kraftwerk von Südafrika. Rund 20 Prozent des Bruttoinlandsproduktes von ganz Afrika werden hier erwirtschaftet! Südafrikaner aus dem ganzen Land strömen hierhin, um Geld zu verdienen und Karriere zu machen – und ziehen dann oftmals wieder weiter. Es ist eine Stadt mit viel Durchgang und viel Bewegung. Wenn man das neue Südafrika kennenlernen will, darf man Johannesburg nicht aussparen.

Die Johannesburger sind ausgesprochen offen und freundlich. Es wird ihnen nicht passieren, dass sie irgendwo essen gehen, ohne angesprochen zu werden. Das allgegenwärtige Bewusstsein darüber, dass morgen schon alles vorbei sein könnte, trägt zu dem intensiven und offenen Lifestyle der Johannesburger bei. Es ist eine blühende, dynamische, vorwärtsgerichtete Stadt mit einer interessanten Kombination an Menschen aus Südafrika und der ganzen Welt, die hier ihr Glück versuchen; keineswegs das triste, graue, verschlossene, angsterfüllte Pflaster, wie es in den Medien dargestellt wird.

26 BUSINESS CLASS

ERNST VERSUS EASYGOINGNESS

Simon ist nervös. Er hat noch nie vorher eine Präsentation auf Englisch gehalten. Aber die Südafrikaner scheinen ja generell recht entspannt zu sein, von daher muss er sich jetzt wohl hoffentlich nicht allzu viele Sorgen machen.

In genau 45 Minuten geht das Meeting los. Sein deutscher Chef hat es ihm noch in der letzten Minute aufgebrummt. Er soll seine Agentur dem Telekommunikationsunternehmen NTT, einem potenziellen Kunden, präsentieren und den ersten persönlichen Kontakt herstellen. Der Termin beginnt in 45 Minuten – es wird also langsam Zeit loszufahren! Simon steckt den USB-Stick mit der Power-Point-Präsentation in seine nicht allzu penibel gebügelte Jacketttasche. Das Sakko hat er wegen des Meetings durch das ganze Land mitgeschleift. Eine anständige Hose hat er leider Gottes keine, aber er kann sich nicht vorstellen, dass hier jemand an seiner Jeans Anstoß nimmt.

(**Apropos:** Der Business-Dresscode hängt wie auch in Europa sehr von der Industrie ab. Für Banker ist Anzug eine Selbstverständlichkeit, in der Werbe- oder Filmbranche sieht man das lockerer. In Kapstadt kleidet man sich generell etwas legerer als in Johannesburg.)

An der Hotelrezeption orientiert sich Simon noch schnell auf dem Stadtplan. Er muss erstmal Richtung Süden, um Silvie an der Shopping Mall von Rosebank abzusetzen, und dann geht's zurück Richtung Norden in ein Viertel namens Fourways. Die Rezeptionistin ist so nett und zeigt es ihm auf der Karte. Als er erwähnt, um wie viel Uhr sein Termin ist, guckt sie ein bisschen besorgt.

Fourways befindet sich ein bisschen außerhalb, aber er hat ja gute 30 Minuten Zeit, das schafft er locker! Silvie und er wollen nur noch schnell einen Kaffee trinken und ein Croissant essen, schließlich ist das Frühstück in dem nicht ganz so günstigen Zimmerpreis enthalten.

Kaum haben sich die beiden an den Tisch gesetzt, sehen sie die Rezeptionistin mit ernster Miene auf sie zusteuern. »Excuse me, Sir. Wenn Sie einen Termin in Fourways haben, sollten Sie jetzt fahren. *Now, now, now.*«

Die drei *nows* überzeugen Simon, doch so schnell wie möglich aufzubrechen. Er stellt seine Kaffeetasse ab, ohne daran auch nur genippt zu haben, und hetzt mit Silvie zum Auto. Und wie es der Teufel so will: Keine fünf Minuten später stecken die zwei auch schon im Stau ...

(**Apropos:** Die Staus in Johannesburg sind legendär und ein Dauerzustand; nicht nur zu Stoßzeiten, sondern auch mitten am Tag ist man nicht davor gefeit.)

Um neun Uhr ist das Meeting. Die Digitaluhr auf dem Autoradio zeigt 8:40 Uhr an – und Simon hat Silvie noch nicht einmal abgesetzt. Simon ruft bei der südafrikanischen Firma in Fourways an und warnt diese schon einmal vor, dass er sich eine halbe Stunde verspätet. Äußerst unangenehm! Die Empfangsdame reagiert aber Gott sei Dank recht freundlich.

Im Gänsemarschtempo erreichen die beiden schließlich Rosebank Mall. Zwischen Simon und Silvie ist seit einer halben Stunde kein Wort mehr gefallen, denn selbstverständlich ist nur sie an dieser Verkehrs- und Verspätungskatastrophe schuld. Es ist schon 9.35 Uhr und Simon von seinem Meetingort weiter denn je entfernt.

Er ruft ein zweites Mal bei der netten Sekretärin an und behauptet, er wäre aus Versehen in die falsche Richtung gefahren und verspäte sich deswegen um eine weitere halbe Stunde. Es tue ihm very, very leid. Die Dame reagiert diesmal spürbar verhaltener und sagt nur: »Sure.«

Eine Stunde zu spät – das darf sein Chef niemals erfahren! Glücklicherweise sehen die das in Südafrika nicht so eng mit ihrer »African Time« und so ...

(**Apropos:** African Time gilt nicht im Business, nicht in Johannesburg und vor allem nicht für einen Deutschen. Von Deutschen wird Pünktlichkeit quasi automatisch vorausgesetzt.)

Endlich geht es jetzt also in die entgegengesetzte Richtung und Simon drückt so fest er kann aufs Gaspedal.

Und keine fünf Minuten später ebenso fest aufs Bremspedal.

Simon und sein aus unergründlichem Anlass völlig überhitzender Corsa Lite stecken auf dem fünfspurigen Highway fest. Komplett fest. Eingeklemmt fest. So fest, dass Simon zwischendurch aus dem Auto steigen muss, um in den Verkehr zu schreien und nicht auch noch völlig zu überhitzen. Wie zum Teufel kann das sein, dass es Stau in beide Richtungen gibt? So eine Scheiße!

Um 10:50 steht Simon schließlich völlig derangiert an der stylishen Rezeption von NTT und sieht so aus, als wäre er knapp einem Nervenzusammenbruch entgangen. Ein sehr formell gekleideter schwarzer Südafrikaner, ein jüngerer mit Glatze, einbetoniertem Lächeln und zu eng geschneiderter Anzughose und ein eher sportlicher weißer Typ kommen in den Empfangsraum. Simon begrüßt als Erstes Gary, den Weißen, denn der ist hier sicherlich der Chef. Als er Sydney, dem schwarzen Typen mit dem Sonnenscheingemüt, die Hand reichen will, greift dieser Simons Arm und schiebt ihn ganz charmant zu seinem älteren Kollegen rüber.

(**Apropos:** In Südafrika gilt in allen Lebenslagen, privat und Business – und ganz speziell bei schwarzen Südafrikanern: Das Alter ist ehrenwert. Beim Begrüßen grüßt man also die Älteren zuerst.)

»This is Mr. Bulelali Mshabalala, the main shareholder of our company.«

Oops! Hätte Simon niemals gedacht. Schon verrückt, wie man immer davon ausgeht, die Weißen wären hier die Chefs. Dabei stellt Simon nach dem ganzen Begrüßungsprozedere fest, dass der Weiße hier als Budget-Manager sogar noch unter dem jungen Schwarzen Sydney steht, der der Produktleiter der Firma ist.

Die drei erwähnen die Verspätung mit keinem Wort und wechseln direkt zu Smalltalk über. Simon ist die Verspätung ausgesprochen unangenehm und er will jetzt so schnell wie irgend nur möglich loslegen, damit er die drei Herren nicht noch länger aufhält.

»Wie finden Sie unsere Stadt, Simon?« – »Sehr, danke. Ich habe ...« – »Wie lange bleiben Sie insgesamt hier, Simon?« – »Bis morgen. Ich habe ...« – »Wo geht es als Nächstes hin ...?«

»Kruger Park.« Simon räuspert sich, um den Small Talk möglichst schnell zu beenden und zur eigentlichen Besprechung überzugehen. »Ich habe eine Präsentation für Sie mitgebracht. Verfügt Ihr Meetingraum über einen Laptop, an dem ich meinen USB-Stick anschließen kann?«

Alle verlagern sich in den hochmodernen Konferenzraum mit der großartigen Aussicht über den grünen Norden von Johannesburg. Während Simon ganz ernst am Laptop herumfummelt, versuchen ihn die drei in ein Gespräch über die nächste WM und die Welt zu verwickeln – was Simon noch mehr durcheinanderbringt.

Da Simon nur einsilbig, verspätet oder gar nicht reagiert, unterhalten sich die drei schließlich nur untereinander, bis sich ihr angespannter Gast räuspert, um zu signalisieren, dass das Business losgehen kann.

»Hahaha, Deutsche und afrikanische Technologie, hey?«

Sydney reißt einen kleinen Witz, um Simon vor seinem Vortrag ein bisschen aufzulockern. Offen gestanden findet Simon diese ganzen Witzchen zwischendurch eher irritierend.

Simon hat in die erste Seite seiner Power-Point-Präsentation den Namen seiner Agentur und den von »NTT Telecommunications« mit den zwei Flaggen von Deutschland und Südafrika eingebaut – quasi als Zeichen einer guten zukünftigen Zusammenarbeit. Die Flaggen bewegen sich sogar. Gefällt den Südafrikanern sicherlich, das kleine Gimmick!

DIE SÜDAFRIKANISCHE FLAGGE

Die Flagge Südafrikas ist kunterbunt. Sie besteht aus einem zentralen grünen Streifen mit zwei Enden. Die zwei Enden laufen in der Mitte zusammen und werden zu einem Ende. Man kann sich das wie ein querliegendes Ypsilon vorstellen, wobei der Kopf des Ypsilons auf der linken Seite liegt. Der grüne Ypsilon-Streifen ist von einem dünnen weißen Streifen umhüllt. Über dem Ypsilon ist ein roter Streifen, unter dem Ypsilon ein blauer, und den Kopf des Ypsilons füllen ein dünner gelber Streifen ein schwarzes Dreieck aus.

Die Form und die Farben symbolisieren alle etwas: Die zusammenlaufende Form stellt die neu gefundene Einheit des Landes dar, Rot, Weiß und Blau sind die traditionellen Farben der weißen Bevölkerung, der Buren und der ehemaligen Kolonialmacht Großbritannien. Das Rot steht zudem für das Blut, das während der Befreiungskämpfe vergossen wurde, das Blau für die zwei südafrikanischen Ozeane und den Himmel und das Weiß für die weiße Bevölkerung Südafrikas und für den Frieden. Schwarz, Grün und Gelb sind die Farben Afrikas. Dabei steht das Schwarz speziell für die schwarze Bevölkerungsmehrheit des Landes. Das dominante Grün symbolisiert die Hoffnung. Südafrikas neue Flagge wurde erst am 27. April 1994 mit dem Inkrafttreten der neuen Verfassung eingeführt und ist somit eine der jüngsten Flaggen der Welt.

Nach einer ungewöhnlich lang dauernden Präsentation, die Simon aufgrund von Small-Talk-Einlagen und witzigen Nebenbemerkungen immer wieder unterbrechen musste, kommt es zum konkreteren Gespräch. Die Südafrikaner wollen wissen, ob das Agenturpaket *»all inclusive«* sei.

Simon stellt an dieser Stelle direkt klar: Wenn das Werbematerial ein abgemachtes Budget nicht übersteigt, sind die Mittel für die Kampagne blablabla... ungeplante Zusatzkosten wie blablabla..., und Überstunden blablabla... Hier unterhalte man sich allerdings über minimale Beträge wie blablabla..., die ja bei dem Auftragsvolumen von mehreren zehntausend Euro blablabla... kaum ins Gewicht fallen. Aber die Details müsse man ja schließlich auch klarstellen, blablabla..., blablabla..., blablabla... Es sei ja *nur gut*, wenn der potenzielle Auftraggeber solche Fragen stelle!

(**Apropos:** Pedantische Kalkulationen kommen bei südafrikanischen Businesspartnern nicht so gut an – lieber etwas großzügiger kalkulieren.)

Die Südafrikaner sehen nach diesem detaillierten 30 Minuten Exkurs recht ermattet aus. Offensichtlich sind sie Auseinanderklamüsereien dieses Stils nicht gewohnt.

Jetzt meldet sich auf einmal der Chef zu Wort. Er sagt, dass er bei der von Simon empfohlenen Printinitiative nicht sicher sei. Er sagt es zwar in einem äußerst höflichen Ton, aber Simon registriert sofort die Gefahr, die in so einem Satz lauert. Oh, oh – das könnte ein schwieriger Kunde werden. Jetzt heißt es: gleich den Wind aus den Segeln nehmen!

Simon sagt, dass die Agentur ihre Kampagnen selbstverständlich mit den Kunden abspreche, an dem generellen kreativen Konzept und an Vereinbartem aber nicht gerüttelt werde. Der Agentur sei es wichtig, ihre Strategie einzuhalten und Planungen 1:1 umzusetzen. Und so ganz nebenbei lässt er die Bemerkung fallen: »Sie wissen schon, dass wir im europäischen Markt eine der erfolgreichsten Agenturen sind. Wir bekommen so viele Anfragen, dass wir uns vor Kunden kaum retten können.«

So! Die Afrikaner haben jetzt hoffentlich verstanden, dass sie es hier nicht mit Anfängern oder No-Names zu tun haben.

(**Apropos:** Während man sich anderswo Respekt verschafft, wenn man forsch und selbstbewusst auftritt, stößt es die höflichkeitsliebenden Südafrikaner ab. Hier gilt folgender Code: Der Gesprächspartner sollte stets als höherrangig behandelt werden, auch wenn er es gar nicht ist. Die Gesprächsführung ist weit weniger direkt als bei uns, deswegen empfiehlt es sich, alles immer schön nett zu verpacken und mit einem Lächeln auf den Lippen abzuliefern. Auch

Beschwerden! Sogar bei kontrovers geführten Diskussionen sollte man niemals in den Angriffston übergehen, wenn man seinen Gesprächspartner nicht nachhaltig verschrecken will. Klare Ablehnungen und offene Kritik sind in Südafrika ein absolutes No-Go.)

Niemand sagt etwas.

Dann nimmt wieder einmal Sydney das Zepter in die Hand und fragt, welchen Paketpreis Simons Agentur denn anvisieren würde.

So wie Simon die Situation jetzt einschätzt, werden die sicher verhandeln wollen. Die zwei, die hier das Sagen haben, sind schließlich die zwei Afrikaner. Simon hat auf dem Basar in Marokko einmal live miterlebt, wie aggressiv zwischen Afrikanern um den Preis gerangelt wird – wahrlich kein Spaß, wenn man da nicht gut gewappnet ist!

Also schlägt Simon angesichts der Tatsache, dass er es hier mit Südafrikanern Business macht, auf den üblichen Paketpreis 20 Prozent drauf, damit er genug Verhandlungsspielraum hat.

Jetzt meldet sich auf einmal Gary, der weiße Finanzmanager, zu Wort, der im Übrigen bisher kein Wort gesagt hat und bemerkt, dass Simons Kostenvoranschlag mindestens 20 Prozent über dem marktüblichen Niveau liege.

Oh. Damit hat Simon nicht gerechnet, dass sich jetzt ausgerechnet der Weiße zu Wort meldet. Er war jetzt eher darauf gefasst, dass die zwei Schwarzen anfangen, mit ihm über den Preis zu feilschen ... Simon weiß nicht, was er da jetzt auf die Schnelle antworten soll. So ein Mist!

»That's the German quality, we are talking about, ey?!« Sydney, das Kommunikationsgenie – das muss man ihm schon lassen – lockert die leicht unangenehme Situation mit einem Scherz wieder auf und verspricht: »Simon, herzlichen Dank für die fantastische Präsentation und das Kommen! Wir schätzen es sehr! Wir werden Dir sobald wie möglich Bescheid geben, ob das etwas für uns ist.«

Mission erfüllt! Klingt doch am Ende gar nicht so schlecht! Simon klopft sich innerlich auf die Schulter und ist erleichtert, dass er den Arbeitsteil seines Urlaubes hiermit hinter sich gebracht hat.

In den kommenden Wochen allerdings – während er vergeblich auf ein Feedback wartet – wird er sich aber noch darüber ärgern, dass er an dieser Stelle nichts Konkreteres mit den Südafrikanern ausgemacht hat.

(**Apropos:** Diverse Zeitangaben inklusive Deadlines und Lieferdaten werden in Südafrika mehr flüssig als verbindlich verstanden. Wenn man nicht zeitlebens warten möchte, sollte man versuchen, seinen Businesspartner auf ein Datum festzulegen.)

Die drei Südafrikaner drücken Simon beim Herausgehen noch alle ihre Visitenkarten in die Hand. Er hat leider keine dabei!

Zum Abschied reicht Simon als Erstes dem NTT-Chef die Hand und will sie dann auch Sydney reichen – der reißt Simon allerdings komplett an sich, klopft ihm kräftig auf den Rücken und schiebt ihn dann mit aller Kraft wieder zurück. Simon steht wie ein ausgeliefertes, hölzernes Voodoo-Püppchen da.

(**Apropos:** Ganz anders als in Mitteleuropa oder gar Asien sehen Afrikaner den körperlichen Kontakt als Zeichen der Verbundenheit – auch unter Geschäftsleuten. Nach dem Geschäftsabschluss kann es also schon einmal vorkommen, dass Ihr Gegenüber Sie umarmt.)

Zu guter Letzt kann es sich Sydney doch nicht mehr verkneifen, zu bemerken, dass ihm kein Mensch glauben werde, wenn er erzählt, dass bei seinem letzten Meeting der Deutsche sage und schreibe zwei Stunden zu spät aufgekreuzt sei – und bricht in schallendes Gelächter aus.

27 SAFARI

ÜBERLEBENSINSTINKTE

Simon und Silvie sind noch keine fünfzig Kilometer aus Johannesburg herausgefahren und befinden sich schon mitten im Busch. Der Weg zum Kruger Nationalpark führt an satten grünen Wäldern, atemberaubenden Schluchten, pink-weißen Blütenfeldern und mit Hütten besprenkelten Hängen vorbei – einmal quer durch Mpumalanga, die Provinz mit dem unaussprechbaren Namen.

Mpumalanga spricht man *»Em-pu-ma-lan-ga«* aus – eigentlich gar nicht so schwer! Das Wort kommt aus dem Xhosa und bedeutet »Ort der aufgehenden Sonne«. Mpumalanga grenzt an Mosambik und Swasiland im Osten und Gauteng (sprich: CH-auteng) im Westen. Die Provinz liegt größtenteils auf einem savannenartigen Hochplateau. Mpumalanga steigt im Nordosten zu den Bergen hin an und fällt dann an einer riesigen Abbruchkante steil ab. An manchen Orten stürzt diese Kante hunderte von Metern in die Tiefe hinab und kreiert eine spektakuläre Szenerie.

Nach nur knapp drei Stunden Fahrt haben sie die südöstliche Pforte des Parkes erreicht. Und hinter der Pforte: Da wartet die Wildnis auf sie.

(**Apropos:** Der Kruger Park hat zehn Eingänge, die um sechs Uhr morgens öffnen und um 17:30 Uhr abends schließen. Im Park gibt es Camps unterschiedlicher Preiskategorie, aus denen man sich etwas Passendes aussuchen kann.)

»Halt schnell an!«

In Erwartung eines grölenden, zum Sprung ansetzenden Leoparden steigt Simon auf die Bremsen, sieht aber stattdessen etwa zwanzig Antilopen auf der Wildwiese neben sich, die ihn anstarren. Gar nicht so leicht zu unterscheiden, um welche der dreißig im Park lebenden Antilopenarten es sich nun hier handelt. Laut Silvies Wildführer könnten es »Impalas« sein – man erkennt diese an ihrer schwarzen Gesichtszeichnung.

Je länger Simon hinschaut, umso mehr Impalas entdeckt er. Aus den zwanzig werden mindestens zweihundert. Er fährt ein bisschen näher heran, um ein Foto zu schießen. Unglaublich, die sind ja überhaupt nicht scheu! Er steuert den Wagen noch ein Stückchen weiter zum Straßenrand hin, bis er die Tiere fast anfassen kann ... aber in diesem Moment flüchtet die ganze Horde in die Büsche.

PAUL KRUGER NATIONAL PARK

Der Paul Kruger National Park ist das größte Wildschutzgebiet Südafrikas und liegt im Nordosten des Landes. Der Park erstreckt sich über 65 Kilometer von Ost nach West, 360 Kilometer von Norden nach Süden und umfasst eine Fläche von knapp 20.000 Quadratkilometer, so viel wie Wales oder Rheinland-Pfalz. 147 Säugetierarten, 114 Reptilienarten, 34 Amphibienarten, 507 Vogelarten und 49 Arten Süßwasserfisch leben hier. Die prominentesten Bewohner sind die *»Big Five.* Die in Privatbesitz befindlichen Reservate im Westen des Krugerparkes und der Limpopo-Nationalpark im Nordosten haben ihre Zäune zum Paul Kruger National Park entfernt, sodass die Tiere auch über diese Flächen frei umherwandern können. Man hat aus Platzgründen versucht, Tiere des Krugerparks in das Gebiet des in Mosambik liegenden und weniger dicht besiedelten Limpopo-Nationalparks umzusiedeln, allerdings wanderten die meisten Elefantenherden von dort wieder nach Südafrika zurück.

In dem Nationalparkgebiet lebten bis etwa 400 n. Chr. die San, die später von den aus dem Norden eingewanderten Bantuvölkern verdrängt wurden. Im frühen 19. Jahrhundert strömten dann die aus dem Kap geflohenen Buren hierher und machten das Areal des Krugerparkes zu einem Teil der Burenrepublik Transvaal. Die Wildbestände nahmen dermaßen schnell ab, dass die Regierung zunächst die Jagdreviere einschränkte und ab 1889 schließlich ein 2.500 Quadratkilometer großes Gebiet unter Naturschutz stellte.

Während der Regenzeit (November bis April), wenn überall reichlich Wasser vorhanden ist, verteilt sich das Wild großräumig im Park. In der Trockenzeit konzentrieren sich die Großtiere dagegen um die Flüsse und Wasserlöcher.

Das am häufigsten anzutreffende Wildtier des Parks ist der Impala – 150.000 Impalas springen durch den Park. Mit ihnen leben circa 13.700 Elefanten, 25.000 Zebras, 37.500 Büffel, 10.000 Giraffen, 3.000 Nilpferde, und tausende andere Böcke, Antilopen, Warzenschweine, Nashörner, Hyänen, Löwen, Leoparde, Geparde, Krokodile, Schlangen uvm.

Circa zehn Minuten vom Eingangstor entfernt und hinter einem hohen Zaun mit Elektrodraht liegt das Buschcamp von Silvie und Simon. Neben den vielen schnuckelig eingerichteten »Safari-Zelten« gibt es ein tolles Restaurant mit einer riesen Holzdeckenveranda, von der man einen 360-Grad-Blick auf ein Wasserloch und Kilometer an unberührtem Busch hat. Ehrfurcht gebietend, diese Wildnis und Weite. Aber auch irgendwie beruhigend.

An der Rezeption werden »Game Drives« und diverse andere Touren durch den Park geboten. Silvie ist allerdings dagegen, eine organisierte Safaritour zu buchen, weil die nur morgens um fünf oder abends um 17 Uhr, zu also völlig unpraktischen Zeiten, starten ...

(**Apropos:** Die Tiere sind während der Dämmerung und zu Sonnenuntergang am aktivsten – deswegen finden auch die Game Drives zu diesen Zeiten statt.)

Sie kann mit Simon ja auch alleine mit ihrem Mietwagen durch den Park fahren und sich die umgerechnet 35 Euro pro Person sparen. Silvie hat ja ihren super-detaillierten Reiseführer dabei! Da steht alles drin, was man wissen muss.

(**Apropos:** Wegen der gehobenen Lage des Safaribusses und den professionellen Spähern, die sich darüber auf dem Laufenden halten, wo sich gerade Tiere befinden, bekommt man auf einem Game Drive viel mehr zu Gesicht, als wenn man nur auf eigene Achse durch den Park fährt.)

Also ziehen die beiden am Nachmittag auf eigene Faust los, auch wenn Simon von dieser Geldsparaktion nicht wirklich überzeugt ist. Ein Straßennetz von 1.863 Kilometern Länge, wenn auch größtenteils unasphaltiert, führt durch den Park, da wird den beiden sicherlich auch ohne »Game Drive« nicht langweilig. Simon will sich auf das Fahren konzentrieren und Silvie auf das Sichten. Silvie »entdeckt« immer wieder ein paar Böcke und Antilopen, die die Straßen überqueren, kann aber ansonsten mit keinen wirklich aufregenden Sichtungen punkten, denn »Das Gras ist so hoch – man kann ja überhaupt nichts sehen!«

(**Apropos:** Im Sommer, der Regenzeit also, ist es zwar überall im Park schön grün, aber das Gras schränkt die Sicht auf die Tiere ein. Im Winter sieht die Landschaft etwas monotoner aus, dafür aber hat man freie Sicht aufs Wild.)

Der gemietete Corsa Lite bietet zugegebenermaßen in Kombination mit dem hochgewachsenen Busch tatsächlich keine optimalen Sichtverhältnisse.

»Schatz, ich glaube, auf dieser Seite gibt es keine Tiere. Lass uns auf die andere Seite fahren!« Simon fährt auf die andere Seite, aber seine Freundin sieht trotzdem nichts.

Frustriert begräbt Silvie nach einer Dreiviertelstunde die Hoffnung, dass sie in diesem Park noch ein anderes Tier außer einem

Bock oder einer Antilope zu Gesicht bekommt. Simon fährt geduldig mit 30 km/h die Straßen ab, und als er nach einer stillen halben Stunde einen Blick neben sich auf den Beifahrersitz wirft, erwischt er Silvie dabei, wie sie mit ihrem Handy Nachrichten nach Hause schickt, statt angestrengt aus dem Fenster zu schauen.

»Du, ich glaube, da hinten ist ein Elefant!« Na also – geht doch, wenn Simon das selbst in die Hand nimmt!

»Wo?«

»Da. Zwischen den Bäumen.«

»Ich seh da keinen Elefanten.«

»Schau, da bewegt er sich! Wahnsinn. Ein Elefant. Oh! Da ist ja noch einer.«

»Ich sehe immer noch nichts.«

»Kein Wunder, dass wir seit einer Stunde kein einziges Tier gesehen haben.«

Silvie starrt ganz konzentriert auf die Stelle, zu der Simon hingedeutet hat, aber sie sieht definitiv nur grün und Steine. Ah. Das ist ja überhaupt kein Stein, sondern ein Elefant! Heimtückisch, wie die sich hier optisch in die Landschaft integrieren.

Jetzt entdeckt auch Silvie auf einmal mehr und mehr Elefanten. Simon lenkt den Wagen ein Stückchen zu den »sich bewegenden Felsen« vor, es dauert aber ein ganzes Weilchen, bis den beiden auffällt, dass sich nicht nur im Grün *vor* ihnen, sondern auch den ganzen Hang entlang der Straße *neben* ihnen lauter Elefanten tummeln. Silvie ist jetzt wieder voller Konzentration bei der Sache. Simon hält das Auto an; er macht sich ein bisschen Sorgen, dass eines dieser Riesendinger gleich auf die Straße rennt und seinen Mietwagen zerstampft.

(**Apropos:** Die Tiere greifen keine Autos an, wenn sie sich nicht bedroht fühlen oder das Auto den Zugang zu einem Tierbaby abschneidet. Die Tiere des Parks haben sich an die Existenz der Autos in ihrem Lebensraum gewöhnt und nehmen diese als große neutrale »Tiere« wahr, die sie aufgrund ihrer überlegenen Größe nicht angreifen. Steigt man aber aus, wird man als ein separates und angreifbares Objekt wahrgenommen und unter Umständen zur Beute.)

Unglaublich süß, wie die kleinen Elefantenbabys den Hang beim Spielen hinunterkullern und von ihren Eltern mit dem Rüssel wieder hochgehievt werden müssen. Irgendwann will die Horde tatsächlich die Fahrbahn überqueren, um ihren Marsch auf der anderen Seite fortzusetzen. Die Elefanten passieren nun direkt vor Silvie und Simons Auto die Straße!

Und dann passiert genau das, was Simon befürchtet hat: Ein Elefant steuert schnurstracks auf sein Auto zu. Dabei handelt es sich um ein kleineres Exemplar, vermutlich aber trotzdem stark genug, um aus dem Leihwagen Schrott zu machen.

Simon legt den Rückwärtsgang ein und rollt langsam nach hinten. Der Elefant bleibt etwas verdattert am Straßenrand stehen. Seine Horde ist jetzt schon verschwunden – unfassbar, wie schnell sich diese Schwergewichtler fortbewegen! Aber der kleine Elefant steht immer noch da. Simon will vorsichtig an ihm vorbei- und dann wegfahren, aber sobald er den Motor anschmeißt und sich ein paar Meter vorbewegt, springt der Kleine auf die Straße und läuft auf das Auto zu.

Hilfe! Was bitte macht man, um aus dem Angriffsfeld eines Elefanten herauszukommen? Darüber steht auch in Silvies klugen Reiseführern nichts. Vielleicht ganz laut hupen, um ihn zu verschrecken?

(**Apropos:** Elefantenbabys sind extrem verspielt! Wenn man eine Gelegenheit dazu bekommt, ihren Wasser- und Schlammspielereien in der Nähe von Wasserlöchern zuzuschauen, sollte man dies unbedingt tun. Es lohnt sich zu warten! Der kleine Elefant spielt wahrscheinlich nur mit Simons Auto »Fangen«. Da muss man geduldig sein und warten, bis der Kleine weiterzieht. Niemals sollte man ein Tierbaby einengen, von dem Muttertier abschneiden oder anderweitig bedrohen. Und auch hupen darf man in einem Nationalpark nicht.)

Bis das Elefantenbaby schlussendlich davongezogen ist, wird es schon langsam dunkel; Silvie und Simon stecken irgendwo inmitten des Parks und weit und breit ist kein anderes Gefährt zu sehen. Als sie schließlich am Eingang ihres Buschcamps ankommen, sind die Pforten versperrt! Niemand steht am Tor, um ihnen zu öffnen. Was soll denn das? Hier wollen noch Gäste rein!

(**Apropos:** Innerhalb des Parkgeländes darf man sich nur von Sonnenaufgang bis Sonnenuntergang bewegen. Die genauen Uhrzeiten werden jeden Tag an den Pforten ausgehängt. Die Pforten werden nach Sonnenuntergang verschlossen und man kommt dann weder aus dem Park heraus, noch in die Buschcamps herein.)

Was machen sie denn jetzt?! Sie haben keine Telefonnummer zur Hand, nichts! Simon steigt aus dem Auto, um nach dem Wächter zu rufen.

Glücklicherweise taucht nach drei Minuten endlich jemand auf und lässt sie herein. »Ins Auto, sofort! Steigen Sie sofort in Ihr Auto!«

Den beiden fällt ein Stein vom Herzen, als sich die Pforte hinter ihnen wieder schließt.

Ein bisschen entspannen und auftanken können sie direkt am Buffet, das im Übrigen luxuriös und vorzüglich ist! Simon und Silvie setzen sich raus aufs Deck und horchen in die Wildnis. Ein unbeschreibliches Gefühl, diese Stille hier draußen ...

... die allerdings sehr schnell und sehr jäh von einem fürchterlich schrillen und geschwätzigen holländisches Pärchen unterbrochen wird. Und als gäbe es nicht genug Platz auf dem Riesendeck, setzen sie sich auch direkt an den Tisch hinter Silvie und Simon. Mein Gott, sind die laut und nervig! Simon hat im Zuge seiner ausgedehnten Reisen in die holländischen Coffee-Shops ein bisschen was von der Sprache aufgeschnappt. Während Silvie ihn zur Rede stellt, wie er denn so grausam und herzlos einen *Kudu* verspeisen könne, nachdem er dessen Kumpanen eben noch in der Wildnis bewundert hatte, schnappt Simon auf, dass die Holländer heute bei ihrem *Game Drive* Löwen, Giraffen, Nashörner, Nilpferde, Büffel und sogar einen Leoparden gesehen haben.

(**Apropos:** Der **Große Kudu** ist eine afrikanische Antilopenart und in vielen afrikanischen Savannengebieten verbreitet, der Kleine ausschließlich in einigen östlichen Gebieten Afrikas.)

Simon übersetzt für Silvie, und die kippt vor Neid fast von der Bank. *Bist du sicher? Was sagen die da grad? Was haben die noch gesehen? Unglaublich! Warum haben wir nichts gesehen*? … dann steht Silvie auf einmal mitten beim Essen auf, marschiert Richtung Rezeption, taucht keine fünf Minuten später wieder auf und teilt Simon mit, dass er heute Abend nicht so viel trinken solle, denn die beiden hätten für den kommenden Tag ein volles Programm: Wandersafari um 5 Uhr, Reitsafari um 12 Uhr und Game Drive im Safari-Jeep um 17 Uhr.

UND WER IST EIGENTLICH PAUL KRUGER?

Paul Kruger – sein Geburtsname lautet Stephanus Johannes Paulus Kruger, im Deutschen auch oft »Krüger« geschrieben – ist einer der Namen, auf die man in Südafrika immer wieder stoßen wird. Er wurde 1825 in Südafrika geboren und stammte von deutschen Einwanderern ab. In seiner Kindheit erlebte er den traumatischen Zug der Buren in den Norden des Landes mit, den *Großen Trek,* als die Buren vor den Briten in der Kapkolonie flüchteten. Paul Krugers Familie ließ sich circa 80 Kilometer westlich vom jetzigen Johannesburg nieder. Dort gingen die Behauptungs- und Überlebenskämpfe weiter. Hier griffen die einheimischen schwarzen Stämme die Burensiedlungen kontinuierlich an. Im Rahmen dieser Kämpfe gewann Kruger viel militärische Erfahrung und wurde schließlich 1864 zum Generalkommandanten der jungen Burenrepublik Transvaal erklärt. 1877 kamen die Briten und annektierten auch den Transvaal. Kruger versuchte vergeblich, die Briten am Verhandlungstisch zum Rückzug zu bewegen. Also stellte er ein Heer auf, das die Briten 1881 besiegte. Der Transvaal gewann seine Unabhängigkeit und Kruger wurde zum Präsidenten des Burenstaates gewählt. Nur vier Jahre später entdeckte man im Transvaal Gold. Britische Goldsucher und Abenteurer strömten in die Republik – und auch Großbritannien war schlagartig wieder an den Ländereien der Buren interessiert. Kruger bot der britischen Regierung Verhandlungen an, die diese allerdings ablehnten. So erklärte Kruger am 11. Oktober 1899 Großbritannien und den bereits rund um die Burenrepublik stationierten Truppen den Krieg.

Die Buren hatten gegen die übermächtige britische Streitmacht allerdings keine Chance. Kruger reiste nach Europa, um den deutschen Kaiser und die Niederlande um Unterstützung zu bitten, niemand aber wollte sich wegen der Buren mit Großbritannien anlegen. Angesichts der aussichtslosen Situation brachte es Kruger nicht übers Herz, in seine Heimat zurückzukehren: »Ich vermag mir Transvaal in englischen Händen nicht vorzustellen, wie sollte ich es mir dann ansehen können?!«

Kurz nachdem er von der endgültigen Niederlage der Buren gegen die Briten erfuhr, verstarb er in seinem Schweizer Exil. Kruger war zeitlebens ein großer Naturliebhaber. Er gründete 1898 das erste Naturschutzgebiet Südafrikas zum Schutz der einheimischen Tierwelt – den Kern des heutigen Paul Kruger National Parks.

Silvie, Simon, fünf weitere Lebensmüde und zwei Ranger mit Waffen ziehen am nächsten Morgen um fünf Uhr in den Busch. Einzige Anweisung: Die Gruppe soll zusammenbleiben, um sich zu schützen. Die Ranger stellen auch gleich von Anfang an klar, dass sie nur im alleralleraller*aller*äußersten Notfall schießen werden.

Was heißt das? Wenn mein Arm schon verspeist worden ist, oder davor? Simon ist von der Wandersafari-Idee überhaupt nicht überzeugt. Dass Silvie auch immer so extrem sein muss in ihren Planungen – so ganz oder gar nicht.

Der Trip stellt sich indes als absolut faszinierend und die beste Idee überhaupt heraus! Zwischendurch gibt es sogar ein kleines Busch-Picknick, das die Ranger aus ihren Rucksäcken hervorzaubern, inklusive einer heißen Tasse Kaffee.

Alle sind gerade fröhlich dabei, in ihre südafrikanischen *Rusks* zu beißen und sich von den Rangern die Löwenspuren im Sand zeigen zu lassen, als sich der eine hintere Felsen auf einmal bewegt. Ein fürchterliches Geschrei bricht aus und alle laufen völlig panisch in die entgegengesetzte Richtung ...

Aber auch dort bewegt sich auf einmal der Felsen, der kein Felsen ist, sondern ein riesiges, dickes NASHORN. Silvie sieht kurz die Höhepunkte ihres Lebens an sich vorbeiflashen – und Simon auch. Die Ranger schreien nur: »Hinter den Baum, hinter den Baum«, worauf sich alle auf einen Schlag hinter einen kleinen windigen Baumstamm zwängen. Silvie und Simon springen aus entgegengesetzter Richtung hinter den Stamm und schieben sich angesichts der nackten Lebensgefahr dabei gegenseitig weg; wie die anderen fünf Kandidaten im Übrigen auch.

Hier im Busch hört also die Liebe auf.

Die Ranger scheinen der Lage schnell wieder Herr geworden zu sein, denn sie lachen auf einmal alle aus.

Was ist passiert?

Die Ranger klären auf: Die Gruppe hat es sich aus Versehen im Nestrevier zweier Nashorn-Eltern und ihrem kleinen Baby gemütlich gemacht, worauf diese Gefahr für ihr Kind gewittert haben. Während der Vater mit Drohgebärden den Weg freigeschaufelt hat, hat sich die Mutter mit dem Kleinen verzogen.

Und warum bitte die Anweisung, sich *hinter* statt *auf* dem Baum zu verstecken?

Anscheinend nehmen die Tiere einen Menschen, wenn man ganz nah beieinander und in gerader Linie hinter einem Baum steht, als »verlängerten Baum« wahr – und greifen dann mit hoher Wahrscheinlichkeit nicht an. Aha! *Mit hoher Wahrscheinlichkeit* – Simon wird wieder ganz schwindelig ...

Nach diesem kleinen entspannten Frühstücksspaziergang ist Silvies Adrenalinspiegel auf Maximum. Aber das Sightseeing-Programm geht sofort weiter: und zwar per Pferd.

NASHORN-WILDEREI

Seit 2010 hat die Nashorn-Wilderei in Südafrika massiv zugenommen. Nur noch 24.000 Rhinozerosse leben in Afrika und davon 22.000, 93 Prozent des Weltbestandes, in Südafrika. Immer mehr werden wegen ihres Horns von mafiös organisierten Syndikaten abgeschlachtet.

Das pulverisierte Horn – medizinisch gesehen so wirkungslos wie gemahlener Zehennagel – wird nach China und Vietnam geschmuggelt, wo es als Allheilmittel gegen Krebs, Impotenz, Kater und Schmerzen verkauft wird. Vietnamesen und Chinesen zahlen für 100 Gramm Nashornpulver mehr als für Gold oder Kokain. Da mittlerweile mehr Nashörner umgebracht werden als geboren werden, könnte das afrikanische Nashorn in weniger als vierzig Jahren ausgerottet sein. Um das zu verhindern fliegen seit 2013 zwei Dronen über den Krüger Nationalpark und durchstreifen 650 Ranger den Park, um Wilderer abzuhalten. In Anbetracht der Größe des Parks, ein fast hoffnungsloses Unterfangen.

Außer auf der Kirmes und dem Strauß in Oudtshoorn (was man allerdings nicht als relevante Erfahrung dazuzählen kann) ist Silvie noch nie geritten. Und Simon auch noch nie. Da aber beim Tourbuchen an der Rezeption niemand nach Reitqualifikationen gefragt hat, ist Silvie automatisch davon ausgegangen, dass die Exkursion anfängerfreundlich ist und alle im Schritttempo ein bisschen durch die Wildnis traben.

Auch der Ranger auf dem Pferd hat ein Gewehr dabei – Silvie fühlt sich aufgehoben und sicher. Er fragt, wer Anfänger sei und von den acht Personen heben nur Silvie und Simon ihre Hand. Jetzt fühlt sich Silvie schon etwas weniger sicher ...

Danach demonstriert der Führer den beiden: »So bringt ihr das Pferd in Trab. So zum Stehen. So müsst ihr euch auf und ab bewegen ... Sehr schön. Jetzt wisst ihr, wie man reitet – los geht's!« – und ab da ist Silvie endgültig klar, dass die nächsten zwei Stunden kein Spaß werden.

Der Ranger und die reiterfahrene Menge sprinten von dannen, Simon und Silvie befinden sich die ganze Zeit irgendwo hintendran. Immer wieder muss die Gruppe anhalten, um auf das halb vom Sattel rutschende deutsche Pärchen zu warten. Silvie hat Höhenangst, ihr wird alle paar Sekunden schwarz vor Augen, und Simon macht sein Gleichgewichtsdefizit zu schaffen.

Nein, die zwei sehen schon extrem komisch aus, wie sie da um ihr Leben kämpfen, während ihnen ihr Pferd fast davon galoppiert. Der Ranger macht nicht die geringsten Anstalten, seine Geschwindigkeit anzupassen. Er will sein Programm durchziehen. Nach nur fünf Minuten Reitsafari beten Silvie – und auch Simon – zu Gott, dass diese zwei Stunden so schnell wie möglich vergehen mögen.

Am Ende der tollen Reitsafari haben Silvie und Simon bis auf ihr jeweiliges Pferd kein einziges Tier gesehen. Simon bricht mit dem Ranger eine Diskussion vom Zaun, wie unverantwortlich die ganze Aktion gewesen sei, und Silvie beschließt für sich, nie wieder, aber auch wirklich NIE wieder auf ein Pferd zu steigen.

Weitaus entspannter verläuft der dritte Teil des Safari-Programms. Ganz sicher und gemütlich im erhöhten Safaribus kurven die beiden in einer Gruppe von circa 15 Leuten kreuz und quer durch das Gebüsch. Dabei erfahren sie pikante Details aus dem Leben der Tiere, die – Tatsache! – in keinem Führer zu lesen waren. Silvie kann gar nicht glauben, dass sie dieses Highlight fast verpasst hätten.

Gott segne die Holländer!

Während der Tour erzählt der Führer permanent von den »Big Five«. Am meisten gefallen Silvie die Giraffen. Der Geländewagen hält sogar zwischendurch neben zwei dieser extrem eleganten Tiere an und Silvie ist hin und weg. Die sind ja noch viel schöner, als sie gedacht hatte. Und auch viel größer.

»Schau, Simon, die Giraffen von den Big Five!«

»Schmarrn. Zu den Big Five gehören nur der Elefant, das Nashorn, der Büffel, der Löwe und der Leopard.«

»Quatsch – die Giraffen sind doch viel größer als die Hälfte der Tiere, die du grad genannt hast!«

Simon hat ehrlich gesagt auch keine Ahnung, warum die Giraffe bei den Big Five nicht dabei ist ...

(**Apropos:** Die ***Big Five***, zu Deutsch »Die Großen Fünf«, ist ein Begriff aus dem vorletzten Jahrhundert. Das »groß« bezieht sich nicht auf die Körpergröße, sondern auf die Gefährlichkeit der Tiere, heißt die Anzahl der Fußjäger, die auf der Jagd nach der jeweiligen Tierart umgekommen sind. Zu den Big Five gehören tatsächlich nur der Afrikanische Elefant, der Afrikanische Büffel, der Leopard, der Löwe und das Spitzmaul-Nashorn. Wegen gewissenloser Großwildjäger standen und stehen die Big Five von jeher kurz vor ihrer Ausrottung.)

Die Sonne geht noch während des Game Drives unter und die Temperatur sinkt von 35 auf gefühlte null Grad ab. Unglaublich! Und dabei war es heute den ganzen Tag so heiß! Silvie hat für die Tour ihre Sonnenbrille und ihr Blümchenkleid, aber keine Jacke eingepackt. Die letzte halbe Stunde friert sie so sehr, dass sie die Fahrt gar nicht mehr richtig genießen kann.

Nach der Safaritour setzen sich Simon und Silvie hinaus auf das Holzdeck. Es ist ihr letzter Abend.

Simon horcht in die Wildnis. Silvie schaut in den Himmel. So eine Menge Sterne hat sie noch nie gesehen! Die Sterne leuchten so hell, dass ihr Weinglas im Dunkeln Schatten wirft. Kurz denkt Silvie, ihr Herz zerspringt, jetzt, wo alle Sorgen zerstreut sind und die vielen Eindrücke der letzen 14 Tage sich setzen. Sie fühlt sich, als sei sie schon seit zwei Monaten hier.

Wenn ihr in den kommenden Monaten zu Hause ein bisschen fad oder ein bisschen kalt wird, träumt sie sich einfach hierhin.

Und die ganzen Abenteuer der letzten zwei Wochen – die nimmt sie ja alle mit.

ANHANG

GLOSSAR

Ayoba	Dank einer WM-Werbekampagne ist dieses Johannesburger Ghetto-Wort aus dem isiXhosa zur Kultvokabel avanciert. Ayoba heißt lässig, toll, wunderbar. Junge Leute, vor allem Schwarze benutzen es gern im Alltag – »that's ayoba« statt »that's smooth (lässig)«.
Bergie	Damit sind alle Obdachlosen und Alkoholiker von Kapstadt gemeint. Der Begriff kommt vom Afrikaans »berg« (Berg) und hat sich etabliert, weil die Obdachlosen früher auf dem Tafelberg gelebt haben. Heutzutage bevölkern sie Kapstadts Straßen, aber man nennt sie immer noch *bergies*. Das »g« spricht man so aus, als würde man versuchen, seinen Rachen zu klären.
Boet (Afrikaans), auch **Bhuti** (isiXhosa), **Brother** (Englisch), oder ganz schlicht **Bru**	»Bruder«. Universelle Ansprache für Männer. Familie wird in Südafrika nämlich sehr weit gefasst. Junge Frauen sind alle *Sisis* (Schwestern), ältere *Mamas*. Oft gehörter Klassiker: »Sisi, don't you want to help your brother?"«
Bliksem	Wort aus dem Afrikaans, um Ärger oder Frust zum Ausdruck zu bringen. Wörtlich »Donner«. Wird häufig als Verb verwendet im Sinne von »eine runterhauen«, zum Beispiel: »I was about to bliksem him.« Manchmal heißt es aber nur »This bliksem car!« – »dieses verdammte Auto«. Oder: »I'm sure that bliksem stole the money« – »dieses Schwein hat bestimmt mein Geld geklaut.«

Braai	Die einzige südafrikanische Vokabel für »grillen«. Kommt aus dem Afrikaans und heißt wörtlich »geröstet« oder »gebraten«. Das englische »barbecue« gibt es in Südafrika nicht. Das Braaien wurde ursprünglich von den Buren praktiziert, ist aber mittlerweile Lieblingsbeschäftigung aller Südafrikaner. Braaivleis ist geröstetes Fleisch und eine braaiwors eine Bratwurst.
China	Eine freundschaftliche Anrede, die »Kumpel« heißt. Hört man meistens als »Howzit my china?« Stammt aus dem Londoner »Cockney Rhyming Slang«. Englische Siedler in Südafrika sagten zueinander »china plate« (Porzellanteller), weil »plate« wie »mate« (Kumpel) klingt. Heute ist das »china« für »mate« geblieben.
Coconut	Slangausdruck für einen Schwarzen, der seine Mentalität angeblich zu sehr den Weißen angepasst hat – jemand der außen »schwarz«, aber im Inneren »weiß« ist, wie eine Kokosnuss. Meistens sind damit schwarze Südafrikaner gemeint, die in den Städten leben – und die hören das gar nicht gern. Der Begriff stammt noch aus der Kolonialzeit.
Dagga	Marihuana. In Südafrika illegal, aber zugegebenermaßen leicht zu bekommen. Insbesondere *car guards* und unbekannte, verdächtig aussehende Passanten betonen immer, dass sie diesbezüglich gerne weiterhelfen. Das Wort stammt aus dem Khoikhoi – der Sprache der frühesten indigenen Siedler des südafrikanischen Raums, die mit solchen Dingen offensichtlich bestens vertraut waren. Man spricht es »da-ch-ch-a« aus.
Dop	Wenn jemand vorschlägt: »Do you want to go for a dop?«, kann man beruhigt Ja sagen – es ist ein Drink. Benutzt man auch als Verb (»I am going to dop this bloody beer quickly« – »Ich werde dieses Bier in einem heruntertrinken«).

	Im übertragenen Sinne heißt es »nicht schaffen«: »Eish! I think i am going to dop this test.« Kommt aus dem Afrikaans und ist nicht zu verwechseln mit den ähnlich klingenden *dorp* (Dorf) oder *dof* (dumm).
Eish!	Ein einzigartiger südafrikanischer Ausdruck der Ratlosigkeit oder Verwunderung aus dem isiXhosa. Meistens im Sinne von: »Wie konnte es bloß zu diesem Schlamassel kommen?« Seltener auch positiv: »Wahnsinn!« Ein Beispiel: »So ein schlechter Spieler. Eish!«
Gatvol	»Die Nase gestrichen voll haben« oder: »Jetzt reicht's!« Der Begriff kommt aus dem Afrikaans, aber alle Südafrikaner benutzen ihn, wenn sie genervt sind. »I am gatvol of how my boss treats me.« – »Ich habe die Nase voll davon, wie mein Chef mich behandelt.« Oder einfach nur »I am gatvol« (»Ich bin total sauer«) hört man hier öfters. *Gat* heißt auf Afrikaans »Loch« und *vol* »voll«.
Howzit	Kurzvariante von »How is it going?« – »Wie geht's?« – die generelle Anrede in Südafrika. Einen Einheimischen erkennt man daran, dass er es blitzschnell herausschießt, ohne dabei die Lippen zu bewegen. Die beste Antwort darauf ist einfach: »Howzit.«
Izzit?	»Wirklich?«, wörtlich: »Ist das so?« Gesprächsfüller, um Interesse, Mitleid oder Erstaunen auszudrücken. Fällt in jedem Gespräch mit einem Südafrikaner.
Jol	Slang für Party. Kommt aus dem Afrikaans. Auch im Zusammenhang von »Last night was a jol«: »Gestern Abend war sehr lustig.« Kann auch »herummachen« bedeuten. »I caught Mark and Mary jolling out« heißt dann: »Ich habe Mark und Mary beim Knutschen erwischt.«

Lank	Mehr als cool ist *lank cool*: Eine lässige Surfervokabel, die sich im südafrikanischen Alltag etabliert hat. Lank wird eingesetzt, um die Größe von Dingen aufzubauschen: »There were lank hot girls last night« (»Gestern Abend waren tonnenweise schöne Mädchen da«) oder »Damn, this line is lank long« (»Mist, diese Schlange hört ja gar nicht mehr auf«).
Lekker	Multifunktionales Afrikaans-Wort für Personen, Dinge und Ereignisse, die man gut findet. Zum Beispiel »a lekker life/girl/steak«. Das Gegenteil von *lekker* ist *kak*, was man auf Deutsch ohne Weiteres versteht. Wobei *kak* auch »sehr« heißen kann. »Kak funny« bedeutet: ausgesprochen lustig.
Mzansi	Umgangssprachlich für »Südafrika« oder »zu Hause«. Insbesondere Xhosas und Zulus streuen es gerne in das Gespräch ein. Kommt von »e zantsi« aus dem isiXhosa, was »da unten« oder »Süden« heißt.
Now	Im Prinzip »jetzt«. Existiert in den Abstufungen now (»bald irgendwann«), *now now* (»sehr bald«) und *now now now* (»ich komme jetzt! entspann dich mal«). Wenn ein Südafrikaner allerdings *just now* zu Ihnen sagt, dann gute Nacht. Er wird sich im Laufe der nächsten zwei Wochen nicht melden.
Shame	Eine extensiv benutzte südafrikanische Lieblingsvokabel aus dem Englischen. Bedeutet »oh je«, »schade«, »das tut mir leid für dich«, »wie unfair!« und alles andere, was im Entferntesten mit Anteilnahme zu tun hat.
Tsotsi	Mit tsotsis macht man am besten keine Bekanntschaft. »Tsotsi« hört man heutzutage nicht mehr nur im Township – es ist gängiger Slang für einen Kriminellen oder Gangster. Das Wort kommt ursprünglich aus dem Sesotho. »Tsotsa« heißt »sich auffällig und schillernd kleiden« – Township-Tsotsis erkannte man früher an ihren glitzernden Anzügen mit wattierten Schultern und eng zulaufenden Hosen. Die weibliche Variante zu tsotsi ist *noasisa*.

Woza	»Komm!« oder auch »Ach, komm jetzt«. Der Ausdruck kommt aus dem isiZulu und Ndebele. »Woza summer!« heißt »Komm Sommer!«, »Woza Ghana all the way!« »Komm Ghana, du schaffst es bis zum Finale« und »Oh Woza! I just found some money«: »Unglaublich! Ich habe gerade etwas Geld gefunden.«

Unsere beliebten Reiseknigges
▪
informativ & unterhaltsam